陕西师范大学优秀著作出版基金资助出版

陕西师范大学
马克思主义理论研究丛书

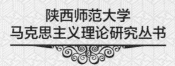

中国私产宪法保护探析

——基于马克思私有财产思想的分析

韩钢 著

中国社会科学出版社

图书在版编目(CIP)数据

中国私产宪法保护探析：基于马克思私有财产思想的分析 / 韩钢著 . —北京：中国社会科学出版社，2017.11

（陕西师范大学马克思主义理论研究丛书）

ISBN 978 – 7 – 5203 – 1813 – 6

Ⅰ. ①中⋯　Ⅱ. ①韩⋯　Ⅲ. ①个人财产 – 所有权 – 研究 – 中国　Ⅳ. ①D923. 24

中国版本图书馆 CIP 数据核字（2017）第 315123 号

出 版 人	赵剑英
责任编辑	宫京蕾
责任校对	秦　婵
责任印制	李寡寡

出　　版	中国社会科学出版社
社　　址	北京鼓楼西大街甲 158 号
邮　　编	100720
网　　址	http：//www. csspw. cn
发 行 部	010 – 84083685
门 市 部	010 – 84029450
经　　销	新华书店及其他书店

印刷装订	北京君升印刷有限公司
版　　次	2017 年 11 月第 1 版
印　　次	2017 年 11 月第 1 次印刷

开　　本	710 × 1000　1/16
印　　张	15.75
插　　页	2
字　　数	230 千字
定　　价	68. 00 元

序

　　本书作者是我的博士研究生。这本书是作者在博士论文《当代中国私有财产权的宪法保护及其制度建构——基于马克思私有财产思想的分析》的基础上，进行了充实完善，付梓出版。应他的要求，命笔几句，是为序。

　　私有财产权的宪法保护，是当代中国法治化进程中极其重要的研究主题。作者对此问题进行了长期扎实的研究，我以为，这本书在以下四个方面具有新意：（1）深入研究了马克思私有财产思想。本书通过深入梳理马克思主义原典，对马克思私有财产思想重新进行了解读，即建立在公有制基础上又保障个人所有权的劳动者个人所有制。作者并没有拘泥于文本本身，而是借鉴马克思主义经典作家的思考模式，提炼出重视人的尊严与发展的主体观和追求实质正义实现的价值观，作为分析中国法治化进程中现实问题的两个维度，取得了初步的研究成果。（2）系统论证了三位一体的私产保护理论架构：个人自由与社会正义相统一的法理基础，私人利益与公共利益相平衡的价值取向，实体保障与程序保障相结合、着重程序保障的实现路径。这个三位一体的分析框架，尽管尚需进一步完善，但为后续研究奠定了一个重要的基础。其中，个人自由与社会正义的统一构成理论基础，公私利益的平衡构成保护模式的实体考量维度，实体保障与程序保障相结合、着重程序保障的复合保障，构成保护模式的程序考量维度。三者相互协调、互联互动，构成了一个富有解释力的分析框架。（3）概括出私有财产权的核心价值：保障和扩大个体自由，生成价值共识，构建良性政治生态，促进经济和社会发展，稳定社会秩序；这五个方面的价值可进一步浓缩为弘扬人性尊严和自主意识、保障自治的主体价值、法治管控的程序正义。其背后的文化基础是以义导利、公私兼顾、基于中国"和"文化的"国家—社会—个人"以及人类与自然和谐相处的整体秩序观。这样的总结较为全面，强化了理论研究的中国实践基础。（4）具体建构了当代中国私有财产权的宪法保护制度，凸显了中国特色和实践品质，使得研究成果渗透着鲜明的问题意识。本书在对既有制度运行现状全面分析的基础上，着重探讨了公私财产权平等保护、私产的征收与补偿、私有财产与财产税三项具有全局性和现实性的制度建构。

需要指出的是，博士论文完成后，作者并没有停止对中国私产宪法保护的思考。正如作者在本书后记中所言，他在"中国语境"和"实现路径"两个维度继续进行了研究。近几年，作者致力于中国传统文化的研究，对于历史上的义利之辨、公私之辨及其背后的文化机理进行了深入地探索。有感于学界对于私有财产权在中国文化中的概念厘定、争鸣模式、理论预设、价值隐喻等本土学术资源几无涉及，进行了初步的总结和提炼，指出，在中国学术传统中，公与私观念的争辩，背后是"个人—社会—国家"三者之间的互动关系，在集体本位的价值指引下，并非简单地崇公抑私，而是注重"统一—转化—和谐"的整体文化生态，均衡公与私的关系；并进一步提出了三个重点研究方向：（1）传统上"公益—私益"之争的文化机理；（2）"公义—礼法—人情"三者之间的辩证关系；（3）建构"礼—义—利"的学理模型。在"实现路径"方面，作者则针对私产保护乏力的现实，提出以控制国家公权力和社会公权力的双重复合体系为目标，重点在于国家公权力运行体系的程序化设计，最终建构起以立法保障为基础、司法保障为核心、行政保障为补充的国家保障体系。

本书的出版可喜可贺。希望作者以此为起点，全面梳理和深入发掘中国传统文化资源，拓展研究视域，在私产保护的历史研究与学理探究方面不断取得新的成果。

中国社会科学院世界社会主义研究中心常务理事

陕西省政治学会副会长

陕西师范大学　博导　　**王振亚**　教授

目　录

第一章

绪　　论

一　研究意义

社会主义和谐社会的建构包括多层次的特征：以市场配置资源和国家宏观调控相结合的自由经济体系，以捍卫人性尊严为元价值的人权保障体系，以授权—限权—控权相结合的有限政府体制，以保护人的创造性和维系社会基本公德相结合的社会价值体系，以社会自治为标志的新型社会治理机制，等等。在这种种面向之中，笔者将主要以公民私有财产权的宪法保护为切入点，进行深入的分析和探讨，以期拓展对社会主义社会本质的认识。

近代市民革命时期，对私有财产权给予宪法保护的世俗宣示，体现了人类法政文明的历史性嬗变；而随着人类政治文明的演进，到了现代社会，保护私有财产权已经内化为文明社会的基本共识，成为国际公约和各国宪法的普遍规定。1948 年 12 月 10 日联合国大会通过的《世界人权宣言》第 17 条规定："（一）人人得有单独的财产所有权以及同他人合有的所有权。（二）任何人的财产不得任意剥夺。"明确将私有财产权确认为人类基本人权之一。[①] 1952 年 3 月 20 日签字的《欧洲人权公约第一议定书》第 1 条规定："（一）每一自然人或法人有权和平享有其财产。除出于公共利益并按法律和国际法普遍原

_____

① 但是鉴于部分国家对于私有财产权表达上的意见分歧，《公民权利和政治权利国际公约》和《经济、社会及文化权利国际公约》都未能将其纳入其中，这成为国际人权法律保障上的一个重要缺憾。

则规定的条件外，任何人不得剥夺其财产。（二）但上述规定无论如何不得损害国家行使它认为为了依据普遍利益控制财产之使用或为了确保税款或其他特别税或罚款之支付必须施行之法律之权利。"① 至于各国宪法，也大多载有类似条款。例如，法国 1789 年《人权和公民权宣言》第 17 条规定："私人财产神圣不可侵犯，除非当合法认定的公共需要所显然必需时，且在公平而预先赔偿的条件下，任何人的财产不得受到剥夺。"《意大利共和国宪法》第 42 条规定："1. 财产为公有或私有。经济财富属于国家、团体或私人。2. 私有财产得到法律的承认和保护，但为了保证私有财产能履行其社会职能并使其为人人均可享有，法律规定获得和享有私有财产的办法及其范围。3. 为了公共利益，私有财产可以在法定场合被有偿征收。4. 依法继承和依遗嘱继承的规则和范围以及国家在遗产方面的权利，皆由法律规定。"《瑞士联邦宪法》第 22 条之三规定："1. 土地所有权受保障。联邦和各州为了公共利益，可以在宪法授予的权限内通过立法方式征用土地或施加限制。2. 在实行征用或相当于征用的限制时，应付予公正的补偿。"《日本国宪法》第 29 条规定："1. 不得侵犯财产权。2. 财产权的内容应适合于公共福利，由法律规定之。私有财产在正当的补偿下得收归公用。"《大韩民国宪法》第 23 条规定："①所有国民的财产权得到保障。其内容及限度以法律来规定。②财产权的行使要适合公共福利。③根据公共需要的财产权征用、使用或限制及补偿以法律来规定，应支付适当的补偿。"《阿根廷国家宪法》第 17 条规定："财产所有权不可侵犯，非经法律判决，不得剥夺国家的任何居民的财产。为了公共利益，私有财产可根据法定程序征用，并预先给予补偿。唯国会有权征收本宪法第四条规定的各种赋税。非经法律规定或依法判决，不得强迫个人劳役。在法律许可的期限内，每个作家或发明家对自己的作品、发明或发现享有专利权。没收财产一词将

---

① 由于各国对财产权的理解不同，1953 年 9 月 3 日生效的《欧洲人权公约》并没有规定对财产权的法律保护。

永远从阿根廷刑事法典取消。任何武装部队不得以任何形式征用财物，不得强求支援。"据荷兰学者对世界上制定于1788—1976年间的142部成文宪法的统计，有118个国家（占83.1%）的宪法规定了私有财产权。①

由此观之，对公民私有财产权的保护是世界潮流，顺之者昌，逆之者亡，中国必须跟上世界的脚步。

但目前，我国私有财产权宪法保护的制度架构和文化土壤远不适应上述潮流。一方面，长期的君权专制和计划经济下全能国家的遗毒，造成公权力过度强横、傲慢和不知收敛；另一方面，中国长期以来缺乏私产保护的社会意识和心理预期，对私有财产权的功能和价值缺乏必要的认知，这些都严重制约了我国公民私有财产权宪法保护制度的形成和完善。随着社会主义市场经济的建立，对普世价值的认同和接纳，私有财产权的保护意识和保护制度也开始逐步形成。2004年中国进行了迄今为止最大规模的一次修宪，保护私有财产权正式入宪。经过半个多世纪的循环往复，中国的立法者重新回到了正确的道路上。但是，文本上的修正并没有使得公民私有财产权的宪法保护进入坦途，有关私有财产权的博弈仍在持续。一方面，《物权法》《侵权责任法》《行政强制法》《国有土地上房屋征收与补偿条例》等法律法规相继通过，行政机关三公经费的公开逐步深入，表明对公权力的制约不断加强；另一方面，月饼税、房产更名税等税务弊政，行政强拆的屡禁不止，似乎也印证着在中国对公民私有财产权的法律保护任重而道远。

因此，如何从理论上探讨私有财产权的基本价值、功能、体系，尤其是以马克思主义基本原理为指引，祛除私有财产的原罪意识，确立私有财产权的基本人权属性，形塑权利 - 权力制约的基本体制，充分还原"自由人联合体"的构想本意，就具有了鲜明的现实意义。

---

① ［荷］亨克·范·马尔塞文、格尔·范·德·唐：《成文宪法——通过计算机进行的比较研究》，陈云生译，北京大学出版社2007年版，第132页。

以之为基础，实现对公权力的制度性约束，建立社会主义法治国家，实现中华民族的伟大复兴。

二　已有研究成果综述

进入 21 世纪以来，随着社会财富的大量出现和国家治理模式的转换，经济学、社会学、政治学的学者相继投身于人民私有财产权的研究之中，中国法学界更是掀起了私有财产权法律保护的讨论热潮（例如，2007 年中国行政法学会就以"私有财产权的行政法保护"为年会主题），产出了一大批有质量的学术成果。

关于马克思主义的人权、所有制的主要研究成果包括：学者应克复的《理解"重新建立个人所有制"的方法论问题》和李惠斌的《重读〈共产党宣言〉——对马克思关于"私有制"、"公有制"以及"个人所有制"问题的重新解读》两篇文章深入思考了马克思有关劳动者个人所有制问题，对于我们理解马克思"重新建立个人所有制思想"具有极其重要的开拓意义。徐亚文和张国东的《"以人为本"与政治文明》、张萍的《和谐社会和人的自由全面发展——马克思理想人格思想的当代解读》、陈刚的《马克思人的自由全面发展观及其当代意义》，则探讨了马克思人的全面发展理论，深化了学界对于马克思重视人的尊严与发展主体维度的思考。俞吾金的《再论异化理论在马克思哲学中的地位和作用》和徐永平的《关于私有财产的历史作用——读马克思〈1844 年经济学哲学手稿〉》，进行了深入的文本研究，细致解读了马克思异化理论的基本内涵，探讨了私有财产和异化之间的关系。这些成果对于我们理解马克思主义经典文本的原旨，掌握马克思主义学术研究的基本进路和分析框架，助益甚大，但具体到马克思私有财产思想内涵的阐释上，尚有不足。

有关私有财产权及其宪法保护的代表性著作不少，主要分为三个方面：一个是从宏观角度探析了私有财产法律保护的基础理论。例如，夏勇的《走向权利的时代》、刘剑文和杨汉平合著的《私有财产法律保护》、周其仁的《产权与制度变迁——中国改革的经验研究》，启迪了学界的后续研究。第二个方面是具体论证了私有财产权宪法保护的基本内容，包括保护价值、保护方法、保护主体等。例如，学者焦洪昌的《公民私人财产权法律保护研究——一个宪法学的视角》、胡戎恩的《走向财富——私有财产权的价值与立法》、程萍的《财产所有权的保护与限制》、石佑启的《私有财产权公法保护研究——宪法与行政法的视角》、曾哲的《公民私有财产权的宪法保护研究》。第三个方面则是结合当代中国的社会实践，从行政法角度集中阐释了行政征收与补偿制度的建构对公民私有财产权保护的重要价值。如王太高的《行政补偿制度研究》、沈开举的《征收、征用与补偿》、王铁雄的《征收补偿与财产权保护研究》。这些著作丰富了私有财产权法律保护的基础理论，夯实了进一步研究的学理基础，不足之处在于，主要采取的是西方成熟的理论体系，包括分析视角、价值基础、概念范畴、研究方法和手段等，缺乏鲜明的中国底色。比如，对中国传统的公私文化、义利文化等学术资源没有深度发掘。

　　围绕私有财产权的基本人权属性以及健全相应宪法保障制度，学界则从不同视角进行了细致分析，大致分成三个层面：宏观层面偏重政治哲学、法哲学的论证，如易继明和李辉凤的《财产权及其哲学基础》、王涛的《布坎南论财产权与自由》、梅夏英的《当代财产权的公法与私法定位》；中观层面主要是对公民私有财产权予以宪法和行政法保护进行理论研讨，如龚祥瑞和姜明安的《再论公民财产权的宪法保护》、林来梵的《论私人财产权的宪法保障》、赵世义的《论财产权的宪法保障与制约》、方世荣的《论私有财产权的行政法保护》；微观层面则涉及具体的制度建构，如公私财产权平等保护（如鲁篱和黄亮的《论经济平等权》、张力的《国家所有权的异化及其矫正——所有权平等保护的前提性思考》）、行政征收与补偿（如张千帆的《"公正补偿"与征收权的宪法限制》、汪庆华的《土地征收、公共使用与公平补偿——评 Kelo v. City of New London 一案判决》）、财产税（如秦前红的《论宪法上的税》、王广辉的《论财政立宪主义语境下的税收权控制》），等等。这些论文丰富了研究的视域，拓展了研究的方法和思路，回应了现实需求，启发了后续研究，但多以西方自由主义为理论基础，缺乏自觉应用马克思主义认识论和方法论分析解决当代中国实际问题的应有品格。

2000 年以来，已有十多篇博士学位论文涉及马克思产权思想和公民私有财产权的法律保护。南京师范大学黄和新的《马克思所有权思想述要》、天津师范大学吴巨平的《马克思、恩格斯人权思想与近代西方自由主义人权思想比较研究》、吉林大学刘冲的《马克思人权思想研究》和西南财经大学武建奇的《马克思的产权思想——以阶级人假设为前提，以劳动者产权为核心》集中分析了马克思的所有权、人权和产权思想。武汉大学陈焱光的《公民权利救济论》、苏州大学黎晓武的《司法救济权研究》则深入探讨了权利救济的基本理论。辽宁大学孙祥和的《美国私有财产权宪法保护法律变迁及其路径依赖——建国后至新政》、中国社会科学院研究生院姜江的《财产权的法理研究》、华东政法大学吴旅燕的《论我国私有财产权的宪法保护——以宪法相关规范之实施为中心的研究》具体研究了私有财产权宪法保护制度的基本理论和主要内容。但以马克思私有财产思想为理论基础探讨当代中国私有财产权宪法保护制度，尚属空白。

综上所述，前述研究成果，深入探讨了马克思的人权、财产权和所有制思想，厘清了私有财产权的概念、渊源、功能、保护体系等基础法理，从理论上阐释了建构私有财产权宪法保障机制的相关学理，并对我国私有财产权宪法保护中存在的具体问题及其解决路径，进行了初步的分析和论证，但也存在着一些问题，主要有：第一，缺乏对马克思私有财产思想的细致解读。马克思主义是我国社会主义现代化建设的指导思想，其理论内涵和当代意义需要多角度、多层次的解读和分析，并随着时代的演进和主题的更新，不断创新研究视域和研究方法，以期更准确、更全面地把握马克思主义原典的深刻内涵，裨益我国社会主义和谐社会的建构实践。但由于对马克思私有财产思想的解读不够全面，教条化、意识形态化马克思的个别论断，使得马克思主义与保护人民私有财产形成不兼容的局面，严重窒碍了马克思私有财产思想的理论指导价值，致使我国无论理论上还是实践上，都不自觉地以西方自由主义思想作为理论建构和制度完善的基准和蓝图，出现了观念偏差。第二，缺乏对当代中国私有财产权宪法保护制度运行实践的实证研究。表现在两个方面：（1）对"应然"层面的论证细密而精致，但对"实然"层面的分析则明显不足，对于财产权制度的实际运行样态、问题的症结、可行的解决方案等关键环节，鲜见具体而扎实的研究成果。（2）欠缺对制度运行本土资源的深入发掘，研究的本土意识和本土特色匮乏，大多不加分析地引入西方的理论模型而甚少本土化，造成理论和实务的脱节。此外，对于制度背后的社会心理、文化习俗、行为惯例等也缺乏有分量的研究成果，一定程度上影响到理论的解释力。基于上述分析，论文力图在全面完整地理解马克思主义原典的基础上，以马克思私有财产思想为理论基石，以我国的本土特质为研究场域，建构起面向中国实践的私有财产权宪法保障体系。

三 研究内容和方法

论文立基于马克思私有财产思想，以马克思主义的主体观和价值观为基本分析维度，考察了我国私有财产权宪法保护制度运行中存在的主要问题，并从更新观念意识和完善法律制度两个方面提出了自己的具体建构意见。

论文分为六章。

第一章，绪论。简述论文的选题意义，综述已有的研究成果及其不足，并在此基础上，阐释了论文的研究内容和方法、创新点与不足。

第二章，私有财产权宪法保护概述。本部分旨在为之后的论证奠定一个讨论基础，具体分为三节：第一节论述了私有财产权的概念、价值及其宪法保护，界定了主要概念，总结了私有财产权的五大价值；第二节以英国、美国、法国、德国、俄罗斯五个现代主要国家的宪法实践为审视基点，从制度史角度考察了私有财产权在人类历史上的发展脉络；第三节从思想史角度考察了先哲们对保护私有财产权的价值认知，论述了私产保护的思想渊源。

第三章，私有财产权宪法保护的学理分析。论文以实质正义作为保护私有财产权的价值基石，从正义实现的角度，指出只有基于公共利益和私人利益的衡量且依循正当法律程序，才能真正保护私有财产权。本部分分为三节，分别探讨了个人自由与社会正义相统一的法理依据，平衡私人利益与公共利益的价值取向，实体保障与程序保障相结合、着重程序保障的实现路径。

第四章，马克思的私有财产思想及其对当代中国的意义。论文认为，就马克思原典的整体意蕴和论证旨归来看，其私有财产思想包括两个紧密联系的部分：反面探讨资本主义私有财产的本质及其历史归宿，正面阐释了自己的私有财产思想——"重新建立劳动者个人所有制"思想，即建立在公有制基础上又保障个人所有权的财产模式。贯穿其中的是马克思主义的两个基本思考维度——重视人的尊严与发展的主体维度和探究实质正义实现的价值维度，并依循上述思考维度探讨了马克思私有财产思想在当代中国社会转型进程中的重大意义，包括人为本理念的意识重构、市场化改革的路径指示和法治化进程的逐步认同。

第五章，我国私有财产权宪法保护的历史沿革及其成效分析。本部分在前述理论探讨的基础上，转向我国私有财产权宪法保护的实际语境，具体化了私有财产权宪法保护的研究场域，是论文的出发点和立足点，也是研究的现实价值所在。分为两节：第一节论述了我国宪法确立人民私有财产权的历史变迁，第二节探讨了现行宪法在私有财产权保护上的局限性：没有明确肯认私有财产权的基本人权属性、歧视私有财产、严重不公正的公益征收与补偿制度、缺乏司法保障、税收制度不健全、政府信息公开制度和国家赔补偿制度不完善等，着重分析了制度弊端背后的观念原因，包括我国传统观念的羁绊和对马克思私有财产思想的误读，指出更新人民的财产观、利益观、人权观、正义观的迫切性。

　　第六章，当代中国私有财产权宪法保护的制度建构。基于马克思主义的基本思考维度，论文从理论基础、域外经验、现实路径等方面分别探讨了公私财产权的平等保护、私有财产的征收与补偿、私产保护与完善政府税收三项基础性制度的法理建构。论文最后指出，只有具备必要的观念预设，并形成制度合力，当代中国的私有财产权宪法保护制度才能真正发挥实效。

　　为了实现写作意图，论文主要采用下列研究方法：

　　1. 整体把握法

　　对马克思主义原典的再解读是论文分析研究的理论基础。笔者认为，探求马克思主义原典的本意，不能拘泥于个别结论，因为马克思经典作家的具体论断是对当时实际问题的针对性分析，把由此得出的具体论断一般化，是教条主义的思维根源，致使鲜活的马克思主义陷入僵化。因此，论文采取"整体把握、着眼全局、重视进路"的研究方法，立足于马克思经典作家分析研究的惯常思考维度和立意旨归，在整体把握和全面探究的基础上，抽象出其研究问题的主体观和价值观，以之作为解读和应用马克思主义的基本方法，从而深入地探讨了马克思私有财产思想与我国社会主义和谐社会构建之间的逻辑关联，奠定了宪法保护人民私产的理论根基。

　　2. 学科综合法

　　建构私有财产权的宪法保护制度是一项系统工程，涉及哲学、法学、政治学、经济学、历史学、社会学、传播学、工程学等诸多学科，需要立足全局、具体突破。因此，论文采取学科综合研究法，借用经济学、法学、政治哲学、社会学等学科的思维范式、研究工具和概念范畴，以思辨、追问、预设等价值探讨方法和假设、分类、采样、比较等实证分析手段，不拘一格、综合为用，处理面临的具体问题，以期构成学科合力，致力于提出着眼实用的制度完善建议。

　　3. 法律推理法

　　论文的研究较多涉及法律规范，因此，离不开法律研究中常用推理方法的应用。在法律研究中，常用的推理方法包括分析推理和辩证推理。分析推理（analytical reasoning）指解决法律问题时所运用的演绎推理（关于从一般到特殊的推理）、归纳推理（构成从特殊到一般的推理）和类推推理（就是把一条法律规则扩大适用于一种并不为该规则的语词所涉及的、但却被认为属于构成该规则之基础的政策原则范围之内的事实情形）。① 至于辩证推理（dialectical reasoning），E. 博登海默认为，就是在两个或两个以上可能存在的前提或基本原则间进行选择，通过对话、辩论、批判性探究以及为维护一种观点而反对另一种观点的方法来发现最佳的答案。② 两种推理方法各有所长，论文将根据不同情形，分别采用不同的推理方法展开分析和论证。

4. 概念解释法

论文的研究立基于核心概念和关键术语的逻辑梳理和精确化，这就要求在适用过程中进行必要的解释。常用的解释方法包括：（1）字义；（2）文句体系和脉络；（3）历史资料呈现的意向、目标及规范想法；（4）客观的目的论的标准；（5）合宪性解释的要求。③论文主要采用语义分析、结构分析和历史分析的解释方法，以期探究概念和术语的原意，并结合具体语境，寻求妥当的适用路径。

四　论文的创新点与不足

论文的创新点主要体现在：

1. 创新了马克思主义原典的解读方法。论文主要采用宏观、整体、系统的分析路径，即以马克思主义原典的整体解读为基准，不局限于个别结论，而是着重抽离出马克思主义的灵魂——思考进路，以之作为整个逻辑论证的指引。构建社会主义和谐社会的伟大实践，需要多方面的理论资源，首要的就是与时俱进的马克思主义。但在实践

---

① ［美］E. 博登海默：《法理学：法律哲学与法律方法》，邓正来译，中国政法大学出版社 1999 年版，第 494—495 页。

② 同上书，第 497 页。

③ 参见［德］卡尔·拉伦茨《法学方法论》，陈爱娥译，商务印书馆 2003 年版，第 200—219 页。

中，对马克思主义教条式的或者实用主义的解读还是比比皆是，其根源是对马克思主义原典的肢解和歪曲，是思维的僵化。因此，本文有针对性地创新了解读方法，以思考进路取代了具体论断，从而有力地呈现出马克思主义与现实制度建构之间的逻辑链接。

2. 遵循比较分析与立足本土有机结合的研究思路。比较分析是因为私有财产权的宪法保护在不同国家各有特点，对之进行比较研究显然有助于我们以更为宽广的视野看待和解决我国私产保护中存在的诸多实际问题。立足本土是因为我国的法治建设具有自身的独特规律，必须在分析研究中始终锁定中国国情，以系统论的观点看待财产权制度的运行现状，在全面分析的基础上重点突破，以点带面，以面带片。为此，论文以解决我国私产保护的特殊问题为出发点，以比较法的视野探寻特殊问题中蕴含的普遍性，即不同民情国情下解决相似或相关问题的规律性，从而找到解决中国问题的"药方"。总之，通过这种特殊性与普遍性的交互作用，建构起既具有本土特色又认同普世价值的当代中国私有财产权宪法保护制度。

3. 总结了笔者关于私有财产权的基本认识。包括：（1）概括出私有财产权的核心价值：保障和扩大个体自由，奠定人的自我决定、自我发展和自我形成的可能性；生成价值共识，促进社会多元和宽容；构建良性政治生态，实现以法政文明为核心的现代政治文明；促进经济和社会发展，保障和指示市场化改革的经济发展路径和激发社会创造性的社会发展模式；稳定社会秩序，形成以义导利、公私兼顾、"国家—社会—个人"以及人类与自然和谐相处的整体秩序观，张扬中国的"和"文化。这五个方面的价值可进一步概括为以人为本的人性尊严和自主意识、保障自由和自治的主体价值以及实践导向、法治管控的程序正义理念。（2）系统论证了三位一体的私产保护理论架构：个人自由与社会正义相统一的法理基础、私人利益与公共利益相平衡的价值取向、实体保障与程序保障相结合着重程序保障的实现路径。在笔者看来，个人自由与社会正义的统一是私有财产权宪法保护的法理依据，正义赋予了私有财产权基本人权属性，而私有财产权则是实质正义的具体体现。宪法保护私有财产权表现为：实体内容上，以私人利益与公共利益的平衡为价值取向；程序保障上，采行实体保障与程序保障相结合、着重程序保障的复合保障模式。(3) 阐明了夯实我国私产保护意识的四个着力点：利益观、财产观、人权观、正义观。笔者认为，四观的更新有助于中西文化的交融贯通，弥补我国传统文化的缺陷。(4) 论文析离出私有财产权中深蕴的人的主体价值、自由保障和着眼程序的功能，搭建起契合当代人文思想的学术对话平台。

4. 具体建构了当代中国私有财产权的宪法保护制度。其中凸显了本土特色和实践品质，使得研究成果渗透着鲜明的问题意识。笔者认为，完善相关法律制度的建议方案应该面向实践，不能为了理论而理论，应该强调"管用"的标准，实现理论与实践的有机结合。因此，在对既有制度运行现状全面分析的基础上，论文针对不同的问题症结，分别从平等保护公私财产权的马克思主义理论基础、当今世界私产征收与补偿的代表性国家的有益经验、健全财产税征收的现实路径三个方面，着重探讨了公私财产权平等保护、私产的征收与补偿、私有财产与财产税三项具有全局性和现实性的制度建构。

囿于笔者的学识，论文尚存在一些不足之处，主要表现在两个方面：一是关于马克思私有财产思想的深层次发掘尚有欠缺，需要更扎实地阅读马克思主义经典著作，实事求是地探究其原意，并融入之后的实证分析。二是对传统文化中重大主题（如公私之辨、义利之辨）的解读也略显薄弱，对中国思想史上相关论述的梳理、提炼、分析和论证，还有进一步加强的空间。希望在今后的研究中，拓展和深化对上述问题的认识。

第二章

私有财产权宪法保护概述

第一节 私有财产权及其宪法保护

一 基本概念的界定

（一）财产

财产是财产权的客体，即权利主体意欲占有、控制和使用的物。"我们的财产只是被社会法律，也就是被正义的法则所确认为可以恒常占有的那些财物。"[1] 但也有学者持不同意见。托马斯·C. 格雷就更倾向于认为财产是人们实际上拥有的抽象的权利而非物，他认为，物仅仅只是权利的一种附着对象。[2] 物的价值通过权利而呈现，因此具有价值的是权利而非物自身。易言之，人对物的支配仅形成人对物的使用或效用关系，而当特定人得以支配并拒斥他人时，物就具有了权利属性，从而体现出人与人的关系。因此，财产表面上是人与物的关系，实质上是人与人的关系，是在物的占有与使用过程中所形成的主体之间的关系。

关于财产的外延，以前和现代有所不同。罗马法把物分为有形体物和无形体物。《查士丁尼法学总论》（J. 2. 2）指出："1. 按其性质

---

[1] ［英］休谟：《人性论》（下册），关文运译，郑之骧校，商务印书馆 1980 年版，第 536 页。

[2] 转引自梅夏英《民法上"所有权"概念的两个隐喻及其解读——兼论当代财产权法律关系的构建》，《中国人民大学学报》2002 年第 1 期。

能被触觉到的东西是有形体物，例如土地、奴隶、衣服、金银以及无数其他东西。2. 不能被触觉到的东西是无形体物，这些物是由权利组成的，例如遗产继承权、用益权、使用权、不论用何种方式缔结的债权等。"罗马法有关财产的二分法为此后大陆法系民法典所继承。例如，1804 年《法国民法典》第 516 条规定："财产或为动产，或为不动产。"第 526 条规定："下述权利，依其客体，为不动产：不动产的使用收益权；以土地供役使的权利；目的在请求返还不动产的诉权。"第 529 条规定："以请求偿还到期款项或动产为目的之债权及诉权，金融、商业或产业公司的股份及持份，即使隶属此等公司的企业拥有不动产，均依法律规定为动产。此种股份与持份，当公司存续中，对每一股东而言，视为动产。"1896 年《德国民法典》第 90 条也明确规定："本法所称的物为有体物。"在欧陆国家的学者看来，物权的客体为有体物，知识产权的客体为无体物，而权利则为准物权的客体。

随着人类社会的发展，财产的外延呈现出逐步扩张的趋势，主要是因应生产社会向消费社会的转变而导致的"新财产"① 的出现，具体包括：非物质化的财产、通过私人合意改造出的新财产、公法化导致的新财产。② 渊源于美国的新财产理论已被其他国家接受。英国的教科书就把财产分为十类：（1）不动产，包括土地、地上建筑物、不动产附属物等；（2）动物；（3）有形动产，包括货物、庄稼等；（4）商业票据，如汇票、期票、支票、提货单等；（5）投资证券，如股票、股权、债券；（6）知识产权，如版权、专利、商标、商誉等；（7）其他形式的无形资产，如应付债务和作为资产的合同等；

---

① 新财产理论产生于美国，使传统上政府单方面可予可取的利益也被纳入普通法上财产权的范畴而有正当程序的应有，例如薪水与福利（income and benefits）、职业许可（occupational licenses）、专营特许（franchise）、政府合同（government contract）、补贴（subsidies）、公共资源使用权（use of public resources）、劳务（service）。cf. Charles A. Reich, *The New Property*, The Yale Law Journal, 1964, Vol. 73。

② 冉昊：《制定法对财产权的影响》，《现代法学》2004 年第 5 期。

（8）货币；（9）基金；（10）资本与收入。① 可见，"英国法律对
'财产'的理解是以人为中心的，凡是个人可以支配的、具有使用和
交换价值的东西都是法律意义上的财产，不论是有形的还是无形的。
也就是说，法律上的个人财产实际上是指个人的总的财富。"② 德国
基本法规定保障四种类型的财产权：动产、不动产及其索求权利、知
识产权、社会保险利益。德国宪法学权威黑塞教授也认为："个人生
存保障与生活形成的基础，很大程度上已经不再建立在民法的传统意
义的私人财产所有权上面了，而是建立在每个人的工作以及参与分享
由国家提供的生存保障与社会救济的基础上了。"③ 总之，现代财产
的范围已经大大扩展，基本上涵盖了个人财富的全部形式。在我国，
法律对财产（核心是私有财产）也有界定。④ 目前形成的共识是：包
括生活资料和法律允许的生产资料，还有部分财产性收益，但不包括
土地、国家财富分享权和求索权等带来的公法收益以及一些新型经济
利益。与国外相比，这种认识尚有差距。有学者就认为，作为财产权
的客体体系，应保持开放性，不仅应包括物质财产、知识及信息财
产、人力财产和部分特定化的权利财产，并应纳入一些新的财产形

---

① F. H. Lawson and B. Rudden, *The law of Property*, Third Edition, Oxford University Press, 2002, p. 22.

② 曹培：《英国财产法的基本原则与概念的辨析与比较》，《环球法律评论》2006 年第 1 期。

③ ［德］康拉德·黑塞：《联邦德国宪法纲要》，李辉译，商务印书馆 2007 年版，第347 页。

④ 《物权法》第 64 条规定："私人对其合法的收入、房屋、生活用品、生产工具、原材料等不动产和动产享有所有权。"第 65 条规定："私人合法的储蓄、投资及其收益受法律保护。"《继承法》第 3 条规定："遗产是公民死亡时遗留的个人合法财产，包括：（一）公民的收入；（二）公民的房屋、储蓄和生活用品；（三）公民的林木、牲畜和家禽；（四）公民的文物、图书资料；（五）法律允许公民所有的生产资料；（六）公民的著作权、专利权中的财产权利；（七）公民的其他合法财产。"《刑法》第 92 条规定："本法所称公民私人所有的财产，是指下列财产：（一）公民的合法收入、储蓄、房屋和其他生活资料；（二）依法归个人、家庭所有的生产资料；（三）个体户和私营企业的合法财产；（四）依法归个人所有的股份、股票、债券和其他财产。"

态，如权利担保。① 这种思路值得赞许。

财产表现出两个基本特征：（1）有用性。在《关于林木盗窃法的辩论》中，马克思分析道："价值是财产的民事存在的形式，是使财产最初获得社会意义和可转让性的逻辑术语。"② 换言之，能满足人类的生存和发展需要是财产存在的基础，体现了财产的自然属性。（2）稀缺性。"由于我们的所有物比起我们的需要来显得稀少，这才刺激起自私；为了限制这种自私，人类才被迫把自己和社会分开，把他们自己的和他人的财物加以区别。"③ 稀缺性显示出财产的社会属性。正是因为资源的有限性与人们欲求的无限性之间的矛盾，才需要以法律上的财产权予以界分和确认。因此，有用性和稀缺性构成了财产的两个基本特征，二者互相联系、缺一不可。作为可用且稀缺的资源，物具备了争夺价值，同时刺激起人的占有欲和创造性；为了稳定生活秩序，在经过法律调整、界定、赋权之后，用财产这个法律术语予以指认。也就是说，物是人们增进福利、扩大自由的工具和手段，本具客观性质；而财产则体现了人对物的实际控制，彰显了人与人之间的关系，兼具主客观属性。

（二）财产权

财产权来源于拉丁文 proprietas，意指特定的自然物或物的性质。布莱克斯通认为财产权就是一个人所享有的、实施于世界上的外部事物的、惟一的和专有的权利。他把这种控制物质的自由权视作"所有其他权利的守护者"。巴杜拉则理解为："任何一种具有财产价值，并且可以作为个人维生或从事经济活动的基础之法律地位。"④ 我妻荣则描述为："财产权是指以能带来社会生活上利益的财产为内容的

---

① 参见周林彬《物权法新论——一种法律经济分析的观点》，北京大学出版社2002年版，第389—395页。

② 《马克思恩格斯全集》第1卷，人民出版社1995年版，第247页。

③ ［英］休谟：《人性论》（下册），关文运译，商务印书馆1980年版，第535页。

④ ［德］卡尔·拉伦茨：《法学方法论》，陈爱娥译，商务印书馆2003年版，第106页。

权利，原则上应具有经济价值、可以作为转让或担保的权利。"① 通常意义上的财产权仅指私法意义上的支配权和请求权，而忽视了更为重要的公法意义上的防御权、分享权和受益权。保护私法意义上的财产权，主要由民法来承担；而保护公法意义上的财产权，主要由行政法尤其是宪法来承担，因为宪法设计和确认一国财产权方面的基本制度安排。综上所述，现代意义上的财产权，不仅包括物权、债权、知识产权、继承权等传统私法上的权利，同时还包括具有财产受益性质的公物使用权、分享权等公法上的权利，甚至扩张至契约自由、获取财富的资格。因此，所谓财产权，就是一切具有经济价值的权利。

　　这里需要区分一下财产权与产权、物权和所有权。产权，主要用在经济学上，实质内涵与常用于政治法律范畴的财产权相同②，指基于资源的稀缺属性而作出的有效力的分配。而财产权与物权、所有权则为两大法系的不同术语。财产权主要用于英美法系国家，而所有权和物权则是大陆法系国家的法律术语，物权为上位概念，所有权为下位概念。但在传统上，所有权基本上等同于财产权。③ 例如，《法国民法典》第 544 条："所有权是对于物有绝对无限制地使用、收益及处分的权利，但法令所禁止的使用不在此限。" 第 545 条："任何人不得被强制出让其所有权；但因公用，且受公正并事前的补偿时，不在此限。"《德国民法典》第 903 条："在不违反法律和第三人利益的范围内，物的所有权人可以随意处分其物，并排斥其他的任何干涉。动物的所有权人在行使其权力时，应注意保护动物的特别规定。"

---

　　① ［日］我妻荣：《民法大意》，岩波书店 1971 年版，第 42 页。

　　② 这一点有争议。基本上学术界有四种代表性观点：第一种观点认为产权就是财产所有权，因为广义上的所有权即指人对资产的占有和隶属关系，持此观点的大多是经济学学者；第二种观点认为产权接近于物权；第三种观点认为产权是债权；第四种观点认为产权即财产权，是一种包含物权、债权以及由此衍生出的各种具体权利的复合财产权利，该观点在法学界较为流行。

　　③ 大陆法系国家的财产权是以所有权制度为核心建立起来的，在欧陆国家，财产权和所有权几乎是等义的，都强调物主对所有物或者权利的排他性支配权。

（三）私有财产权

就财产权概念的原始意义来看，主要指的是私有财产权，某种程度上甚至可以说，私有财产权就是财产权，没有私有财产权，就不存在财产权。因此，私有财产权是财产权理论的核心。私有财产权是指个人、个人集团或其他主体排斥他人使用或从某物受益的权利。可见，私有财产权强调对经济利益的排他性占有与控制。麦克弗森（C. B. Macpherson）就认为："私有财产权和共有财产权区别的关键在于，前者应被看成为一种排斥他人（使用其财产）的权利，而后者则应被视为一种不排斥他人的权利。"① 作为一项基本人权，私有财产权体现为经济权和政治权两个向度。就经济层面而言，私有财产权是对社会财富（实质是有限的自然和社会资源）的现实控制力；而对于这种控制的正当性诉求，则构成了一种政治性权利，体现了财富占有者对其他社会成员的合理拒斥。这样，私有财产权划定了人与人之间的界限，意味着权利人支配私有财产的正当性，从而建构出现实的经济制度以及与之相适应的政治制度。

私有财产权制度，是指私有财产权的法律保护及其限制，包括积极意义上的利用权和消极意义上的防御权，而后者又包括私法意义上的防御权和公法意义上防御权（尤其是指宪法上对国家干预的防御权，理论上主要涉及私有财产利用的限制、私有财产的征收、私有财产社会义务的边界等问题）。德国法上，国家公权力对私有财产的限制样态主要包括国有化、征收和税收。在美国则承认三种意义上的限制——纳税（taxation）、充公（forfeiture）和征收（expropriation），只有征收行为才必须给予补偿。理由是：纳税是基于同意原则的一种"给予"，充公则是对严重违法行为的一种惩戒，所以都不需要补偿；而第 5 修正案规定的征收是为了社会公共利益而对被征收者所施加的特别负担，因而要求其他纳税人补偿其损失是公正的；否则，被征收

---

① ［英］戴维·米勒主编：《布莱克维尔政治思想百科全书》，邓正来等译，中国政法大学出版社 2011 年版，第 457 页。

者和他人相比就承受了不成比例的负担。① 类似于法国行政法上的公共负担平等原则。

关于资本主义私有财产权的本质，马克思有过深刻的分析："这就是说，私有财产这一人权是任意地（à son gré）、同他人无关地、不受社会影响地享用和处理自己的财产的权利；这一权利是自私自利的权利。这种个人自由和对这种自由的应用构成了市民社会的基础。这种自由使每个人不是把他人看作自己目的的实现，而是看做自己目的的限制。"② 因此，这种财产权与其他资本主义自由权一样，都具有本质的缺憾："任何一种所谓的人权都没有超出利己的人，没有超出作为市民社会成员的人，即没有超出封闭于自身、封闭于自己的私人权益和自己的私人任意行为、脱离共同体的个体。在这些权利中，人绝对不是类存在物，相反，类生活本身，即社会，显现为诸个体的外部框架，显现为他们原有的独立性的限制。把他们连接起来的唯一纽带是自然的必然性，是需要和私人利益，是对他们的财产和他们的利己的人身的保护。"③ 马克思的上述论断，看似反对私有财产权，实则不然，他否定的是资本主义私有财产权。在马克思看来，资本主义私有财产权的根本缺陷是其与社会利益相对立的利己性、任意性和非理性，是对人的类本质的反动，而这根源于以剥削为基本特征的资本主义私有制。因此，就马克思的本意来看，他反对的是立基于资本主义私有制的资本主义私有财产权，并不是否定一切形式的私有财产权："无依赖性的私有财产即抽象的私有财产以及与之相适应的私人，是政治国家的最高构成。政治的'无依赖性'被构思为：'无依赖性的私有财产'和'拥有这种无依赖性的私有财产的人'。"④ 可见，马克思将私有财产权看作一般社会存在，与具体的经济制度相区隔，视为政治国家的必备构成要素。需要强调的是，私有财产权与私有制并

---

① 张千帆：《"公正补偿"与征收权的宪法限制》，《法学研究》2005 年第 2 期。

② 《马克思恩格斯文集》第 1 卷，人民出版社 2009 年版，第 41 页。

③ 同上书，第 42 页。

④ 《马克思恩格斯全集》第 3 卷，人民出版社 2002 年版，第 129—130 页。

不能画等号。私有制指的是生产资料等物质财富的占有方式，尤其是其归属，属于政治范畴；私有财产权则是指权利主体抗拒包括国家在内的异己力量妨害的能力，强调独占性与排他性，属于法律范畴。前者到社会主义社会自然被消灭，而后者则会长久存续。

一般而言，私有财产权具有利己但无害他人的伦理属性。私有财产权的排他性具有确权功能，通过定分止争产生安全感和社会秩序，它并不排斥其他人对自己私有财产的使用，相反，对其使用表示充分尊重。对这种排他性支配权的追求，一方面，促使人们产生一种持续的、不竭的原生动力，推动了社会的进步；另一方面，也极易过度膨胀而影响社会共同体的存续，因此，私有财产权内在的含有无害他人的自我控制要素（但正当牟利与合法竞争除外）。

私有财产权关注的终极目标是人的总体福利，即人的尊严、自由和权利。人不是工具，"后一种是市民社会中的生活，在这个社会中，人作为私人进行活动，把他人看作工具，把自己也降为工具，并成为异己力量的玩物。"① 人本身就是目的，追求自身的发展与超越就是私有财产权的价值旨归。正如马克思所言，"人们为之奋斗的一切，都同他们的利益有关"。② 因此，私有财产权确定了人的主体价值和自治范围，是定分止争、防御侵犯、追求自由、促进发展的基础。同时，私有财产权也是实现人自身目的的基本工具，它产生于人类对财富、自由、尊严的需要，并由法律加以体认和保障，与经济体制相结合从而推动了社会的发展、演进和完善。

二　私有财产权的价值

休谟指出："没有人能够怀疑，划定财产、稳定财物占有的协议，是确定人类社会的一切条件中最必要的条件，而且在确定和遵守这个规则的合同成立之后，对于建立一种完善的和谐与协作来说，便没有

---

① 《马克思恩格斯全集》第 3 卷，人民出版社 2002 年版，第 173 页。
② 《马克思恩格斯全集》第 1 卷，人民出版社 1995 年版，第 187 页。

多少事情要做的了。"① 由此可见确立私有财产权对于人类社会共同体的重要意义。详言之，私有财产权的价值主要体现为：

1. 保障和扩大个体自由。财富越多，人们满足自己所有欲望的可能性越大，因此，保障私有财产权能有效地提升个人实现自我意志的能力，最大限度地满足个体的自由。更重要的是，作为个体自我实现的重要方式之一，私有财产权能体现和强化个人的独立地位和人之为人的特质。易言之，私有财产权彰显人的主体价值，与人的主体性息息相关，与个体的自治、自主密不可分；保障人民的私有财产权，就是捍卫其中含蕴的人性尊严以及人的自主发展的可能性。"德国宪法特别强调财产权的主观性质：财产和自由与个性相联系；其自主权的行使，为人的自我实现提供了空间。"② 这根源于洛克的劳动价值理论。洛克认为，人对自己的劳动产品拥有排他性的权利，因为其中包含着人自身所有的独特属性：每个人对自己的人身都享有所有权，除他之外任何人都没有这种权利；他的身体所从事的劳动和他的双手所进行的工作，只要使任何东西脱离自然所提供的状态，他就已经在其中掺进自己的劳动，因而使之成为他的正当财产。③ 总之，私有财产权划定与确保了公民免受公权力介入、干预与限制的领域，保障了公民的人性尊严和意思自治，进一步说，治私产的权利是公民个人自由和理性自治的基本表现，亦是实现其他权利的物质基础，使之可依自己的意愿而不必考虑异己意志的干涉，从而独立而有尊严的生存。保障人民的私有财产就是维护人的自由和尊严。因此，现代私有财产权主要并非物质保障，而是个人保障。

2. 生成价值共识。私有财产权作为生存权、安全权、自由权等其他基本人权的物质基础，保障其他基本人权的有效实现。更重要的

① ［英］休谟：《人性论》（下册），关文运译，商务印书馆 1980 年版，第 532 页。

② 张千帆：《西方宪政体系（下册·欧洲宪法）》，中国政法大学出版社 2005 年版，第 346 页。

③ ［英］洛克：《政府论》（下篇），叶启芳、瞿菊农译，商务印书馆 1964 年版，第 18 页。

是，私有财产中其实蕴含着平等、安全、理性等价值因子，对私有财产权的保护，推动了民主、法治、尊严、自治、宽容等现代社会重要价值共识的形成。从实证角度看，近代宪法确立私有财产权的保障制度后，为公民的精神自由、机会平等、自立自主、政治参与提供了坚实的物质和心理基础。因此，私有财产权被视为"支撑人的个别性的必要条件"，并最终演变为限制国家公权力恣意专断的意识形态。

3. 建构良性政治生态。《人权宣言》第 2 条规定："任何政治结合的目的都在于保护人的自然的和不可动摇的权利。这些权利就是自由、财产、安全和反抗压迫。"彰显了私有财产权作为在先约束，对于人类共同体公共权力的本源地位和目的指向，因而国家当然负有尊重和保障公民私有财产权的义务。确保个人在财产存续状态下自由使用、收益和处分权能的完整实现，能有效地避免国家、社会或私人（尤其是国家）的不法侵害，实质上就极大地限制了公权力行使时的恣意与专断。原因很简单，私有财产作为物质基础能增强人民对于国家的独立性，并进而使人民从精神上自立于国家；私有财产构成公共财政的来源，并在此基础上形成税收法定原则和预算法定原则，确立了民意机关对政府公共收支的监督权，通过财政这个最重要的媒介控制着国家公权力的运行。总之，私有财产权能明确界分公域和私域，强化政府对人民的依赖而非相反，理顺国家和个人的关系，确立国家的正确定位和存在目的。简言之，私有财产权是界定政府公共权力与宪法公民权利的基础："财产权的宪法保护可促成'价值权威性分配'（authoritative allocation of values）合理结构的形成，而经济财富本身就可成为政治权力滥用的一种抑制力。"[①] 此外，私有财产权还固化了市民社会和政治国家的分野。公法以维护公益为目的，以公有财产权为载体和资源基础，划定公权力行权的界域，对应政治国家；私法以维护私益为目的，划定私人行为自由的界限，形成市民社会，

---

① 林来梵：《针对国家享有的财产权——从比较法角度的一个考察》，《法商研究》2003 年第 1 期。

其制度基础是私有财产权，二者泾渭分明。

4. 促进经济与社会发展。"鄙俗的贪欲是文明时代从它存在的第一日起直至今日的起推动作用的灵魂；财富，财富，第三还是财富——不是社会的财富，而是这个微不足道的单个的个人的财富，这就是文明时代唯一的、具有决定意义的目的。"① 从经济学的角度看，私有财产权被理解为"就是一组所有者自由行使并且其行使行为不受他人干涉的关于资源的权利"②，强调其对资源的排他性控制与受益。因此，私有财产权能形成一种激励安排，促使资源使用者以最有效率的手段使用资源，从而达致社会财富和社会效用的最大化。个人致富的天性，对财富天生的、不可抑制的渴望，促使财产权人富于冒险、敢于创新、勇于竞争、精于计算，从而促进了生产效率的提升和社会福利的增长，其结果是实现社会有限资源的最优配置，大家共享财富的溢出效应。易言之，私有财产权作为一种制度安排，能激发个人及其联合体投入高效率的创造性劳动，使之在努力追求自己财富增长的同时，也促进了社会的繁荣。而且，私有财产权较之公有财产权，在产权主体、利益分配、成本控制、决策约束、动力机制和监督体系等制度安排上，更明确且成本最低，更有助于经济和社会发展。可见，保护私有财产权是市场经济良性发展的基石和必然要求。市场经济承认利益多元化，并且鼓励人们基于利己与利他相结合的原则追求个人财富，排除了血缘、门第、地域、种族、语言等差别和由此产生的特权，实现了法律平等。通过明确界分产权，私有财产权能实现主体间的有效合作，节约交易成本，推动社会进步。总之，私有财产是人民劳动、经营和创造的静态成果，追求自由地掌握、利用和处分该成果的心理，构成财产权保护的滥觞。毋庸置疑的是，国家对人民的生存基础——私有财产——保护得愈得力，愈能激发人民创造财富的内在

———————

① 《马克思恩格斯文集》第 4 卷，人民出版社 2009 年版，第 196 页。

② ［美］罗伯特·D. 考特、托马斯·S. 尤伦：《法和经济学》，施少华等译，上海财经大学出版社 2002 年版，第 66 页。

潜力，从而促进社会整体财富的增加。

5. 稳定社会秩序。"有恒产者有恒心"，财产所有权人更倾向于维护和合理化现行状态，尊重他人及其财产并希望对方同样对待，信仰法治并遵守规则，且愿意基于对未来安全的合理预期而安排和规划自我发展，从而成为稳定社会秩序的重要基础。因为，财产权是对财富和资源在人与人之间分配的表彰，是通过物体现的"人 – 人"关系，其主要功能是定分止争、保护权利人的合理预期，强化社会的安定心理，防御不确定因素的恣意侵害。私有财产权的宪法保障在物质层面攸关人民之生存，在精神层面，丰裕的物质财富也有助于完善人格的形成和自我肯定、自我实现。这当然有助于社会的稳定和秩序的生成。

三　私有财产权的宪法保护

私有财产权所具有的上述重要价值，促使国家必须以法律（尤其是作为一国根本法的宪法）的形式对之予以保护。但这种保护并不意味着私有财产权来源于国家，只是表征着国家对前国家权利的尊重与保障，以此作为人民形成国家并让渡权利的对价。国家保障人民私有财产权的义务主要表现为：（1）防止私主体对物主财产权的不法侵犯。因此，自古以来各国皆从刑事法上制止窃盗、侵占、抢夺、诈欺等行为，保障社会生活秩序。（2）建立和完善财产法律制度。"财产权的制度性保障要求立法者必须建立一套足以确保财产权人有效支配、顺利行使其权利的机制，在实体法与程序法上提供必要的保护规定，并在交易秩序中获致可靠、值得信赖的安全。此一维系私使用权限与交易安全的制度建立后，立法者仅能在无损其核心内涵的范围内，享有变更、重新形成的权限。"① （3）确认防御权的属性，以防范国家公权力对人民各种具有财产价值的私权利的侵害。传统意义上的防御权（Abwehrrechte），指私人对国家公权力所加诸的不当侵害予

---

① 苏永钦主编：《部门宪法》，台北元照出版有限公司 2006 年版，第 236 页。

以对抗，并在实际侵害发生后可以获得法律救济的权利。（4）现代福利国家的形成，更强调公法性质的受益权，即公民享有获得国家帮助和救济以实现与人性尊严相适应的生活地位的权利。

　　私有财产权的法律保护体系主要分为私法保护和公法保护。[①] 传统的保护模式主要是民法保护，物权法、合同法、侵权法都有相应的规定，主要是防范私主体的侵害。较之私法保护，公法保护更为重要。因为公法比私法更容易成为压迫性的法律，如果公法不能有效防止反而还助长公权力的专横与恣意，则私人领域或者私法关系也不可能苟全。公法保护体系包括宪法保护和行政法保护，更侧重于防范国家公权力的侵害。宪法保护的独特性在于，宪法对于私有财产权的制度安排，显示着立法者对私有财产权的基本态度，从而在根本上影响着一国私有财产的法律保护水平。需要指出的是，私有财产权的私法保护着重利益因素，通过明确界分私主体间的产权，刺激私主体通过创新和交易扩张财富，更有利于有产者；而私有财产权的公法保护侧重人的资格，注重财产权中人的因素，即它是对所有公民基于人格的平等而实现一体保护，着重维持符合正义规则的分配秩序。[②] 较之私法上的财产权，宪法上的财产权更强调与人性尊严紧密相关的资格，并不与具体的客体相联系。

　　（一）私有财产权宪法保护的内容

　　主要包括：（1）确立私有财产权的宪法地位，肯认国家对私有财产的尊重和保护义务。就积极方面而言，保障权利人占有或许可占有、使用、支配、处置等权能的实现，就消极方面而言，主要是排除他人或国家的非法干预，如侵害、限制、征收或准征收。（2）财产

---

　　① 公法与私法的划分是大陆法系国家法律体系的基本划分标准，关于其划分标准，主流观点有：主体说、服从说或实质说、强行法说、利益说或目的说、折中说或混合说。笔者赞同这样的观点：公私法划分的最根本标准是公共权力的运行，涉及公共权力运行的法律是公法，反之为私法。

　　② 李龙、刘连泰：《宪法财产权与民法财产权的分工与协同》，《法商研究》2003年第6期。

权使用限制的限制。对私有财产权虽可基于公共利益的需要加以限制，但限制本身不得逾越必要限度，侵及私有财产制度的本质与核心，以至于实质上等同于取消私有财产制度。（3）公益征收和补偿。详见第六章。（4）税收。学界普遍认为，对于一般性的租税，并未构成民众的特殊损害，因而不需补偿；但造成人民过度负担的没收性租税（konfiskatorische steuern），则构成对私有财产权的限制，应有正当程序的适用。（5）财产罚和财产刑。财产性行政处罚和财产刑是国家基于统治权为维护社会公共秩序所使用的公共权力，只要依法合理行使，就具备正当性。

（二）私有财产权宪法保护的现代发展

确立私有财产权的宪法地位，可以以根本法的形式向人民宣示：保护私有财产权是国家不可放弃的基本义务，从而稳定人心，安定社会秩序，维护和促进市场经济的良性发展。"从法治角度看，至少可以产生两种效果：一是针对国家立法者应有的立法准则，亦即立法者在规范人民的财产权制度时，应该注意保障人民的私有财产制度，此即宪法财产权的「制度性保障」（Institutsgarantie），防止人民的私有财产名存实亡，典型的如'税捐法定主义'。二是宪法财产权作为一种防卫权，也创设出「个别性保障」（Individualsgarantie），例如在政府进行没收、公益征收和国有化方面，宪法上的私有财产权可赋予人民个案中的防范权。"①

进入20世纪，立基于社会连带理论，私有财产权更加强调其所负担的社会职能。"所有权已不再是个人的主体权利，而趋向于成为动产及不动产持有者的社会职能。所有权对所有社会财富持有者来说，包含了利用所有者增加社会财富的义务和由此引出的社会相互依存。他所做的只是完成某种社会工作，只是通过让其支配的财富发挥

---

① 陈新民：《宪法学释论》，自刊，2011年修订七版，第322页。

价值来扩大社会财富。"① 因此，对私有财产权的保障已从"绝对保障"转变为"相对保障"②：各国宪法基本上都摒弃了私有财产权具有神圣性和绝对性的自然法遗绪，转而承认私有财产权并非绝对不能干预，在符合法律保留、比例原则、正当法律程序等宪法原则的前提下，其本身就负有责无旁贷的社会义务；不仅国家可依法禁止私人对其财产为有害社会的使用，而且权利人因公共利益的需要尚需忍受财产权行使上的轻微不便或普遍限制，这就是德国法上所谓的财产权的社会拘束（Sozialbindung des Eigentums）。从历史的纵向比较来看，与立宪初期相比，私有财产权所允许的限制尺度较其他基本权利更为宽松，呈现出较高的妥协性，即私有财产权的行使必须兼顾社会正义。尽管国家公权力基于社会连带关系必须对私有财产权的行使进行一定的限制，但是私有财产权的核心内涵——排他性的支配权——仍为现代民主国家必须尊重和保障的对象，私有财产权仍为公民不可剥夺的基本人权之一。与之相适应，私有财产权宪法保障的理念也发生了深刻变化，由存续保障（Bestandsgarantie）转为价值保障（Eigentunswertgarantie），即首先保障财产权人的财产，只有强烈的公益需求超过了私益以致符合征收要件时，才可以在事先充分补偿的前提下，由财产的实体价值保障转化为财产价值的保障。

需要强调的是，近代宪法对私有财产权的绝对保障有力地推动了社会生产力的高度发展，当其内在弊端日益显现时，现代宪法应运而生，主张财产权应具有内在的社会限制，二者都是当时社会现实在法

----

① ［法］莱昂·狄骥：《宪法学教程》，王文利译，辽海出版社、春风文艺出版社1999年版，第238页。

② 与自由法治国时期相比，社会法治国追求实质正义，在社会财富极大丰富的背景下，法院对侵犯人民的言论、人身等自由权的审查力度要明显严于对财产权的侵害。17、18世纪私有财产权体现的是极端的个人主义，人的一切权利最终都归结到私有财产权，其处于绝对的、至高无上的支配性地位，是社会发展的主要目的。19世纪后期至20世纪初期，私有财产权的弊端日益显现，人们开始主张社会本位，凸显私有财产权的社会义务和社会职能，强化了对其限制。20世纪中期以后，私有财产的范围扩张，而社会的主流意识亦已形成：强调私有财产权的社会责任，其重要性让位于人性尊严、表达自由等。

律上的投影，具有不以人的意志为转移的客观规律性。因此，当前我国的私有财产权宪法保障具有历时性与共时性共生的特性，谐振现象不容忽视，有必要在借鉴发达国家的制度和学说时，区分本质与现象，以我国实际国情为基准，认真分析比较，谨慎适用。

第二节　私有财产权宪法保护的历史经验

保护私有财产权是现代社会的价值共识，下面从制度史的角度，笔者着重介绍近现代宪法的代表——英国宪法性文件、美国宪法及其修正案、法国宪法和宪法性文件、德国基本法和俄罗斯宪法等相关宪法规范，展现人类保护私有财产权的宪法历程，并总结出可资借鉴的历史经验，希望有助于我国宪法财产权条款的研究。

一　私有财产权宪法保护的世界经验

（一）英国

私有财产权的宪法地位最早在英国宪法中得以确立，甚至可以说，对私有财产权的维护和因此而对王权的坚决抵抗直接推动了英国和人类的宪政进程。1215 年 6 月 15 日约翰王签署了封建贵族集团拟订的《大宪章》，通常被视为该进程的起点。《大宪章》共 63 条，主要内容包括：（1）除国王战时被俘、册封国王长子为骑士、国王长女出嫁（以一次为限）时征收三项法定税金之外，如无全国公意许可，国王不得征收任何免役税和贡金。（2）在上述征收范围之外，国王如想征收免役税和贡金，必须用加盖印信的诏书致送各大主教、主教、伯爵和男爵指明缘由、时间、地点召集会议，以获得全国公意的许可。（3）一切州郡、百人村、小市镇和小区均照旧章纳税，不得有任何增加。（4）国王的执行吏或管家吏在取得任何人的谷物或其他动产时，必须立即支付价金，经出售者准许延期付款的除外。（5）国王或者其官吏除经所有人或者自由人同意外，不得强取他人的车、马、木材等供自己私用。（6）任何自由人，未经同级贵族的依法裁判，或经国法判决，皆不得被没收财产。（7）除战时和敌对国家的人民外，一切商人在遵守旧时公正习惯的前提下，皆可免除苛捐杂税，在英格兰自由出入和经商。这些规定不仅是英国宪法史上最早的明确保障私有财产权的法律条款，也是世界宪法史上的第一次，影响深远。此后，几经反复，1295 年，议会迫使英王爱德华一世签署了《无承诺不课税法》，规定："非经王国之大主教、主教、伯爵、男爵、武士、市民或其他自由民之自愿承诺，英国君主及其嗣王，均不得向彼等课征租税或摊派捐款。"该法以成文法的形式捍卫了大宪章所确立的私有财产不可侵犯和未经被征税者同意不得征税的原则。之后，财政问题成为英王与议会角力的主要原因。1628 年，双方暂时达成政治妥协，查理一世签署了爱德华·柯克爵士起草的《权利请愿书》。《权利请愿书》重申了《大宪章》和《无承诺不课税法》中的基本精神，明确规定：英国人民"非经国会同意，得有不被强迫缴纳任何租税、特种地产税、捐款及其他各种非法捐税之自由"；未经"适当的法律程序"，不得无故监禁或者处决臣民。《权利请愿书》确认了人民的财产权和人身权不受侵犯的基本原则，成为继《大宪章》之后英国宪法史上的又一份重要的法律文件。其后，围绕吨税和磅税的征收问题，议会与英王的矛盾激化，最终爆发内战。中间经过短暂的共和时期、克伦威尔的护国时期和斯图亚特王朝的复辟时期。光荣革命后，1689 年，议会通过了著名的《权利法案》，确立了君主立宪体制：国王保证绝不终止法律的实施；不经议会同意不得征税；在和平时期维持常备军须经议会批准；保证议员的言论自由；定期召开议会等等。其中第 4 条规定："凡未经国会准许，借口国王特权，为国王而征收，或供国王使用而征收金钱，超出国会准许之时限或方式者，皆为非法。"至此，私有财产权不可侵犯的宪法地位在英国最终确立。

由上述史实可以看出，英国私有财产权确立的历史就是宪政逐步确立的历史，即作为地产所有者的贵族为捍卫财产自由不得不对抗专制王权的表现形式——无限征税权，进而在法律上确立征税须经大议会的同意以逐步限制王权，并随着斗争的胜利一步步将之转化成现代民主形式。关于这个过程的历史意义，马克思曾明确指出：

> "回顾一下 11 世纪以来的英国历史，就可以十分准确地计算出，宪法上的每一个特权是牺牲了多少头颅和花费了多少英镑才取得的。"①

而在这所有特权中，居于核心地位的无疑是私有财产权，对其的维护和抗争推动了其他人权的产生和演进。这一点，在英国宪政史上看得非常清楚。一句话，没有财产安全就没有人民自由。

(二) 美国

在北美殖民地建立初期，对私有财产的征税事宜由各殖民地议会自行决议，英国王室并不介入。1670 年代以后，英国王室因财政困难，加紧了对殖民地的控制，开始并逐步扩大了在殖民地的税收征收，《糖税法》、《印花税法》、《茶税法》等苛捐杂税相继出台，激起了殖民地人民的强烈抗议并最终导致独立革命。1776 年 7 月 4 日，第二届大陆会议通过《独立宣言》，宣告了新国家的诞生。《宣言》指出："我们认为下面这些真理是不言而喻的：人人生而平等，造物主赋予他们若干不可剥夺的权利，其中包括生命权、自由权和追求幸福的权利。为了保障这些权利，人类才在他们之间建立政府，而政府之正当权力，是经被治理者的同意而产生的。"其中，追求幸福的权利事实上相当于洛克所说的广义上的财产权。《宣言》在阐述革命的理由时，"未经我们同意便向我们强行征税"即为其中重要一条。1787 年联邦宪法第 1 条依据税收法定原则规定了国会征税权的范围："规定和征收直接税、进口税、捐税和其他税"，但不包括直接侵占人民私有财产的所得税。直到 1913 年 2 月 3 日批准的第 16 修正案才最终规定："国会有权对任何来源的收入规定和征收所得税，无须在各州

---

① 《马克思恩格斯全集》第 5 卷，人民出版社 1958 年版，第 511 页。

按比例进行分配，也无须考虑任何人口普查或人口统计。"对私有财产权的保护主要体现在两项宪法修正案中。第5修正案规定："任何人……不经正当法律程序，不得被剥夺生命、自由或财产。不给予公平赔偿，私有财产不得充作公用。"第14修正案第1款规定："任何一州……不经正当法律程序，不得剥夺任何人的生命、自由或财产。"

在保护私有财产权的司法实践方面，第5修正案和第14修正案包含的正当程序条款是1930年代以后的主要宪法依据。之前，主要适用的是第1条第10款的规定："……（任何一州都）不得通过公民权利剥夺法案、追溯既往的法律或损害契约义务的法律；……"与欧洲大陆一样，美国对于私有财产权宪法保护的重要性也经历了从最初的绝对保护到相对削弱的历史转变。建国之初基本上采纳了自洛克以来传统自由主义的观点，将财产权视为基本人权的核心。进入垄断社会后，财产权的重要性逐步降低，其内含的社会义务与法律限制的正当性渐渐被保守派法官接受，其标志是"优先地位说"的确立。该理论的基本观点是，宪法赋予人身权优先于财产权的地位，法院在实施司法审查职能时需要采用双重标准。"在19世纪的美国，对北美大陆经济上的征服，使得人们关心的财产权占据了统治地位。一个世纪后，在一个权力集中压倒了个人存在的世界上，关心维护人身权已经成为更重要的了。随着人们关心的焦点集中在有必要为个性的发展保留一块地盘上，法官自然更乐于查明立法机构对有关人权而非经济方面的侵犯。"[1] 也就是说，政府的作用主要在于保证每个人都有合适的生存条件，而非单纯的物质财产。财产权地位的变化表明美国人民对其价值认识的逐步深化。

（三）法国

法国宪法中私有财产权的确立诞生于大革命之后，在此之前的封建统治时期，私有财产权受到王权、领主权和教会权的严重侵害。例

---

① ［美］伯纳德·施瓦茨：《美国法律史》，王军等译，法律出版社2007年版，第242—243页。

如，所有农民须向领主缴纳年贡、地租以及现金或实物税、土地转移和买卖税、市场税，还要向教士缴纳什一税，成了"负荷这个社会重负的牲畜"。① 大革命前，法国社会的三个等级中，教士和封建贵族构成特权阶级，工商业资产阶级、城市工人和贫苦农民以及其他社会成员组成的第三等级处于社会的最底层，包括私有财产权在内的基本权利并无保障。"资产阶级除非对生产工具，从而对生产关系，从而对全部社会关系不断地进行革命，否则就不能生存下去。"② 于是，革命的爆发也就是迟早的事了。

出于对封建压迫的深刻体悟，1789 年 8 月 26 日颁布的《人权和公民权宣言》第 2 条规定："任何政治结合的目的都在于保护人的自然的和不可动摇的权利。这些权利就是自由、财产、安全和反抗压迫。"之后用两条专门保护人民的私有财产权。第 14 条规定："所有公民都有权亲自或由其代表来确定赋税的必要性，自由地加以认可，注意其用途，决定税额、税率、客体征收方式和时期。"第 17 条规定："财产是神圣不可侵犯的权利，除非当合法认定的公共需要所显然必需时，且在公平而预先赔偿的条件下，任何人的财产不得受到剥夺。"上述规定成为此后法国各部宪法的基本内容，构成法国私有财产权宪法保障制度的核心。例如，1791 年（9 月 3 日）宪法明确指出："宪法保障财产的不可侵犯，或者保障对财产的公平而预先的赔偿，如果依法认定为了公共的需要而须牺牲其财产的话。供宗教支出及供一切公用事业之用的财产属于国家所有，并永远由国家支配之。宪法保障过去或今后按法律所规定的手续而转移财产的行为。"1793 年（6 月 24 日）宪法第 16 条规定："所有权就是各个公民有随意使用和处分其财产、收入、劳动成果和实业成果的权利。"第 19 条规定："除非经合法认定的公共需要所必需时，且在公平而预先赔偿的

---

① ［法］托克维尔：《旧制度与大革命》，冯棠译，商务印书馆 1992 年版，第 70—73 页。

② 《马克思恩格斯选集》第 1 卷，人民出版社 1995 年版，第 275 页。

条件下，任何人的财产的最小部分在未得其同意以前不得受到剥夺。"第20条规定："除为公共用途外不得创设任何赋税。一切公民均有权协助赋税的创设，监视其用途并了解其状况。"

（四）德国

近代德国统一较晚，宪法制定亦晚。当时的社会背景已与英国、美国、法国革命时迥然不同，人们对私有财产权有了更深的认识：私有财产不仅具有个体职能，还具有社会职能，其使用必须为公共福利服务。1919年8月11日颁布的魏玛宪法作为现代宪法的典范，其中的第153条对私有财产权的社会职能作出了里程碑式的规定："1. 所有权，受宪法之保障。其内容及限制，以法律规定之。2. 公用征收，仅限于裨益公共福利及有法律根据时，始得行之。公用征收，除联邦法律有特别规定外，应予相当赔偿。赔偿之多寡，如有争执时，除联邦宪法有特别规定外，准其在普通法院提起诉讼。联邦对于各邦自治区及公益团体行使公用征收权时，应给予赔偿。3. 所有权为义务，其使用应同时为公共福利之役务。"该条是对私有财产权的一般规定。第1款所有权受宪法之保障和第2款公用征收补偿的规定，实际上仍然遵循了近代宪法保护私有财产不受侵犯的精神。第3款所有权义务属性的揭示，则是适应时代发展需求所作的成功添加。第155条私人土地的社会义务和第156条私人企业社会化的特别规定，则针对农业上最基本的私人财产（土地）和工商业上最基本的私人财产（企业）的社会义务作出了更具体的规定："土地之耕种及开拓，为土地所有者对于社会之义务。土地价值之增加非由投资或人工而来者，其福利应归社会。"（第155条）"联邦得依据法律，照公用征收之规定，将私人经济企业之适合于社会化者，予以赔偿收归公有。"（第156条）从而修正了私有财产权的绝对宪法保障，体现了人类对财产权本质属性的进一步认识。

1949年5月23日通过的《德意志联邦共和国基本法》吸收了魏玛宪法的有益规定和历史教训，根据时代发展，对私有财产权作出了细致而有力的宪法规范。第14条规定："一、财产权及继承权应予保障，其内容与限制由法律规定之。二、财产权负有义务。财产权之行使应同时有益于公共福利。三、财产之征收，必须为公共福利始得为之。其执行，必须根据法律始得为之，此项法律应规定赔偿之性质与范围。赔偿之决定应公平衡量公共利益与关系人之利益。赔偿范围如有争执，得向普通法院提起诉讼。"第 15 条规定："土地与地产、天然资源与生产工具，为达成社会化之目的，得由法律规定转移为公有财产或其他形式之公营经济，此项法律应规定赔偿之性质与范围。关于赔偿，适用基本法第十四条第三项第三、四两段。"上述规定现已成为大陆法系国家相关规定的立法典范。基本法一方面坚持私有财产权的宪法保障，以之作为基本原则；另一方面，则强调了法律对财产权本身的限制，并始终坚持私有财产的公用征收和社会化的法治化路径。

（五）俄罗斯

俄罗斯宪法关于私有财产权的规定，以苏联解体为界，经历了前后两个阶段。前一个阶段由于对马克思私有财产思想的教条式理解，以消灭私有制和公民生产资料所有权为立宪目的和价值取向；后一个阶段则重新回归大陆法系的立法轨道，在宪法中重新认可了私有财产权的地位。

1918 年苏俄宪法是世界上第一部社会主义性质的宪法，该宪法以充沛的革命激情展现了不同于以往资本主义宪法的鲜明特色。第 3 条规定："……一、为实现土地社会化，废除土地私有制，宣布全部土地为全民财产，并根据土地平均使用的原则无偿地交付劳动者使用。二、全国性的一切森林、蕴藏与水利，全部家畜与农具，实验农场与农业企业均宣布为国有财产。三、批准苏维埃关于工人监督和关于国民经济最高委员会的法令，以便保证劳动人民对剥削者实行统治的权力，并作为使工厂、矿山、铁路和其他生产及运输手段完全转归工农苏维埃共和国所有的第一步骤。……"1936 年苏联宪法确立了社会主义经济体系的统治地位，规定了对公民个人生活资料和个体农民及手工业者小规模私有经济的法律保护，彻底否定了以防范和对抗国家公权力恣意侵犯为目的的私有财产权的存在价值。第 4 条规定：
"苏联之经济基础为社会主义经济体系及社会主义生产工具与生产资
料所有制，此体系及所有制因铲除资本主义经济体系，废除生产工具
与生产资料私有制以及消灭人对人的剥削而奠定。"第 5 条规定："苏
联社会主义所有制表现为两种形式：国家财产（全民财产）；合作社
集体农庄财产（各集体农庄财产，各合作社财产）。"第 10 条规定：
"公民对其劳动收入及储蓄、住宅及家庭副业、家常及日用器具、自
己消费及享乐品之个人所有权，以及公民个人财产之继承权，均受法
律之保护。"1918 年苏俄宪法和 1936 年苏联宪法代表了意识形态竞
争背景下人类对私有财产权弊端的警惕，同时，也是对马克思私有财
产思想教条式解读的法律实践。但矫枉过正，又走上了彻底否定私有
财产权的错误道路。

1991 年苏联解体。独立后的俄罗斯于 1993 年 12 月 12 日通过了
《俄罗斯联邦宪法》，重新认可了私有财产的法律地位。其中，第 8 条
第 2 款规定："在俄罗斯联邦，私有财产、国有财产、地方所有财产
和其他所有制形式同等地得到承认和保护。"第 35 条规定："1. 私有
财产权受法律保护。2. 每个人有权拥有私有财产，有权单独或与他
人共同占有、使用和分配这些财产。3. 任何人都不能被剥夺属于自
己的财产，法院决定的除外。为国家需要而把财产强制性地划归国
有，只有在事先和等值补偿的情况下才能进行。4. 继承权受保护。"
第 36 条规定："1. 公民及其团体有权拥有私有土地。2. 对土地和其
他自然资源的占有、使用和分配由其所有者自由实施，但不得破坏环
境和损害他人的权利与合法利益。3. 使用土地的条件和程序依照联
邦法律确定。"从前引法条的表述、语句、结构和体系，可以清楚看
出，它们是对《人权宣言》以来欧洲法政文明的继承，表明俄罗斯
宪法重新回归保护私有财产权的正确航道。

二　历史启示

根据历史进程的阶段性特色，可以把上述五国的制度演进划分为

两个阶段,英国宪政革命、美国独立战争和法国大革命发生在11—19世纪,属于近代;发生于20世纪的德国和俄罗斯变革,属于现代。二者虽有明显的时代差异,但具有的历史意义却是相同的:

1. 表明保护私有财产权是不可抗拒的时代潮流。各国确立私有财产权宪法保护制度的历史进程清楚地表明:保护私有财产是人类理性选择的必然结果。易言之,在宪法上确立公民的私有财产权是人类社会文明进步的必由之路。英国、美国、法国、德国、俄罗斯五个现代主要国家的宪政制度史,无可辩驳地证明了这样一个颠扑不破的真理:保护人民的私有财产权,是实践民主、法治、人权、正义等人类普世价值的重要方式。因为,私有财产权根植于人之本性,表征着人最可贵的理性品格,含蕴着自由、自主、自治的主体价值因子,彰显了人格和思想的独立,构成了各种族、民族、宗教、文明、阶层的基本价值共识;它是所有人基于常识作出的当然选择,是不容违逆的客观规律。苏联的解体,也从反面证明,一个不能界定、尊重并有效保护人民私有财产权的国家,一个随意侵犯人民私有财产权的政权,注定会趋于经济衰退、社会动荡、思想僵化、民众困苦,最终走向覆亡。总之,五国的历史进程清晰地印证了保护私有财产权的客观必然性。

2. 推进政治革新和宪政实践。英国、美国、法国、德国、俄罗斯五国,在保护私有财产权的历史进程中,无一例外地都建立起符合人类共同价值观的民主宪政制度,表明二者之间具有不以人的意志为转移的客观联系。时序上的前后次序,似乎也指明了建设宪政国家的可行路径。前述英国的历史,更是确证了这一点。因为,政治革新的关键和宪政制度的核心,都在于有效制约国家公权力。而确立私有财产权的基本人权属性(如固有性、至高性、不可侵犯性),自然会有效防止国家公权力的过度膨胀,着力在财税这个国家权力的"七寸"上,可谓一剑封喉。缺乏经济和物质基础的国家公权力,自然褪去了傲慢、专横和恣意,服膺于民意和民权。上述五国的历史实践表明,这是目前看来,最有效、最可行、最便捷的宪政衍生路径。更重要的是，私有财产权中蕴含的人的理性、尊严、独立，是形塑公民社会必需的观念资源，而保护私有财产权的实践，就是该观念不断普及和落实，进而完成宪政准备、开启政治革新的过程。简言之，完善私产保护制度的同时，自然伴随着政改起步和宪政萌生。

3. 思想启蒙。私有财产权的保护肇因于人类珍视自我的功利天性，其中含蕴的个性自由和人格独立，是现代文明的基因，对于破解"公共利益至上、集体价值优先"的思想迷误，意义重大。而私有财产权在张扬个性的同时，强调私人利益与公共利益的协调，又是规则意识、法治意识、责任意识、宽容意识的重要基础。近代宪法强调私有财产权的绝对保护，现代宪法则对私有财产权有所限制，且这种限制本身又受到限制，即对私有财产权的限制不得逾越必要限度，侵害到私有财产权的内核——对经济利益的排他性占有，这种关乎切身利益的实践教育，远胜于空洞而无用的意识教化。在维护自身私有财产的行动中，捍卫权利、制衡公权、自治自决、利益衡量、遵守规则、理性民主等现代文明的所有因子几乎都可以渗入每个个体的意识深处，内化为生活常识和行为惯例。对于当代中国而言，这种思想启蒙的功能尤其重要。社会进步的重要标尺是人民的思想活跃度，在我国社会发展的重大节点上，几乎都以思想启蒙为先导。传统中国社会的主流价值观是崇公抑私、重义轻利，再加上新中国成立后把马克思主义与保护私有财产绝对对立的僵化思想，二者的遗毒严重压抑了私有观念和私有财产的生存空间，遏制了人的个性和人格发展，与现代普世价值背道而驰，是当代中国发展进步的重要障碍。在宪法上确立私有财产权不可侵犯、非依法律并循法定程序不得限制且限制本身必须受到限制的制度，能迅速普及依法行政、公正补偿、正当程序等法治理念，从而极大地推进思想解放的广度和深度，为进一步推动我国的改革事业积蓄能量。前述五国的历史进程已经证明了这一点。与其临渊羡鱼，不如退而结网，通过完善我国的私有财产权宪法保护制度这个抓手，书写社会主义现代化建设的宏伟篇章。

4. 普及循序渐进的社会演进模式。总结前述五国的历史发展脉络，可以看出，建构私有财产权宪法保护制度的路径无非两种：革命或者改良。前者以轰轰烈烈的法国大革命为代表，后者以"润物细无声"的英国宪政为典型，二者殊途同归。选择何种方式主要取决于各国的具体历史条件，但就整体而言，渐进式的改良和革新所付出的社会成本较低，"性价比"高，是我国社会发展的优先选择路径。颠覆性的革命带有强烈的冲击力，虽能迎合民众的变革快感，但如操控不当，对社会的存量资本极具破坏性。可以说，不到迫不得已，不应轻易启用。而渐进式的改良，需要耐心和毅力，日久天长，积量变而成质变。当代中国面临的挑战和问题，错综复杂，面对民众的迫切要求，精英阶层和草根阶层都应保持头脑冷静，全面分析其他国家私产保护制度演进上的成败得失，结合我国的实际，精准地寻找具体的制度突破点，掌控改革的时点、节奏、力度，借助一个个具体的制度变革，最终汇聚成令世人惊艳的社会转型。我国改革开放以来的成功实践，就是最好的例证。

第三节　私有财产权法律保护的思想溯源

人类对私有财产权的宪法和法律保护，受到历代先哲尊崇私产思想的滋润和熏陶。没有这些意识和观念的指引，难以想象人类会克服如此之多的艰难险阻，把私有财产权所代表的人类法政文明推进至现有的程度。

一　古典时期

在古希腊，亚里士多德对私有财产权的论述最具代表性。针对柏拉图的公有制思想，亚里士多德认为"产业私有而财物公有"是更为妥善的财产制度。他论证道："财产可以在某一方面【在应用时】归公，一般而论则应属私有。划清了各人所有利益的范围，人们相互间争吵的根源就会消除；各人注意自己范围以内的事业，各家的境况也就可以改进了。"① 通过实证分析，亚里士多德指出，私有财产权的确立有助于商业秩序和社会秩序的稳定，能够最大化社会公益。接着，他又从人性角度进一步论证了私有财产权存在的必要性："在财产问题上我们也得考虑到人生的快乐【和品德】这方面。某一事物被认为是你自己的事物，这在感情上就发生巨大的作用。人人都爱自己，而自爱出于天赋，并不是偶发的冲动【人们对于自己的所有物感觉爱好和快意；实际上是自爱的延伸】。自私固然应该受到谴责，但所谴责的不是自爱的本性而是那超过限度的私意，——譬如我们鄙薄爱钱的人就只因为他过度地贪财——实际上每个人总是多少喜爱这些事物【自己以及财货或金钱】的。"② 亚里士多德基于人性的论证，颠覆了柏拉图对公有制的热诚向往，一反其道，对私有财产之于社会进步的重要作用和作为人类本性的体现予以正面而积极的肯认。

古罗马的西塞罗则从政府的角度分析道，政府的责任就在于维护正义、保护人民的私有财产。"只有这种政府才能称之为国家，即'人民的财产'。也就是由于这个理由，他们说，当自由的人们不寻求君主、不寻求贵族权力和财富时，'人民的财产'就经常从君主们或元老们的统治中解放出来。"③ 中世纪经院哲学家托马斯·阿奎那则认为，私有权是由人类理性提出的对于自然法的补充，因而具有正当性，它有利于保护每个人的私人利益、维护人类秩序、促进社会成员之间的和平相处。

二 启蒙运动时期

（一）洛克

洛克首次将财产权与生命权、自由权并列，作为人与生俱来的自然权利，赋予了财产权基本人权的权利属性。他甚至认为财产权居于

---

① ［古希腊］亚里士多德：《政治学》，吴寿彭译，商务印书馆 1965 年版，第 54 页。

② 同上书，第 55 页。

③ ［古罗马］西塞罗：《国家篇·法律篇》，沈叔平、苏力译，商务印书馆 1999 年版，第 39 页。

人权之首，保护财产权是人类组成国家的目的，构成了政府的合法性基础：人们放弃自然自由而受制于公民社会的唯一目的，是为了与其他人协议组成一个共同体，保障彼此过上舒适、安全、和平的生活，以便更安稳地享受他们的财产，同时抵御共同体之外任何人的侵犯。①

从经验理性出发，洛克提出了劳动创造财产权的基本主张。他认为，虽然自然界的东西是人所共有的，但人是自身行动或者劳动的所有者；当人的劳动使自然物脱离原来所处的共同状态，就确定了对于它们的财产权。因此，任何占有他人剩余劳动或者剥削他人的行为及其结果，都必然因缺乏正当性而被否定。即便是组成社会共同体后，人们仍然享有包括生命权、自由权和财产权在内的基本权利。那么，这是否意味着个人可以无限度地占取自然物呢？洛克的回答是否定的。他认为，个人获取财产的限度是"够用"。"谁能在一件东西败坏之前尽量用它来供生活所需，谁就可以在那个限度内以他的劳动在这件东西上确定他的财产权；超过这个限度就不是他的份所应得，就归他人所有。"② 这就确立了取得财产权的两个原则：第一，无害原则。"财产的幅度是自然根据人类的劳动和生活所需的范围而很好地规定的。没有任何人的劳动能够开拓一切土地或把一切土地划归私用；它的享用也顶多只能消耗一小部分；所以任何人都不可能在这种方式下侵犯另一个人的权利，或为自己取得一宗财产而损害他的邻人，因为他的邻人（在旁人已取出他的一份之后）仍然剩有同划归私用以前一样好和一样多的财产。"③ 第二，最大效用原则。"一个人基于他的劳动把土地划归私用，并不减少而是增加了人类的共同积累。"④ 可见，"洛克的答案或者至少答案之一是：如果我们将'足够多和足够好'的资源留给他人，我们就有资格占用一些外部世界。吻

---

① ［英］洛克：《政府论》（下篇），叶启芳、瞿菊农译，商务印书馆 1964 年版，第59 页。

② 同上书，第 20 页。

③ 同上书，第 22 页。

④ 同上书，第 24 页。

合这条标准的占用行为就没有侵犯他人的平等，因为他人并没有因为这个占用行为而被迫处于不利地位。"① 显然，洛克的这个答案存在着致命缺陷——绝大多数占用行为都没有给他人留下足够多和足够好的资源，并且根本就没有得到处于平等地位的其他人的同意。如何解决这个矛盾呢？洛克的继承者们认为，那要看社会的总体利益是否得以最大化。

洛克对财产权理论的贡献主要表现在两个方面：（1）倡导自然权利理念，确立了财产权作为绝对权的学理依据；（2）提出了劳动价值学说，为财产权找到了合法性基础，并使之具有了人文底蕴。

（二）卢梭

卢梭认为财产权产生的条件包括："首先，这块土地还不曾有人居住；其次，人们只能占有为维持自己的生存所必需的数量；第三，人们之占有这块土地不能凭一种空洞的仪式，而是要凭劳动与耕耘，这是在缺乏法理根据时，所有权能受到别人尊重的唯一标志。"② 他进一步指出，与先占权的习惯权属性相比，从法律上确立私有财产权的意义更大。"最初占有者的权利，虽然要比最强者的权利更真实些，但也唯有在财产权确立之后，才能成为一种真正的权利。每个人都天然有权取得为自己所必需的一切；但是使他成为某项财富的所有者这一积极行为，便排除了他对其余一切财富的所有权。他的那份一经确定，他就应该以此为限，并且对集体不能再有任何更多的权利。这就是何以原来在自然状态中是那样脆弱的最初占有者的权利，却会备受一切社会人尊敬的缘故了。"③ 在私有财产与公有财产的关系上，卢梭凸显了私有财产的优越性，论证了私有财产存在的正当性和合理性，尤其是强化了社会共同体对个人私产的保护义务。

① ［加］威尔·金里卡：《当代政治哲学》，刘莘译，上海译文出版社2011年版，第121页。
② ［法］卢梭：《社会契约论》，何兆武译，商务印书馆2003年版，第28页。
③ 同上书，第27页。

（三）康德

康德认为，财产是一个区别于主体的外在对象，其本质在于，所有者能够要求为其所有并根据自己的意志任意处理它。基于自由主义的立场，康德这样描述财产权的客体："物，是指那些不可能承担责任主体的东西。它是意志自由活动的对象，它本身没有自由，因而被称之为物。"① 可见，在康德看来，主体的意志自由是其区别于物的本质属性。当然，由于历史阶段的局限性，康德把财产理解为只能是一个有形物。

康德对所有物的占有方式进行了卓有成效地论证："我不能把一个有形体的物或一个在空间的对象称为是'我的'，除非我能够断言，我在另一种含义上真正的（非物质的）占有它，虽然我并没有在物质上占有它。因此，我没有权利把一个苹果称为'我的'，如果我仅仅用手拿住它，或者在物质上占有它，除非我有资格说：'我占有它，虽然我已经把它从我手中放开，不管把它放在什么地方。'根据同样的理由，不能由于我躺在一块土地上，便有资格说，这是'我的'。只有当我可以离开那儿，并能够正当地坚持说那块土地仍为我所占有时，它才是我的。"② 显然，康德在这里论证的占有不是"经验的占有"而是"理性的占有"，这种占有已经触及现代所有权的本质。外在的、具体的、物化的占有方式，经过康德的哲学抽象，升华为占有人人格的外化。这种对占有的哲学思辨，奠定了现代财产权的理论基础。

（四）黑格尔

黑格尔把财产与人的自由联系在一起，认为财产是人格的组成部分，是自由意志的体现。而作为客体的物，则是不自由的和无人格的东西。基于上述分析，黑格尔指出："我把某物置于我自己外部力量

---

① ［德］康德：《法的形而上学原理——权利科学》，沈叔平译，商务印书馆 1991 年版，第 30 页。

② 同上书，第 56—57 页。

的支配之下，这样就构成占有；同样，我由于自然需要、冲动和任性而把某物变为我的东西，这一特殊方面就是占有的特殊利益。但是，我作为自由意志在占有中成为我自己的对象，从而我初次成为现实的意志，这一方面则构成占有的真实而合法的因素，即构成所有权的规定。"① 可见，黑格尔以人的自由意志为思考维度，把外化于外界事物的内在人格意志，视为财产权的本质。但这里的人，并非一切社会关系的总和，仅是黑格尔唯心主义哲学臆造出来的精神人格体，是从现实剥离出来的、缺乏社会关照的、因而掩盖了现实矛盾的、纯粹的哲学概念。同样，自由虽被置于核心地位，构成意志的主体，但也不是现实的权利或利益，而是莫名的抽象。"他认为，必须把自由理解为一种社会现象，亦即经由社会的道德发展而产生的社会制度的一种特性。自由与其说是一个个人的天赋，还不如说是社会支持的法律制度和伦理制度所赋予个人的一种地位。"②

从自由意志的至上性出发，黑格尔反对公有制，崇拜私有财产权。"在所有权中，我的意志是人的意志；但人是一个单元，所以所有权就成为这个单元意志的人格的东西。由于我借助于所有权而给我的意志以定在，所以所有权也必然具有成为这个单元的东西或我的东西这种规定。这就是关于私人所有权的必然性的重要学说。"③ 黑格尔把财产权与人的定在结合起来，赋予私有财产权神圣的光环，为资本主义私有财产权的神圣性提供了理论支撑。

与康德不同，黑格尔特别强调直接占有："为了取得所有权即达到人格的定在，单是某物应属于我的这种我的内部表象或意志是不够的，此外还须取得对物的占有。通过取得占有，上述意志才获得定

---

① ［德］黑格尔：《法哲学原理》，范扬、张企泰译，商务印书馆1961年版，第54页。

② ［美］乔治·萨拜因著，托马斯·索尔森修订：《政治学说史》（下卷），邓正来译，上海人民出版社2010年版，第343页。

③ ［德］黑格尔：《法哲学原理》，范扬、张企泰译，商务印书馆1961年版，第55页。

在，这一定在包含他人的承认在内。"① 这种直接占有，实际上指的是所有权的排他性控制，其外在表现是关于某物权属无争议的社会承认。黑格尔认同罗马法中的占有概念②。他将作为心素的意志体现理解为主观性形式："唯有意志的主观表现才构成这些外部形态的意义和价值。这种主观表现就是使用、利用或其他意思表示。"③ 将作为体素的表示行为理解为客观性形式，即物主通过对客体的标志申明自己的意志已经体现于物内，从而排斥他人的觊觎并迫使其承认。黑格尔将直接占有视为所有权，是对当时普鲁士容克贵族财产所有权的哲学辩解。

三　现代转型时期

进入 20 世纪，尤其是二战以后，社会结构发生了深刻变化，私有财产权理论也随之进行了话语范式的转换。

庞德是 20 世纪初期美国社会法学派的代表性人物。他把利益规定为"人们个别地或通过集团、联合或亲属关系，谋求满足的一种需求或愿望"④。他将利益分为个人利益、公共利益和社会利益。个人利益又分作人格的利益、家庭关系方面的利益和物质利益。庞德清醒地认识到，在以往 50 年中，法学思想的变化之一，即"强调经济的变化，把重点放在需要上而不放在意志上，把自由的自我主张认作只是许多人类需要、要求或愿望中的一种，以及把寻求最大限度地满足

---

① ［德］黑格尔：《法哲学原理》，范扬、张企泰译，商务印书馆 1961 年版，第 59 页。

② 在罗马法中，占有包含两个要素：一是在经济和社会的意识中，使人能够根据物的不同性质对物为所欲为的控制状态，罗马人将其表述为"占有体素"；二是将物据为己有的意图，罗马人将其表述为"占有心素"。前者为占有的物质要件，后者为占有的精神要件。

③ ［德］黑格尔：《法哲学原理》，范扬、张企泰译，商务印书馆 1961 年版，第 71 页。

④ ［美］罗斯科·庞德：《通过法律的社会控制》，沈宗灵译，商务印书馆 2010 年版，第 39 页。

需要作为重点，而不是寻求最大限度的意志自由。"① 也就是说，人们更多地关心实在利益的分配，而不是以往的寻求权利的本质，这就改变了法学的传统分析进路，为之后的法律经济分析铺平了道路。

1973 年波斯纳出版了《法律的经济分析》一书，运用经济学的方法和理论，以一个崭新的视角，对财产权进行了分析和探讨。他指出财产权制度具有三个特征：普遍性、排他性和可转让性。"如果任何有价值的（意味着既稀缺又有需要的）资源为人们所有（普遍性准则，universality），所有权意味着排除他人使用资源（排他性准则，exclusivity）和使用所有权本身的绝对权，并且所有权是可以自由转让的，或像法学学者说的是可以让渡的（可转让性准则，transferability），那么，资源价值就能最大化。"② 他认为，在原始社会，财产权实施的成本可能会远远超过其收益，所以，发达社会的财产权要比原始社会的财产权更为广泛。他运用经济学的方法对专利权、商业秘密、版权、隐私权和商标权等知识产权做了深入的分析。例如，版权的保护期限，实际上"代表了知识产权创造者与使用者之间所达成的一种利益平衡"，"创造者本身作为一个整体也可能得益于对他们权利的限制"③。原因是，大量的创造性作品在很大程度上是建立在对早期作品的借鉴之上，在版权保护范围的扩大提高了作者的预期收入的同时，也将增加其创作成本（包括跟踪成本、谈判成本和配置成本），最终的选择决定了有效期限制度。关于权利的不相容使用问题，波斯纳以铁路抛撒火花和邻近农田因火灾危险而减损的价值间的冲突为例，指出经过利益调节，双方可以达成协议：铁路抛撒火花并进行补偿而农民将庄稼移离；铁路不抛撒火花而农民愿意补偿。易言之，

---

① ［美］罗斯科·庞德：《通过法律的社会控制》，沈宗灵译，商务印书馆 2010 年版，第 74 页。

② ［美］理查德·波斯纳：《法律的经济分析》，蒋兆康译，法律出版社 2012 年版，第 44 页。

③ 同上书，第 56 页。

法律权利的界定与分配必然影响资源的配置。① 因为不仅权利的初始分配（即使由于交易成本为零而效率不受影响）可能会影响当事人的相当财富和资源使用，而且因为交易成本永远不可能为零，这样，将财产权及其代表的资源分配给对其具有更高价值的一方在经济上就显得比较可行。

---

① 这里实际上涉及社会成本理论（Social Cost Theory）。该理论认为，只要双方当事人的法律权利起始界定明确，且允许交易并假定交易成本为零，则资源配置便可通过市场交易达致最优。但考虑到交易成本和政府对资源配置的参与，结论就是：任何一种权利的起始配置都会产生高效率的资源配置，也都需要社会交易成本（市场或非市场的）并影响收入分配，问题的关键是如何通过法律选择一种成本较低的、公平的权利配置形式和实施程序。

第三章

私有财产权宪法保护的学理分析

第一节　法理依据：个人自由与社会正义的统一

私有财产权作为具有前国家性质的基本权利，构成国家公权力的在先约束，因此，国家公权力限制或者剥夺私有财产权必须契合正义理念，不过度侵及财产权的核心内涵，方具有正当性。易言之，只有基于公共利益的迫切需要且依循正当程序，才能得出符合实质正义观的价值判断和法律选择。这是因为，私有财产权表征着个人自由，彰显着权利主体的自治品格和个性发展的边界，限制私有财产权意味着妨害财产权人个性发展的可能性，所以，只有为了实现社会正义，才能正当化该限制行为。简言之，个人自由与社会正义的有机统一是私有财产权实现权能的法理基础。这里的关键是，如何把握社会正义与私有财产权之间的内在联系。

一　正义理论的历史发展

社会共同体存续的最高价值就是正义。"正义是社会制度的首要德性，正像真理是思想体系的首要德性一样。"① 因此，正义当然也是我们构建社会主义和谐社会的元价值。什么是正义？对它的回答见仁见智。简单说，正义就是任何人应当获得其所应得的东西。

亚里士多德的正义理论是后世的理论渊薮。他把正义区分为广义

_____

① ［美］罗尔斯：《正义论》，何怀宏等译，中国社会科学出版社 2009 年版，第 3 页。

和狭义。"广义的正义指人类共同生活中，精神或活动所应适用之一般原则。狭义的正义乃法之具体原理，使每个人物质上或精神上之利害均等。更将狭义的正义区分为「分配正义」与「平均正义」。"① 所谓"分配正义"，指对待多数人应合乎比例关系，按照社会评价、个人能力、自身需要的不同分配权利义务，也就是西塞罗所说的"使各得其分"。而"平均正义"是指，虽然人天生有差异，但法律应该同等对待，也就是由法律立于同等地位为给付与对待给付。这种正义观以追求善为目的，带有浓厚的道德意蕴。

庞德则更强调正义的制度属性。他认为，正义并不是个人的德行或者人们之间的理想关系，而是一种制度。"我们认为它意味着那样一种关系的调整和行为的安排，它能使生活物资和满足人类对享有某些东西和做某些事情的各种要求的手段，能在最少阻碍和浪费的条件下尽可能多地给以满足。"②

作为现代正义理论的集大成者，罗尔斯以"公平的正义"（justice as fairness）为核心观念，将正义分为实质正义、形式正义和程序正义。实质正义是建构社会基本结构的实体规则和个人的实体性义务，包括政治上的自由、言论和集会自由；良心自由和思想自由；个人的自由（如免除心理压制、保持个人完整性的自由）；拥有个人财产的权利；以及依照法治的概念不受任意逮捕和没收财产的自由。形式正义，或称为规则性的正义，是指对法律无偏见的、一致的、有规则的执行，即平等地适用实体规则。程序正义是与前两者相对的独立范畴，它要求规则的制定和适用程序应当符合正义的要求。他还富有创见性地提出了正义的两个原则：第一个原则要求"每个人对与其他人所拥有的最广泛的平等基本自由体系相容的类似自由体系都应有一种平等的权利。"第二个原则强调"社会和经济的不平等应这样安

---

① 城仲模主编：《行政法之一般法律原则》，台湾三民书局股份有限公司 1999 年版，第 29 页。

② ［美］罗斯科·庞德：《通过法律的社会控制》，沈宗灵译，商务印书馆 2010 年版，第 39 页。

排，使它们（1）被合理地期望适合于每一个人的利益；并且（2）依系于地位和职务向所有人开放。"第一个原则优先于第二个原则。罗尔斯的正义理论可以概括为"正义即公平"。其正义两原则，首先是机会公平，实质上是制度建构本身的正义，即制度正义；之后才是对制度正义的矫正，即差别原则。他坚信正义首先是每个公民享有自由权利的平等性、连续性和不可侵犯性，亦即形式正义。其次，为了实现实质正义则需要：分配上的差异补偿、利益公平开放给所有社会成员、每个社会成员均可凭自己的能力及努力发展潜能追求卓越、尊重人性尊严或人道精神。最后，则需以程序正义作为前两者的保障。总之，罗尔斯的正义观可以表述为：所有社会价值——自由和机会、收入和财富、自尊的社会基础——都要平等地分配，除非对其中一种价值的不平等分配合乎每一个人的利益。①

综上所述，现代学者视平等为正义的核心，包括两大规则：首先，原则上要求对所有人为公平的待遇，即相同情况同等对待，不同情况区别对待；其次，依其功绩、工作、需要、阶层、能力为差异化对待，以求得实质上的公平。"正义固以平等为其核心，然就其排除任意性而言，应比单纯之平等更根本，应包括合理性、客观性、一致性、公正性、平等性与中立性等相关概念。"② 此外，学者们更强调正义作为一种制度安排和程序设计的功能。"一方面，正义同规则和程序相关：公正地对待人民意味着以正当的方式适用相关的规则。另一方面，它与结果有关，即人民应当从法律上关心他们所应获得或需要的任何东西。"③

---

① ［美］罗尔斯：《正义论》，何怀宏等译，中国社会科学出版社 2009 年版，第 42—50、65—69 页。

② 城仲模主编：《行政法之一般法律原则》，台湾三民书局股份有限公司 1999 年版，第 32—33 页。

③ ［英］戴维·米勒主编：《布莱克维尔政治思想百科全书》，邓正来等译，中国政法大学出版社 2011 年版，第 296 页。

二　私有财产权与社会正义

正义与私有财产权之间具有内在的历史联系，休谟对此进行了深入的论证。他认为，"正义只是起源于人的自私和有限的慷慨，以及自然为满足人类需要所准备的稀少的供应。"在休谟看来，人与动物相比，欲望无穷而能力有限，因此，必须结合为社会共同体。但在社会生活中，人对自己凭勤劳和幸运而获得的财物的享用，却受到财产占有不稳定和数量稀缺的阻碍。其中，因财产可以在人与人之间随意转移而导致的生活不稳定和身心不安全，更是产生社会纷争的主要根源。要解决此问题，就必须找到一种补救方法，以尽可能地稳定财产占有，使之固定化、恒常化、显性化。"要达到这个目的，没有别的办法；只有通过社会全体成员所缔结的协议使那些外物的占有得到稳定，使每个人安享凭幸运和勤劳所获得的财物。通过这种方法，每个人就知道什么是自己可以安全地占有的；而且情感在其偏私的、矛盾的活动方面也就受到了约束。"这样就产生了私有财产权。可见，"正义的起源说明了财产的起源。同一人为措施产生了这两者。"① 结论就是：正义与私有财产权之间具有密不可分的历史联系。也正是因为这个原因，休谟才会认为，财产与所有者的关系不是自然的，而是道德的，是建立在正义之上的。

对于私有财产权与社会正义之间的关系，笔者的理解是：社会正义赋予了私有财产权基本人权的权利属性，是私有财产权的价值底蕴；而私有财产权则是社会正义的具体体现（在自由竞争资本主义时期甚至是最高体现）。理由如下：（1）人类劳动具有专属性，其创造的价值自然具有私人独占的特性，以之为基础形成了私有财产权；私有财产权本身就具有维持个体生存、捍卫个人尊严、扩展个人自由的价值功能，反映了人类个体试图以私有财产为基础主宰自身命运的价

---

① ［英］休谟：《人性论》（下册），关文运译，商务印书馆1980年版，第536、529、532页。

值希冀。因此，保障私有财产权完全具备道德正当性，体现了伦理正义。（2）西方传统观念认为，保护私有财产权就是正义。在西方社会，尚功利的文化传统本身就蕴含着利己的理性选择，自然法的追问，更为崇尚公平、理性自主、利己逐利披上了"自然"的神圣外衣，以致在西方哲学中形成了自然就是自利或者利己、就是趋利避害，体现了人之本性的理念。因此，人为自己的利益而主张权利是正当的、合乎人性的，是自然正义的体现。所以，具有经验主义传统的英国，才会产生《大宪章》、《权利请愿书》，才会最先肇致人类文明史上的宪政制度。（3）私有财产权中含蕴着权利神圣、意思自治、理性独立的价值因子，与民主政治密切相关，是现代法政文明的前提。保护私有财产权要求必须防御政府公权力的恣意行使，打造限权政府、有限政府，明确界分公域和私域，所谓"风能进，雨能进，国王不能进"，这就是宪法正义。易言之，植根于市民社会并作为政治国家制度预设的私有财产权，通过划定、限控、制衡公权力的运行，形成宪政。基于这样的权利意识和相应的制度安排，正义之光才能普照大地。无论是伦理正义、自然正义还是宪法正义，都属于社会正义，可见，私有财产权与社会正义是密不可分的。由此可以引申出：具有前国家性质的私有财产权应当受到宪法保护，但因私有财产具有社会责任可以被法律限制，不过这种限制本身又应受到宪法的制约（即只有基于公共利益的需要且依循正当程序），从而构成一个完整、自洽的宪法规范结构。

　　至于实现的具体路径，笔者认为，包括实体内容和程序规范两方面。就实体内容而言，按照罗尔斯的观点，正义首先是平等适用，无论公益与私益，还是公益之间或私益之间，都没有必然的价值高下，只有具体个案中的利益衡量；其次是不平等适用的特殊限制，即必须是最大化最少弱势群体的利益。可见，私有财产权宪法保护的实体考量维度始终是社会正义的实现。就程序规范而言，正义必须按照正当的、合理的、明确的、预设的程序实现，以保障民众对程序公正的需求，产出可预期的结果正义。总之，具有浓郁道德意蕴的社会正义理念，在具体的私有财产权宪法保护制度方面，必须且应当被具体化为可操作的实践过程，即公共利益的衡量和正当程序的适用。唯有如此，社会正义才可以落实于具体的世俗生活，为人们感知、体认、追求和捍卫。

第二节　价值取向：私人利益与公共利益的平衡

个人自由与社会正义的统一，换个角度看，其实就是私人利益与公共利益的平衡。过分张扬私人利益或者过度压抑私人利益，都不符合社会发展客观规律和人类的整体利益，实际上，人类历史上从来不存在绝对的私人利益或者公共利益，毋宁说是始终在二者之间寻求平衡。那么，如何实现平衡呢？核心是厘清公共利益的内涵与外延。

一　公共利益的内涵

公权力介入私有财产权领域的唯一正当性是"公共利益"的需要，此为世界各国的通例。但作为典型的不确定法律概念，公共利益在理论上依然很难清楚界定。公共利益（public interest, bonum commune, salus publica, Offentliches Interesse，简称公益）的内涵非常复杂，也正因其概念的多义性，方可有效地涵括各类社会情状。就字面解，公共利益由"利益"与"公共"两个词组构成。于是，公共利益的内涵界定就转化为这两个问题：利益的内容为何？公共的范围为何？前者是价值判断的内容，后者为利益主体的范围。因此，公共利益内涵的不确定性主要表现在利益内容的不确定性和受益对象的不确定性两个方面。

1. 利益内容的不确定性

利益是被主体所获得或肯定的积极的价值。根据语义分析，包含"益处"和"享有"两个要素，二者均可统一于利益主体的价值判断（Werturteil）。这种价值判断有两个特征：一是内容具有流动性，举凡社会变动中政治、经济、文化、意识形态的演变，都有可能作为素材充实于概念内涵；二是内容不局限于物质和经济利益，还包括文化、风俗、宗教等精神利益，具有广泛性。因此，关键是判断主体的价值选择。易言之，只要判断主体认为是自己可以享有的益处，就可以认定为利益。

2. 受益对象的不确定性

公共利益概念更主要也更复杂的特征在于受益对象的不确定性上。因此，关于"公共"的阐释，对于理解此概念至关重要。从词源学上分析，"英文'public'一词的涵义具有双重来源：一是希腊词'*pubes*'，大致可英译'matruity'（成熟、完备）。在希腊语中，'*pubes*'的含义是身体和情感或智力上的双成熟，尤其指人们超越自我关心或自我利益而关注和理解他人的利益。这意味着个体对于自身行为可能给他人造成的后果以及自他关系的自觉。二是希腊词'*koinon*'，英语中的'common'一词就来源于这个词。而'*koinon*'本身又源自'*kom – ois*'，意指'care with'（关怀）。显然，'public'的这种词源更为强调的是一种共同的、集体的关怀。"① 综合来看，"公共"一词表明判断主体身体和心智的成熟以及超越一己之私的能力，包括制定和执行公共政策、理解自他关系、知晓自己行为对他人的影响、关心他人利益等。一般来说，公共是相对于私人而言，表现为数量上的不确定多数。由于判断视角的不同，产生了不同的划分标准。1884年，洛厚德（C. E. Leuthold）提出了地域基础（territoriale Grundlage）的划分标准。他以地区——且多以国家的政治或行政组织为单位——作为地域的划分标准。地区内大多数人的利益就足以形成公益；少数人的利益，则称之为个别利益；超区域的人们的利益，则称之为团体利益而不是公益。该学说最大的不足在于将显然属于公共利益的跨区域的利益（如高速公路、环境保护）排除在外；其次，以行政区域作为划分标准，与现实亦出入较大。两年后，纽曼（F -

---

① 转引自李春成《公共利益的概念建构评析——行政伦理学的视角》，《复旦学报》（社会科学版）2003年第1期。

J. Neumann）提出把公益分为主观的公益和客观的公益。主观的公益指相同文化关系下，涉及不确定多数成员的利益；客观的公益指国家和社会所需要的重要的目的或者任务。前者是数量标准，从主体即受益人的角度，强调量的方面，核心是受益对象为不特定多数，这符合少数服从多数的民主原则，契合现代社会的民主理念。后者则从质量方面，强调目的标准，指明公益的性质；因此，只要事涉成员的重要权利，即使是少数人，亦可成为公益，但须立法者依合宪的程序决定之，例如对少数人的社会救助。纽曼的学说将对公益的判断从量的方面转变为质的方面，涉及判断标准的变更，即从普通的价值判断演变为更深层次的利益权衡；并且其中还内含着程序形成公益的路径选择。易言之，经合法程序制定的法律，可以（或多或少地）决定公益的内容，即公益选择的形成上，立法者拥有一定的裁量权。该说颇具新意，但似乎仍不能较好地划定公共的界限。因此，现在德国的实务界和学术界开始采用新的方法，即使用"某圈子之人"作为参照物，从反面界定出"公共"的标准——非隔离性和数量上非经常少数。也就是说，公共须具有开放性，不排斥其他人的参与和分享，而且数量上亦须达到一定程度的多数，这也是公共利益的重要特质。

　　要界定清楚公共利益的概念，需要与国家利益、社会利益和集体利益等相关概念相区别。国家利益、社会利益都是公共利益的下位概念。国家利益侧重于国家的统治利益，包括安全利益、外交利益、军事利益、意识形态利益等。"社会利益的主体是公众，即公共社会。社会公共利益的主体既不能与个人、集体相混淆，也不是国家所能代替的，尽管社会利益表现在权利形式上，其主体可以是公民个人、法人、利益阶层或国家。"[①] 社会利益涉及的领域非常广泛，包括：（1）和平的公共秩序；（2）健康、安全、高效的经济秩序；（3）社会资源、致富机会与阶层流动的合理安排与利用；（4）社会弱者利

---

① 孙笑侠：《论法律与社会利益——对市场经济中公平问题的另一种思考》，《中国法学》1995 年第 1 期。

益的保障；（5）公共道德的维护；（6）公共教育和公共卫生等人类文明发展基础条件的建设；等等。集体利益则并不完全是公共利益，其相对性更强，视集体成员的数量与参照系的比较而定，可以全部或部分地纳入公共利益的概念范畴。

为了进一步说明公共利益的内涵，还需要厘清公共利益的外延。有学者认为，公共利益包括四个层面。第一个层面，也就是最基础的层面，应该是共同体的生产力发展。第二个层面的公共利益，就是每个社会成员都有可能受益的公共物品的生产，具体包括公共安全、公共秩序、公共卫生、公共教育、公共文化、公共福利、基础设施、生态环境等。第三个层面是社会每个成员正当权利和自由的保障。第四个层面是合理化的公共制度，包括政治、经济、文化、法律等方面的制度规范。[①] 笔者认为，生产力的发展是生成和实现公共利益的前提和基础，公共物品的产出是公共利益的主要载体，这两个方面毋庸多言。值得关注的是后两个层面，在现代社会，它们对于公共利益概念的扩张和深化更为重要。个人的基本权利和自由，包括自由、平等、安全、福利等，是关系每一个公民切身利益的基本需要，对它们的平等保护和法律救济当然也就是最重要的、基础性的公共利益。而合理化的公共制度安排是公共利益的集中体现，因其具备较强的工具性价值，可有效保障甚至创设前三个层面的公共利益。我国学者对公共利益范围的界定，对于阐明公共利益的内涵，应当说是一种有益的尝试。

总之，公共利益是客观存在的、包括并超越个人利益而成为社会共同体共享的事物、机会、风尚、制度安排及其保障目标。

二　公共利益的实现——利益冲突与利益衡量

不同利益之间可能会发生冲突，这时并不必然存在一个优先适用的次序，而是必须在个案中针对具体情况进行利益衡量后作出优先适

---

① 马德普：《公共利益、政治制度化与政治文明》，《教学与研究》2004年第8期。

用的选择。这种衡量实际上就是衡平。"衡平意味着某种程度上的调和和妥协，即用妥协的方法来减少适用这种或那种标准的意见之间的差异。"① 利益衡量主要发生在：

1. 公益与私益之间

私益是指在合法范围内，社会各成员法律上及事实上的利益。与之相应，公益是指社会各个成员法律上及事实上的利益经由复杂的交互影响过程所形成的理想的整合状态。公共利益作为社会共同体整体利益的代表，在传统观念中被认为具有更高的道德基础和存在价值，如西塞罗的名言——"公益优先于私益"（salus publica supremea lex esto）。但这种观点是建立在前资本主义社会国家本位基础上的，近代以来，社会已渐变为个人权利本位，一味强调公益优先于私益就失去了道德基础。一般而言，私益屈服于公益的原因有两个：一是公益是团体的利益，团体高于个人；二是私益最久不超过一生，而公益因团体成员的更易不影响团体的存在，故持续时间更久远。② 如不符合这两个条件，则公益并不必然优越于私益。公益与私益之间不仅有对立，也有相互联系：（1）公益本身就是私益经由交互影响过程所形成的最大利益交集。（2）某些情况下，私益可以升格为公益，如不确定多数人的利益、具有某些性质的私益、透过民主原则选择和确认的某些少数人的私益。可见，公共利益并不是私人利益正当性的裁判标准，相反，从根本上说，私人利益是公共利益的构成因子，公共利益来源于私人利益。较之公共利益，私人利益才具有原初性和本源性。结论就是："每个人都拥有一种基于正义的不可侵犯性，这种不可侵犯性即使以整个社会的福利之名也不能逾越。"③ 总之，现代学者认为，公益并不必然优于私益，解决公益与私益之间冲突的规则是：确立中立第三方衡量冲突利益并确定让步方。这种让步分为两个

---

① ［英］彼得·斯坦、约翰·香德：《西方社会的法律价值》，王献平译，中国法制出版社 2004 年版，第 96 页。

② 陈新民：《德国公法学基础理论》，山东人民出版社 2001 年版，第 199 页。

③ ［美］罗尔斯：《正义论》，何怀宏等译，中国社会科学出版社 2009 年版，第 3 页。

层次：第一，如果让步并未导致让步方核心利益受损，即该利益可以通过其他途径实现，则让步方有忍受的义务；第二，如果让步造成让步方核心利益受损，即以一种利益的牺牲换取另一种利益的实现，则受益方必须对受损方进行补偿，步骤是受益方通过充分论证阐明公益优先于私益的理由，并对私益的损失作出填补以恢复原状。① 可见，只有经过利益衡量，确认公益的实现必须以私益的牺牲为代价时，私益才有特殊牺牲的必要，而公益必须对此牺牲进行充分的补偿以资弥补；并非公益必然或一定压倒私益，它只是在一定条件下优先于私益，并不存在绝对的优先性。在考虑优先到什么程度时应考虑的因素包括：（1）哪种利益的相对价值更大；（2）对哪种利益保护更具有紧迫性；（3）选择保护哪种利益能对相对利益的损害程度最低；（4）利益是否存在被替代的可能性；（5）利益并存，可否使其各自实现一部分；（6）选择保护哪种利益符合社会普遍认同的价值标准。②

综上所述，在现代社会，公共利益与私人利益之间的关系是：一方面，保障基本权利（表征着私人利益）是国家公权力存在的基础，本身就是公益；另一方面，限制人民基本权利，只有基于公益方可为之，否则就会失去正当性。因此，公益并不必然优于私益，必须基于利益衡量方可确定是否优先适用公益，且须对受损的私益给予充分的补偿。此外，公共利益在具体适用时还应受到必要的制约（实体上有比例原则③和明

---

① 胡锦光、王锴：《论我国宪法中"公共利益"的界定》，《中国法学》2005年第1期。

② 转引自石佑启《论公共利益与私有财产权保护》，《法学论坛》2006年第6期。

③ 比例原则，又称过度禁止原则，指公权力行使与其所意图实现的目的之间须合乎比例，包括适当性原则、必要性原则和狭义比例原则。适当性原则指国家所采取的公权力措施须适合或有助于所欲追求的目的的达成，必要性原则指在所有能够达成目的的手段中必须选择对人民权利损害最小的手段，狭义比例原则指国家所采取的限制手段须与达成目的所需的程度成比例且该限制手段所造成的侵害程度不得逾越其欲追求的成果。该原则破除了公益优先于私益的过时观点，强调公益与私益间的利益衡量与均衡。

确性原则①，程序上有正当程序原则），以防过度侵害私人利益。

2. 公益之间

社会共同体的各种公益需求因出发点的不同亦有差异，因而在诸多的公益之间也可能存在冲突，解决之道依然是在这些冲突的公益之间进行价值衡量和比较，以确定适用的优先性，即就个案比较彼此的价值后作具体判断。这就需要确立相应的判断基准。德国学者克莱主张，必须斟酌价值标准所带来的质与量；最优先适用的价值，必须是量最广（Maximale）、质最高（Optimale）。量最广，指的是受益人为最大多数人（当然，基于扶助弱者的社会政策，亦需考虑受益人的重要特性，诸如职业、年龄、收入、性别、社会地位等，来作数量上的比较）。质最高，指的是生活需要的强度（即与生活需要的联系紧密度），因此，人类生活的基本要素，如衣食住，显然是最重要的公共利益。一般而言，人民的生存权和人性尊严最高，环境权和劳动基本权次之，经济发展权又次之。这种适用次序的理论基础是德国宪法法院在"手工业者案"中提出的"绝对的社会利益"和"相对的社会利益"的概念区分。"绝对的社会利益"是指为普通民众所公认的、独立于社会共同体当时的政治之外，并且先于立法者存在的基本公益；"相对的社会利益"是指立法者基于特别的经济和社会政策而设定的、具有重要位阶的公共利益。二者相比较，前者显然高于后者。

三　小结

基于上述分析，对公共利益这一典型的不确定法律概念的把握，必须注意以下特征：

1. 公益内容具有质的差异，其核心是正义的实现和人性尊严的保障。

---

① 明确性原则指立法者以公益作为限制人民基本人权的理由时，在立法技术上应力求明确、详尽（比如，尽可能类型化和具体化公益的内容、动机、范围和目的），以防止行政机关恣意乱为，并使利害关系人有明确的可预期内容，以兹遵循。明确性原则要求具备三个要素：可了解性、可预见性、可审查性。

2. 公共利益并非国家利益，而是社会共同体各成员利益交互影响的理想整合形态；公益的内容是动态的（需要映射时代印记和公认的价值观）和开放的（随社会情势与思潮演变不断注入新的内容）。

3. 公共利益是多元化社会利益的显现，其形成过程应依循民主政治和正当法律程序，同时，应根据实质正义的要求给予社会弱者必要的扶助。

4. 公益与私益是相对而言的，公益不具有绝对的优越性；二者冲突时，需要进行利益衡量以确定优先适用的次序。

总之，借助利益衡量的具体手段，私有财产权内在的公益属性和私益属性才能有机契合，私有财产权的实现才有了现实可能性。

第三节　实现路径：着重正当程序的保障

作为兼具自由权和受益权属性的私有财产权，一方面，它必须有力地防御国家公权力、社会性权力、其他私主体的多重侵害；另一方面，又需要实现内在的社会义务，而不能完全不顾及社会的需求。因此，必须建立实体保障和程序保障相结合、着重程序保障的复合保护模式。这就需要引入正当程序的概念。

一　正当程序的历史沿革与内涵

（一）正当程序的历史沿革

正当程序，又称正当法律程序（Due Process of Law），该概念肇始于英国 1215 年的《大宪章》（*Magna Charta*）。宪章第 39 条规定："任何自由人，如未经其同级贵族之依法裁判，或经国法判决，皆不得被逮捕，监禁，没收财产，剥夺法律保护权，流放，或加以任何其他损害。"而"正当法律程序"一词首见于 1354 年爱德华三世统治时期国会通过的《自由令》，其中第 3 章规定："未经法律的正当程序进行答辩，对任何财产或身份的拥有者一律不得剥夺其土地或住所，不得逮捕或监禁，不得剥夺其继承权，或剥夺其生存的权利。"

　　美国继受了原宗主国的正当法律程序概念。该名词最早规定在 1780 年马萨诸塞州宪法中："未经正当法律程序，不得剥夺任何人的生命、财产。"其后，1791 年 12 月 15 日批准的联邦宪法第 5 修正案增加规定："无论何人……不经正当法律程序，不得被剥夺生命、自由或财产。"1868 年 7 月 9 日批准的联邦宪法第 14 修正案第 1 款则将正当法律程序的适用对象扩展至州政府，限制州政府非经正当法律程序，不得剥夺任何人的生命、自由或财产。这两项宪法修正案规定的正当法律程序条款因体现了宪法的在先约束原理和公权力程序控制原理，自此被视为美国人权保障的基石，成为整个宪法的枢纽，也成为联邦最高法院适用最多的宪法条文。不过在美国，与其他国家的理解不同，正当法律程序包括"程序性的正当法律程序"和"实体性的正当法律程序"两部分。前者"亦即在对个人的权利为决定或裁决前，应进行公正且无私的听证（hearing）而给与当事人陈述意见之机会"；后者乃针对法律内容，"亦即运用此原则，以检视法律是否公正、合理及正义。"① 根据联邦最高法院的解释，载入权利法案的言论、出版、集会、契约自由、劳动权，甚至联邦宪法没有明文规定的隐私权等自由权，构成了"实体性正当法律程序"。从最初的程序性正当法律程序发展到实体性正当法律程序，这种变化始于 1856 年纽约州法院对怀尼哈默案的判决。在此之前，正当法律程序条款仅适用于从程序上控制行政权或司法权对于人民生命、自由、财产的非法侵犯②，哈默案后扩大适用至判断法律本身是否公平合理，扩展到对立法权的控制。至此，联邦宪法中的正当法律程序条款不仅针对程序方

---

　　① 城仲模主编：《行政法之一般法律原则（一）》，台北三民书局股份有限公司 1999 年版，第 61、64 页。

　　② 这里涉及"权利"（rights）和"特权"（privileges）的区分。美国法院传统的观点是：权利是受法律保护的利益，对其的剥夺当然适用正当法律程序；而介于权利和非权利之间的特权，则不受正当法律程序的保护。直到 1970 年在 Goldberg v. Kelly 案中，最高法院才认为，接受公共福利给付是一种权利。1972 年在 Board of Regents v. Roth 案中，最高法院表示："完全地且终局地拒绝在'权利'和'特权'间做僵硬的区分。"

面，而且扩大到评判法律内容及其目的是否合法。但何为正当法律程序，法院并无一个普遍适用的标准，只能针对个案作具体判断。

目前，正当程序观念已经超越了英美法系的文化藩篱，大陆法系国家（如德国、法国、日本）亦已接受、认同和移植；其不仅成为程序法上的基本原则，更上升为一般法律公理。

（二）正当程序的内涵

正当程序是指符合人民一般正义要求的最低限度的法律程序构成，包括时序、方法、步骤等；时序是指行为次序的先后和时限，方法是指行为的空间表现形式和处置方式，步骤是指事情处理的规程。易言之，即通过必备法律程序要素的设定和调整，借以实现精神判断过程的流程化，产出民众可预期的结果正义——合理的权利义务配置。因为就一般经验而言，程序要素的展开具有定向性和不可逆性，可以通过理性的设计预期产出结果的公正性。可见，正当程序实际上就是通过理性的程序要素设置，制度化地排除人的情绪的不当干扰，以限制公权力运行的恣意和专断。

正当程序源于英国普通法上古老的自然公正原则。该原则最初主要体现为告知、听取申辩以及公职人员在涉及自身利害关系时的回避，20世纪中期以后，愈加重视信息公开、说明判断理由、公众参与和行权过程透明化等程序要求，并将其制度化。自然公正原则包括两层含义：第一，任何人都不得在自己的案件中充当法官（nemo judex in sua causa），即偏见排除规则。该规则最基本的意义是，为公平起见，裁决案件的官员不得与案件本身有直接的利害关系，包括金钱的利害关系或者其他可能构成偏见原因的利害关系。第二，任何人为自己的辩护都应当被公平地听取（audi alteram partem），即两造听证规则。该规则最基本的意义是，任何人在受到不利指控时，裁决案件的官员都必须在作出裁决前听取其为自己所作的辩护，且当事人的辩护应具有法律约束力，此为自然公正原则的的核心。可见，根据自然公正原则设立的听证制度就是要为受到不利对待的当事人配置相应的对抗权，而这需要当事人有权获知不利决定作出的依据和理由。因此，自然公正原则又进一步衍生出两个规则：（1）当事人必须知道案件决定的理由（说明理由制度）；（2）当事人必须有获知相关资料或建议的机会（信息公开制度）。"1932 年，【英国的】大臣权力委员会提出了两项新的自然公平原则。第一个是：无论处理争议的程序是司法性质的还是非司法性质的，争议各方当事人都有权了解做出裁决的理由。第二个原则是：如果对负责调查的官员所提出的报告草案提出了公众质询（此类官员负责向有关大臣提交调查报告，以作为大臣决断时的依据），那么，争议各方当事人都有权得到该报告的副本。"① 总之，正当程序要求设置公正的听证制度。"一般认为，一个公平的听证应符合以下要求：（1）听证活动由一个独立的、没有偏私的机构或个人主持；（2）相对一方有权获知可能影响其利益的决定以及有关的理由；（3）相对一方有机会为自己辩护；（4）相对一方在听证活动中有获得法律帮助的权利；（5）听证必须制作记录；（6）听证必须公开。"②

　　综上所述，正当程序的内涵包括：（1）正当性的判断主体应为司法机关。根据权力分工，立法至上，行政主动，司法最终。各国的司法机关一般职司宪法和法律解释，所以对于是否为正当法律程序，司法机关享有终局判断权。（2）是否为正当程序并无统一的判断标准，一般应立基于人性尊严并参考适用场域和司法先例，再进行个案的具体利益衡量以确定应当适用的程序。（3）作为判断基准的法律，不仅指狭义上的国会制定法律，而且指具有自然法色彩的法，即法律的原则、精神、理念或基本原则。（4）正当程序不仅注重事后救济，更强调事前防御和事中控制，实现对公权力运行的全过程监控。因为现代福利国家的勃兴，使得国家权力（尤其是行政权）已经扩张至社会的各个角落，对其进行实体控制已经难见成效，故现代社会更加

---

　　① ［英］彼得·斯坦、约翰·香德：《西方社会的法律价值》，王献平译，中国法制出版社 2004 年版，第 113 页。

　　② 王锡锌：《正当法律程序与"最低限度的公正"——基于行政程序之角度》，《法学评论》2002 年第 2 期。

强调依据程序正义加强对公权力运行的程序性控制。（5）正当程序主要是程序性要求。除美国外，其他各国一般皆采纳程序性正当程序条款，而很少采纳理论上争议较大的实质性正当程序概念。

二 正当程序的理论基础——程序正义

程序并非无关紧要，它是决定法治与恣意人治的基本区别，具有独特的价值向度，体现了程序正义理念。法谚：正义不仅应得到实现，而且要以人们看得见的方式加以实现。"人类法律价值中还有一些内容与裁判的结果或结论没有直接的关系，它们体现于法律程序的设计以及司法裁判的过程之中，具有明确、具体且可操作的道德标准，属于'看得见的正义'。"① 即程序正义。

罗尔斯专门对程序正义进行了分析。他将程序正义分为完善的程序正义、不完善的程序正义和纯粹的程序正义。完善的程序正义（如切蛋糕者最后拿）需具备两个典型特征："第一，对什么是公平的分配有一个独立的标准，这个标准是独立于并优先于随后要遵循的程序而被规定的；第二，设计一种一定能达到想要的结果的程序是可能的。"现实生活中，在利害关系重大且复杂的情形下，完善的程序正义几乎是不可能存在的。不完善的程序正义（如刑事审判）指即便程序被严格遵循并恰当而公平地贯彻也不一定产出公正的情形。易言之，"不完善的程序正义的基本标志是：尽管有一种判断正确结果的独立标准，却没有可以保证达到它的程序。"纯粹的程序正义（如赌博）则指正义与否只取决于程序要件的满足而无判断结果正当性的任何标准。"在纯粹程序正义中，不存在判定正当结果的独立标准，而是存在一种正确的或公平的程序，这种程序若被人们恰当地遵守，其结果也会是正确的或公平的，而无论它们可能会是一些什么样的结果。"因此，"纯粹程序正义的一个明确特征是：决定正当结果的程

---

① 陈瑞华：《程序正义："看得见的正义"》，《人民法院报》2000 年 8 月 26 日第 3 版。

序必须实际地被执行，因为在这些情形中没有任何独立的、参照它即可知道一个确定的结果是否正当的标准。"①虽然罗尔斯也认为，只有在包括正义的政治宪法和正义的经济与社会制度在内的社会基本结构下，才可能存在必要的程序正义；但他的程序正义理论还是凸显了程序本身的自洽性，表明程序的合理设计与安排，一定程度上也能产出正义的结果。

笔者认为，与实质正义和形式正义相比，程序正义实际上更加强调运行过程本身的价值。鉴于某些情况下，实质正义和形式正义在实际生活中有可能根本无法实现，从而使得程序正义有了必要的补漏功能和独立的存在价值。程序的本质就在于通过控制行为进程，机制性地实现参与者意志间的平等交涉，进而舒解其不满以强化结果的权威性和可接受性。因为，诸如实质判断标准的缺位、关键证据的灭失、利益对立以致争执双方根本不可能同时满意任何裁判等情形，使得判断结果的权威性和可接受性必须依赖于判断程序本身的价值，即理性的推理过程所含蕴的平等、自愿、参与、及时、尊重等价值产生的心理安抚和精神慰藉作用。根据常识，我们也能明白，程序的规范运作，使人们清楚地知悉裁判结果的理由和过程，他们会有一种被说服而不是被压服的感觉，从而更愿意接受裁判结果。换言之，判断结果的说服力很大程度上来源于判断过程的公正设计，即程序正义的实现。过程吸收不满，过程产生权威。"在服从某一决定之前，人们必须考虑做出该项决定的正当化（justification）前提。这种前提主要就是程序要件的满足。因为在公正的程序之中，当事人的主张或异议可以得到充分表达，互相竞争的各种层次上的价值或利益得到综合考虑和权衡，其结果，不满被过程吸收了，相比较而言一种最完善的解释和判断被最终采纳。这样做出来的决定极大地缩小了事后怀疑和抗议

---

① ［美］罗尔斯：《正义论》，何怀宏等译，中国社会科学出版社2009年版，第66—67页。

的余地。经过正当化过程的决定显然更容易权威化。"①

三　正当程序的构成要件

立基于程序正义理论上的正当程序规则是较之普通程序规则效力位阶更高的宪法规范，因此任何立法行为均不得与之相悖，否则即有违宪审查之虞。

关于程序公正的构成标准，泰勒认为包括：（1）程序和决定的参与性；（2）结果与过程的一致性；（3）执法者的中立性；（4）决定和努力的质量；（5）纠错性；（6）伦理性。戈尔丁则主张：（1）任何人不能作为有关自己案件的法官；（2）结果中不应包含纠纷解决者个人的利益；（3）纠纷解决者不应有支持或反对某一方的偏见；（4）对各方当事人的意见均给予公平的关注；（5）纠纷解决者应听取双方的辩论和证据；（6）纠纷解决者只应在另一方当事人在场的情况下听取对方的意见；（7）各方当事人应得到公平机会来对另一方提出的辩论和证据作出反应；（8）解决的诸项内容需应以理性推演为依据；（9）分析推理应建立于当事人作出的辩论和提出的证据之上。② 龚祥瑞认为，正当程序有以下三个特征：（1）有权向不偏听不偏信的裁判所和正式法院陈述案情；（2）有权知道被指控的事由；（3）有权对控告进行辩解。③ 学者们因为观察角度和侧重点的不同，列举的构成标准可能见仁见智，因此，确立正当程序的最低标准就非常必要。学界的共识是：赋予当事人有效的听证权是正当程序的最低标准。听证权有广义和狭义之分。广义的听证权实际上就相当于正当程序，包括"（1）口头协商，包括参与协商及请求延期协商的权利；（2）被告应被告知所有的指控；（3）所有证据应对全体当事人公开；（4）传唤证人、交互诘问证人；（5）仅于对造在场时、始听取两造

---

① 季卫东：《程序比较论》，《比较法研究》1993 年第 1 期。

② 转引自肖建国《程序公正的理念及其实现》，《法学研究》1999 年第 3 期。

③ 龚祥瑞：《西方国家的司法制度》，北京大学出版社 1993 年版，第 128 页。

陈述；（6）委任代理人；（7）就所有事实问题及法律问题表示意见之机会。"① 狭义的听证权指国家机关作成处分决定前，给予当事人答复、辩解或说明的机会，堪称正当程序的核心。第二次世界大战以后，越来越多的国际人权公约承认和接受了最低限度的程序公正标准。②

笔者认为，程序正义追求的实际上是一种当事人情感上的满足。通过程序参与，当事人及利害关系人的意见得到尊重，基于不同的利益衡量结果所拟定的备选方案的合理性得以公开论证，理性的思辨和价值的取舍公之于众，决定可能受到的不利影响被最大限度地排除，自治性、平等性成为基本价值取向，正义得以彰显。程序运行终了，当事人及利害关系人认为自己的尊严及利益诉求得到尊重和合理的关注，自然更易于接受该程序生成的结果，即使结果并不使其满意。因此，就笔者的理解，正当程序的核心构成要素应当包括主体尊重、平等参与和过程公开。主体尊重是核心，平等参与是形式，过程公开是保障。总之，程序正义的精髓就是将正当程序的三项要素涵盖程序设计的每一个环节并使之不折不扣地被执行，从而正当化程序结果。具体来说：

1. 主体尊重

对主体的尊重是现代法学的最高价值要求，也是社会的至上公理，其背后的价值基础就是维护人性尊严。可以这样说，人性尊严是宪法的宪法，是一切法律制度的总纲和前提；国家和社会的存在只能是为了确保人性尊严的实现。《世界人权宣言》基于对 20 世纪两次人类浩劫的深刻反思，在序言中明确载明："鉴于对人类家庭所有成员的固有尊严及其平等的和不移的权利的承认，乃是世界自由、正义与和平的基础"。德国基本法也在第 1 条开宗明义："人的尊严不可侵犯。尊重和保护人的尊严是全部国家权力的义务"。对人的主体地位

---

① 翁岳生：《行政法 2000（下册）》：中国法制出版社 2002 年版，第 1089、1090 页。

② 如《世界人权公约》第 9—11 条，《公民权利及政治权利国际公约》第 14 条第 3 项，《欧洲人权宣言》第 6 条第 3 项，《美洲人权宣言》第 8 条都规定了最低限度程序保障。

和自主价值的极端重视，也是马克思主义的一贯认知维度：共产主义就是"以每一个个人的全面而自由的发展为基本原则的社会形式"①。可见，确立人性尊严的元价值地位，是当代普世文明的基本结晶。中国台湾学者陈清秀把人性尊严具体概括为：（1）作为个人人格的独立价值的尊重；（2）一身专属性事务的自主决定；（3）个人私人领域的尊重；（4）维持具有人性尊严的生活；（5）自治与自决。②具体到程序法中，就是要充分尊重参与者的人格尊严，保障其意思自治，落实裁判者的中立地位，给予利害关系人有效行使抗辩权的一切法律保障，使之能透过程序的展开充分披露和表达自己的诉求，追求结果公正。

2. 平等参与

程序意义上的平等，包括当事人的诉讼权利平等和法院的平等保护两个方面。平等性的考量，是基于每个人内在价值量等值的道德观感，而非不分情由的一律相同（这也会造成事实上的不平等）。程序正义要求行使权威裁断权的人形式上必须做到不偏不倚，也就是说，要求其在法律上同等地对待争议的各方当事人，这样才能保证最基本的公正。所谓参与，必须是有效的参与，即当事人加入程序进程是遵循预设规则的指引并产生了法律拘束力。贝勒斯把程序参与具体分解为六个要素，即在合理的时间内公开审理、充分的通知、获得律师帮助的权利、提出和反驳证据的机会、裁判以当事人在诉讼中提供的信息记录为基础以及当事人对裁判上诉的机会。③它们的共同指向都是参与的有效性。平等参与不仅是上述两方面的简单叠加，其还内含着尊重理性、程序自治、判断者中立、有效对抗、当事人主义等一系列价值诉求和程序规则，因而是实现程序正义要求的关键形式。

---

① 《马克思恩格斯全集》第 44 卷，人民出版社 2001 年版，第 683 页。

② 《李鸿禧教授六秩华诞祝寿论文集》，台湾月旦出版社股份有限公司 1997 年版，第 99 页。

③ 转引自肖建国《程序公正的理念及其实现》，《法学研究》1999 年第 3 期。

3. 过程公开

过程公开最能生动、直接、形象、具体地展现正义实现的"看得见的方式"。它包括审理过程、证据和事实认定过程、法律适用过程、判断和逻辑推演过程等所有过程向当事人和社会公开，以排除不当干扰，保证判断结果的非恣意性。过程公开的重点是裁判理由和依据的公开，关键是向公众披露法律推理过程。决定过程的公开，使利害关系人能机制性地充分表达意见、展示观点、主张利益、伸张权利、集思广益、沟通互动、形成合意，最终达致结果正义。需要注意的是：（1）听证程序中，参与者的数目与公益的真实性之间呈正相关关系，即参与的人数越多，则所涉及的利益聚合成公益的可能性越大。（2）当事人程序性权利的有效行使。当事人的程序性权利主要包括两项：一项是受告知的权利，即处理机关负有公开信息的义务，当事人有权及时获悉其被指控的事实和理由以及其他利害攸关的事实和决定。另一项是要求裁决机关说明理由的权利，即裁决机关负有说明理由的义务，要说明作成决定的事实、依据和过程，以说服当事人接受裁断或俾其进行有效的权利防御。说明判决理由是程序公正的精髓。说明理由要求做到：在裁决作出前、适当且充分、明白易懂、与案件中的实质问题有关联。（3）及时性。公正实现不仅包括实体权利义务的正当安排，还包括争议解决时效的合理性，所谓迟来的正义是非正义。其实，过程公开本身也就内含着程序依次进行和相关环节更替的可预期性，可以说，及时终结是过程公开的题中应有之意。

第四章

马克思的私有财产思想及其对
当代中国的意义

马克思主义是我国社会主义现代化建设的指导思想，正确理解马克思的私有财产思想，是我国保护公民私有财产、促进社会健康发展的理论基础。笔者认为，马克思的私有财产思想包括两个紧密联系的部分：反面探讨资本主义私有财产的本质及其历史归宿，正面阐释"重新建立劳动者个人所有制"思想。马克思通过对特定对象——资本主义私有财产及其本质——的具体分析，指出作为其积极扬弃的共产主义的历史必然性；重新建立的劳动者个人所有制是共产主义社会私有财产制度的基本规定，其特征是公有制基础上劳动者联合体的个人所有和共同占有的有机结合。上述分析的必然结论就是：在当代中国，应该正确理解马克思的私有财产思想，在坚持公有制的前提下，以完善劳动者个人权利为核心，强化公民私有财产权的宪法保护。

一 马克思论资本主义私有财产的本质及其历史归宿

马克思明确指出，资本主义私有财产的本质就是其作为资本主义社会异化劳动的必然结果。什么是异化？"最简单地讲，异化指分离或疏远的状态。这一术语来源于拉丁语动词疏离（alienare），意即分离、转移或拿走。"① 最初用于经济领域，意指所有权的转移、让渡，在17—18世纪被用于科学理论著作，19世纪开始转变为哲学范畴：

---

① ［英］戴维·米勒主编：《布莱克维尔政治思想百科全书》，邓正来等译，中国政法大学出版社2011年版，第7页。

"异化——它从而构成这种外化的以及这种外化之扬弃的真正意义——是自在和自为之间、意识和自我意识之间、客体和主体之间的对立，就是说，是抽象的思维同感性的现实或现实的感性在思想本身范围内的对立。"① 什么是劳动？"劳动是人在外化范围内或者作为外化的人的自为的生成。"② 马克思的创新之处在于把异化理论引入对劳动本身的分析，提出了异化劳动（die entfremdete Ardeit）的概念。

　　马克思认为，异化劳动体现在四个方面：第一，劳动对象即劳动产品的异化。在资本主义生产中，工人无法占有自己的创造物，反而为其所奴役以致逐渐丧失自我。劳动产品作为一种异己的存在物，与工人的劳动相对立。"劳动的产品是固定在某个对象中的、物化的劳动，这就是劳动的对象化。劳动的现实化就是劳动的对象化。在国民经济的实际状况中，劳动的这种现实化表现为工人的非现实化，对象化表现为对象的丧失和被对象奴役，占有表现为异化、外化。"③ 第二，劳动活动本身的异化。按照马克思的观点，劳动是人的本质力量对象化的一种活动。在这种活动中，人的智力、体力等本质力量都融入劳动产品之中，并通过该对象物显现其特性，从而使劳动者获得创造的愉悦和必要的社会满足。可见，劳动的目的是为了满足人的需要——创造一种使用价值使其与别人的本质需要相符合，是人的自我享受、自我实现的过程。但对于资本主义私有制下的劳动者来说，劳动已经不是自我需要的满足，而成为满足劳动以外其他各种欲求的媒介和异己的谋生手段。"劳动的异己性完全表现在：只要肉体的强制或其他强制一停止，人们会像逃避瘟疫那样逃避劳动。外在的劳动，人在其中使自己外化的劳动，是一种自我牺牲、自我折磨的劳动。"④ 第三，人与自己类本质的异化。自由自觉的活动作为人的生命本质的彰显，就是人不同于动物的类本质。"这里说的'自由'，是指人对

---

① 《马克思恩格斯文集》第 1 卷，人民出版社 2009 年版，第 203 页。
② 《马克思恩格斯全集》第 42 卷，人民出版社 1979 年版，第 163 页。
③ 《马克思恩格斯文集》第 1 卷，人民出版社 2009 年版，第 156—157 页。
④ 《马克思恩格斯全集》第 3 卷，人民出版社 2002 年版，第 270—271 页。

规律的认识和把握，是指人能'按照任何物种的尺度来进行生产'能力；而'自觉'则是指摆脱了本能冲动和肉体需要的状态以后，能在理性支配下自愿从事某种活动的心理状态。"① 异化劳动却使人的劳动丧失了这种特性而与动物无异。之所以如此，归根溯源，是因为在资本主义社会中，私有财产已经脱离了物质财富的一般范畴而蜕变为资本，资本主义生产的本质就是资本对劳动的压榨以攫取最大化的剩余价值。第四，人与人相异化。这种人与人的异化，马克思称之为"人的自我异化"，即阶级分化。正如马克思、恩格斯在《神圣家族》中指出的："有产阶级和无产阶级同样表现了人的自我异化。但是，有产阶级在这种自我异化中感到幸福，感到自己被确证，它认为异化是它自己的力量所在，并在异化中获得人的生存的外观。而无产阶级在异化中则感到自己是被消灭的，并在其中看到自己的无力和非人的生存的现实。"②

　　通过异化劳动的视角，马克思对体现为其后果的资本主义私有财产进行了卓有成效的分析和论证：

　　1. 私有财产的双重话语范畴

　　"私有财产的关系潜在地包含着作为劳动的私有财产的关系和作为资本的私有财产的关系，以及这两种表现的相互关系。"③ 作为劳动的私有财产对应着一般私有财产的概念，具有久远性、普遍性和正当性；作为资本的私有财产对应着资本主义私有财产的概念，体现着阶段性、局限性和非理性。④ 这种区别在 1848 年马克思、恩格斯合著

---

　　① 李印堂：《马克思的异化理论及其发展》，《贵州大学学报》（社会科学版）1999 年第 4 期。

　　② 《马克思恩格斯文集》第 1 卷，人民出版社 2009 年版，第 261 页。

　　③ 《马克思恩格斯全集》第 3 卷，人民出版社 2002 年版，第 283 页。

　　④ 笔者认为，马克思对此问题的认识也有一个逐步深化的过程。青年马克思基本上继受了传统观念，将私有财产视为人最基本的价值基石。但在参与第六届莱茵省议会辩论期间，他已经清醒地意识到，不同等级的人对私有财产中所蕴含的私人利益的理解是不同的，特权阶层总是千方百计地侵夺普通民众的微不足道的利益以满足自己的贪欲。

的《共产党宣言》中得到了更明显的印证。他们明确指出，共产党人消灭的是人剥削人因而妨碍人的自由发展的资产阶级私有制，而不是消灭普通劳动者占有的包括生产资料在内的一般意义上的私有财产。"共产主义的特征并不是要废除一般的所有制，而是要废除资产阶级的所有制。"同理，"共产主义并不剥夺任何人占有社会产品的权力，它只剥夺利用这种占有去奴役他人劳动的权力。"① 可见，在马克思的话语体系中，私有财产被区分为资产阶级私有财产和一般私有财产两类。马克思深刻体悟到资产阶级私有财产对人的类本质的扭曲与异化，所以他认为，对体现现代剥削最高程度的资本主义私有制，必须坚决消灭，剥夺资本奴役他人劳动的特权；而普通民众辛苦积累的私有财产，则是人类社会发展进步不可或缺的、因而也是法律必须予以保护的财富。简言之，马克思反对的是凭藉其剥削的、体现资产阶级自私与贪婪的、具有阶级压迫性质的资本，而不是一般意义上的私有财产。相反，只有保护一般劳动者的私有财产，才能弭平财富鸿沟与阶级差异，彻底消灭导致阶级冲突的资产阶级私有财产与资本主义私有制。也就是说，只有重建劳动者个人所有制，阶级斗争的根源才能铲除，国家也才能回归其公共管理的原初功能，才能营构本源意义上的市民社会。

2. 资本主义私有财产与异化劳动的关系

这一点体现在两个方面：首先，资本主义私有财产的实质是充当资本。"私有财产的主体本质，作为自为地存在着的活动、作为主体、作为个人的私有财产，就是劳动。"② 劳动是有不同意蕴的：资本＝积累的劳动＝劳动，但这种劳动是指物化的劳动因而成为雇佣劳动的对应物。据此，无产和有产的对立，实质是劳动和资本的对立，私有财产就是二者互动关系的体现：无产阶级对应的是雇佣劳动，而有产阶级对应的是物化的劳动即资本；作为不具备财产属性的雇佣劳动，

---

① 《马克思恩格斯选集》第1卷，人民出版社1995年版，第286、288页。

② 《马克思恩格斯全集》第3卷，人民出版社2002年版，第289页。

只能服从于排除了劳动本质属性的资本，即资本主义私有财产。正如马克思所说："但是作为财产之排除的劳动，即私有财产的主体本质，和作为劳动之排除的资本，即客体的劳动，——这就是作为上述对立发展到矛盾关系的、因而促使矛盾得到解决的能动关系的私有财产。"①

其次，资本主义私有财产是异化劳动的必然后果。"私有财产是外化劳动即工人对自然界和对自身的外在关系的产物、结果和必然后果。"② 马克思认为，异化劳动产生了私有财产，这是资本主义生产关系和交往关系的根源，也是一切社会奴役性的总根源。摆脱异化劳动的根本途径是消灭资本主义私有制，途径是以无产阶级革命的政治形式完成包括工人在内的人类解放的历史性变革。

3. 结论：资本主义私有财产必然导致作为其积极扬弃的共产主义的实现

马克思立基于人的生命本质的历史观照，以异化劳动为切入点，揭示了资本主义私有财产的历史发展趋势：异化劳动（不仅是劳动对象和劳动活动的异化，更是人的类本质的异化和人的自我异化）构成资本主义私有财产的本质，导致阶级分化和社会不公，因此无产阶级只有消除异化劳动才能扬弃资本主义私有财产以及人的自我异化；共产主义即是对资本主义私有财产的积极的扬弃。"共产主义是私有财产即人的自我异化的积极的扬弃，因而是通过人并且为了人而对人的本质的真正占有；因此，它是人向自身、向社会的即合乎人性的人的复归，这种复归是完全的，自觉的和在以往发展的全部财富的范围内生成的。"③ 马克思还进一步指出，资本主义私有财产实际上已经为自己的解体创造了条件，换句话说，内生着自己的对立物。"在资本对雇佣劳动的关系中，劳动即生产活动对它本身的条件和对它本身的

①　《马克思恩格斯全集》第 3 卷，人民出版社 2002 年版，第 294 页。

②　同上书，第 277 页。

③　同上书，第 297 页。

产品的关系所表现出来的极端的异化形式，是一个必然的过渡点，因此，它已经自在地、但还只是以歪曲的头脚倒置的形式，包含着一切狭隘的生产前提的解体，而且它还创造和建立无条件的生产前提，从而为个人生产力的全面的、普遍的发展创造和建立充分的物质条件。"① 总之，马克思把私有财产理解为人的自我异化，共产主义是对私有财产的扬弃，因而归根到底亦是对人的自我异化的扬弃，是对人的本质的真正占有和复归，是人类社会发展历史之谜的解答。而在共产主义社会，私有财产的表现形式就是重新建立的劳动者个人所有制。可以看出，消灭资产阶级私有财产导致的人的自我异化，实现人的解放，是马克思回答该问题时贯彻始终的目标，共产主义只是体现该目标的社会载体。

二　马克思"重新建立劳动者个人所有制"思想的再解读

在从反面深刻剖析了异化劳动内生的资本主义私有财产及其历史归宿后，马克思在《资本论》中从正面提出了被称为经济学的哥德巴赫猜想的"重新建立劳动者个人所有制"思想。马克思写道："从资本主义生产方式产生的资本主义占有方式，从而资本主义的私有制，是对个人的、以自己劳动为基础的私有制的第一个否定。但资本主义生产由于自然过程的必然性，造成了对自身的否定。这是否定的否定。这种否定不是重新建立私有制，而是在资本主义时代的成就的基础上，也就是说，在协作和对土地及靠劳动本身生产的生产资料的共同占有的基础上，重新建立个人所有制。"②

个人所有制的对象范围，是重建劳动者个人所有制思想引起巨大争议的焦点所在。③ 根据恩格斯在《反杜林论》中的解读，以及马克

---

① 《马克思恩格斯全集》第46卷上册，人民出版社1979年版，第520页。

② 《马克思恩格斯全集》第23卷，人民出版社1972年版，第832页。

③ 主要观点有三种：①生活资料的个人所有制；②生产资料人人皆有的私有制；③生产资料的公有制。其他观点还包括劳动力个人所有制说、劳动者普通个人所有制说、个体经济说，等等。

思在《哥达纲领批判》中的表述，一般认为，劳动者个人所有制指的是消费资料的劳动者个人占有。这种理解是否符合马克思经典作家的本意呢？笔者认为，要真正领悟马克思、恩格斯文本原意，就必须将马克思、恩格斯在不同时期不同地方的相关言论综合起来，结合语境，比较分析，而不是抓住他们的只言片语，绝对化、神圣化、教条化。因此，理解"重新建立劳动者个人所有制"思想的关键是把握马克思提出的两个基本特征——协作和对土地及靠劳动本身生产的生产资料的共同占有。对此，恩格斯的解读是：在自由劳动者的协作的基础上和他们对土地及靠劳动本身生产的生产资料的公有制上来重新建立。具体而言：

1. 生产资料的公有制

恩格斯认为，生产资料的公有制是劳动者个人所有制的前提和基础，个人所有制属于公有制的范畴。这是否符合马克思的原意呢？马克思在《给〈祖国纪事〉杂志社编辑部的信》中写道："在那一章末尾，资本主义生产的历史趋势被归结成这样：'资本主义生产本身由于自然变化的必然性，造成了对自身的否定'；本身已经创造出了新的经济制度的要素，它同时给社会劳动生产力和一切生产者个人的全面发展以极大的推动；实际上已经以一种集体生产方式为基础的资本主义所有制只能转变为社会所有制。"① 这里，马克思使用的概念是社会所有制（即公有制）而不是个人所有制，并且社会劳动、集体生产与个人发展并提。因此，在马克思和恩格斯看来，劳动者个人所有制绝非传统意义上的私有制，始终属于公有制的范畴。"用比较容易理解的话说，从宏观看、从社会角度看，生产资料是全社会所有的；从微观看、从劳动主体看，每个劳动者都能普遍地、平等地、自由地占有生产资料，是劳动者个人所有制。在马克思看来，社会所有

---

① 《马克思恩格斯选集》第 3 卷，人民出版社 1995 年版，第 340—341 页。

制和劳动者个人所有制是一个问题的两个方面,内涵是一致的。"①

马克思认为,私有制有两种形式:一种是以本人劳动为基础的私有制(即劳动者私有制),另一种是资本主义私有制。二者的相同点是生产资料的私人占有。二者的区别在于,前者存在的基础是个人劳动,个人占有自己的劳动成果,因此不存在剥削;后者则是共同劳动但却由资本家个人占有共同劳动成果,因此是一种剥削制度。劳动者私有制与资本主义私有制都属于私有制的范畴,而劳动者个人所有制则属于公有制的范畴,这是三者的本质区别。三者循历史演进的轨迹先后出现,体现了否定之否定的发展规律。具体而言,劳动者私有制以个人劳动为基础,前提是低下的生产力水平,因此只能出现在前资本主义社会。资本主义私有制的基础是共同劳动,体现的是现代生产力水平,符合社会化大生产趋势。社会化大生产的必然要求是共同占有、共同劳动、协作生产;但资本主义私有制却以社会劳动成果的私人占有为其本质属性,与之相悖,显现出内在的历史局限性。随着社会的发展,以共同劳动、合作分工为特征的协作生产和土地等生产资料的共同占有这两个要件逐渐完备,与之相适应的所有制形式——劳动者个人所有制——才能出现,其特点是个人所有和共同占有的有机结合。个人所有和共同占有看起来矛盾,实则体现的是更高形态的公有制形式。个人所有的法律形态是劳动者的个人所有权,这种所有权与一般意义上的私有财产权没有本质的差异,都强调主体对所有物的排他性的观念控制。共同占有则体现了公有制的本质属性,指社会共同体成员不分性别、年龄、资历、能力等外在属性差异,真正以人的资格对生产资料等劳动成果的平等使用和支配,这种占有绝非私有制意义上的狭隘的排他性所有,而是在社会协作和人格平等意义上的、适应社会化大生产和人的全面自由发展要求的自由人联合体的整体支配。关于这一点,马克思在1880年发表的《法国工人党纲领导言》

---

① 陈蓉蓉:《马克思的"重新建立劳动者个人所有制"理论与中国所有制改革——访著名经济学家王珏》,《理论视野》1999年第3期。

中写道："生产资料属于生产者只有两种方式：（1）个体占有方式，这种方式从来没有作为普遍现象而存在，并且日益为工业进步所排斥；（2）集体占有方式，资本主义社会本身的发展为这种方式创造了物质的和精神的因素；"并且"这种集体占有制只有通过组成为独立政党的生产者阶级——无产阶级革命活动才能实现"。①

2. 劳动者的自由人联合体

恩格斯在《反杜林论》中提到马克思的"自由人联合体"设想，体现了劳动者个人在社会主义公有制中的主体地位，表明这种劳动者个人的所有，不是分散的、单独的个人所有或私有，而是"联合起来的社会个人所有"；这种个人，不是原子式的、隔绝的、自私自利的单个人，而是高度觉悟的、协作分工的、自由而又全面发展的社会个体。因此，这种作为社会占有的实现形式的自由人联合体，是以劳动者的个人人格独立为前提的；联合体显然是承认个体的差异和利益，并在肯认和保护的基础上，由其自由自愿的结合。马克思在不同语境下使用了"公有"、"社会所有"、"劳动者个人所有"三个相近概念。对这三个概念，符合马克思本意的理解是："对于'公有'，可以有此一问，'公有，谁所有'？答曰：'公有就是社会所有（或集体所有）'。再问，'社会（集体）是谁？'再答曰：'是组织起来的劳动者个人'，或'社会个人的联合'。而这里说的个人或劳动者是指已从旧社会被奴役、受剥削、一无所有的无产者地位解放出来的劳动者。"② 可见，马克思交叉使用"公有"、"社会所有"、"劳动者个人所有"三个概念，表面上看似矛盾，实际上三者有着内在的联系，即三个概念的落脚点都是劳动者联合体中的个人，表明马克思对个人权利的重视，他把个人权利是否能得到充分的实现作为衡量公有制是否完善的基本尺度。易言之，劳动者的个人权利实现得愈充分，也就表

---

① 《马克思恩格斯全集》第 19 卷，人民出版社 1963 年版，第 264 页。

② 李光远：《马克思恩格斯著作中的"公有"、"社会所有"、"个人所有"及其他》，《中国社会科学》1994 年第 6 期。

明社会愈加完善和进步，距离共产主义社会愈近。

这符合马克思一贯的分析视角——劳动者个体的解放与发展。马克思的论证始终坚持主体向度，即以真正人的视野来分析资产阶级社会的弊端。在他看来，人首先是现实中的个人。"这些个人是从事活动的，进行物质生产的，因而是在一定的物质的、不受他们的任意支配的界限、前提和条件下活动着的。"① 其次是社会的人，强调人作为类存在物的本质属性。"人把自身当做现有的、有生命的类来对待，因为人把自身当做普遍的因而也是自由的存在物来对待。"② 马克思深刻指出，资产阶级的政治解放虽是历史的进步，但实现的是资产阶级的民主自由，这种自私自利的权利是与人的解放背道而驰的；要实现人的解放，就必须对市民社会进行改造，消灭资本主义私有财产，消灭私有制。因此，在提出重新建立劳动者个人所有制思想时，马克思也是从劳动者主体发展的角度来看的，他强调个人所有制的双重含义：（1）劳动者个人全面而充分的发展，消费资料的个人占有是应有之义；（2）在此基础上，劳动者以自由人联合体的形式实现对生产资料的共同占有。

总之，马克思、恩格斯以人的解放作为建构劳动者个人所有制的主体要素。从这个角度看，实现生产资料的公有制仅仅是迈出的第一步，而在此基础上充分实现联合体中的个人所有权（实质是实现主体自由意志的法律保障），才是重建个人所有制的重点。结论就是，劳动者个人所有制思想指的是建立在公有制基础上又保障个人所有权的、较以往私有制更高程度的、体现否定之否定规律的财产模式。它包含两个相互联系相互统一的必备要素："一是生产资料的社会所有，二是这种社会所有包含并保障个人的所有权。"③ 根据这种理解，在马克思的理论体系中显然是容许并赞赏私有财产的存在的。而在社会

① 《马克思恩格斯文集》第 1 卷，人民出版社 2009 年版，第 524 页。
② 同上书，第 161 页。
③ 应克复：《理解"重新建立个人所有制"的方法论问题》，《马克思主义与现实》1997 年第 5 期。

主义初级阶段，体现在实定法中就是确立私有财产权的法律保障制度。当然，如前所述，劳动者个人所有制仍然属于公有制的范畴，保护私有财产，并不意味着主张私有制。"随着联合起来的个人对全部生产力的占有，私有制也就终结了。"①

三　马克思分析私有财产的两个基本维度

笔者认为，贯穿马克思对资本主义私有财产的批判和重新建立劳动者个人所有制的思考的是两个基本维度——重视人的尊严与发展的主体观和探究实质正义实现的价值观。马克思对资本主义私有财产及异化劳动的批判、对社会所有制和个人所有制相结合的劳动者个人所有制的构想，都是基于劳动者自我发展、自我实现、自我完善的主体价值，以及矫正资本主义社会弊端、实现人与社会和谐相处的实质正义。

1. 重视人的尊严与发展的主体观

马克思的思考始终是基于现实生活中的、受种种先在条件约束的、实践中的具体的人，即广大普通劳动者。劳动者是马克思思考和分析问题的出发点、着眼点和最终落脚点。马克思坚信，劳动者是推动社会发展进步的创造性力量，是历史演进的根本动力。因此，社会发展的根本目的就是要实现劳动者个人的解放与完善。一般来说，对人的价值的体认，包括两个层面："同个体的自我意识相联系，强调尊重个体的生命本身，尊重和爱护他人，这是文艺复兴的主流意识；同类意识相联系，强调作为类的一员的光荣与责任，强调自由、平等、博爱，并为人类的幸福而奋斗。"② 这种哲学认知构成了现代法政文明的理念精髓：人权、宪政、人民主权，体现了人的本原地位。具体而言：（1）在历史观上，肯定人是历史的目的而不是手段。马克思明确指出，"人是本质、是人的全部活动和全部状况的基础"，

① 《马克思恩格斯选集》第 1 卷，人民出版社 1995 年版，第 130 页。
② 徐亚文、孙国东：《"以人为本"与政治文明》，《湖北社会科学》2004 年第 10 期。

"并不是'历史'把人当做手段来达到自己——仿佛历史是一个独具魅力的人——的目的。历史不过是追求着自己目的的人的活动而已。"① （2）在发展观上，主张人的解放和发展是衡量社会进步的尺度。人是发展的目的，社会进步"必须推翻那些使人成为被侮辱、被奴役、被遗弃和被蔑视的东西的一切关系"②。（3）在本体论上，突出人的本质是现实社会关系的总和，而不是抽象的、拟制的精神意念。"但不是处在某种虚幻的离群索居和固定不变状态中的人，而是处在现实的、可以通过经验观察到的、在一定条件下进行的发展过程中的人。"③ （4）在目的论上，强调需要是人的本性，人的全面发展意味着人的多样性主体需要的满足。总之，人的全面而自由的发展是马克思主义哲学的最高范畴，体现了马克思主义的最高理想，是马克思分析和批判资本主义社会的主体维度。在当代中国，这种主体观的现实载体就是以人为本的科学发展观。

2. 探究实质正义实现的价值观

正义的英文是 Justice，德文是 gerecht。在《哥达纲领批判》中，马克思提出了自己的正义理想："各尽所能，按需分配！"笔者认为，马克思的正义观更关注平等，是一种实质正义。原因是：马克思的正义观是努力克服资本主义社会阶段具体痼疾的实践产物，因此特别强调真正保障每一个社会成员的实质性权利，实现实质平等。而要达致该目的，社会就绝不能无视成员间天赋的与后天的、自然的与社会的各方面的实质差异，必须根据这些差异给予区别对待，这构成了现代正义理论的渊源之一。马克思正义观的主要内容包括：（1）任何社会的公平正义都不是抽象的、绝对的，而是现实的、具体的。"而这个公平则始终只是现存经济关系的或者反映其保守方面，或者反映其革命方面的观念化的神圣化的表现。希腊人和罗马人的公平认为奴隶

---

① 《马克思恩格斯文集》第1卷，人民出版社2009年版，第295页。
② 《马克思恩格斯全集》第3卷，人民出版社2002年版，第207页。
③ 《马克思恩格斯选集》第1卷，人民出版社1995年版，第73页。

制度是公平的；1789 年资产者的公平要求废除封建制度，因为据说它不公平。"① 因此，正义是相对而言的。每个时代都有其特定的内容，不存在永恒的正义。（2）非正义的矫正，不能依赖于纯粹的上层建筑（如道德、法律），还是需要回到经济基础。只有在社会生产力高度发展的前提下，矫正正义才有可能实现。换言之，正义与否，取决于生产力，生产决定分配。（3）正义实现具有阶段性。社会公正受生产资料所有制的制约，根源在于社会生产方式。在共产主义社会第一阶段，实行劳动为同一尺度的社会公平，而不可能实现事实上的平等。只有到共产主义社会的高级阶段，才能实现各尽所能、按需分配。（4）在阶级社会中，社会不公是"注定"了的社会常态，真正的自由和真正的平等只有在公社制度下才可能实现。

马克思的正义观在当代中国具体体现于社会主义和谐社会理念②。公平正义是和谐社会的重要原则，也是建构和谐社会的根本方法。当前，社会正义的实现，就是要充分保障宪法赋予人民的基本权利，关键是平衡相关利益：一方面是在不同利益群体之间，依照预先制定的公开规则，不偏不倚，一视同仁地予以适用；另一方面，对于不同情况的人群也应区别对待，尤其应考虑社会弱势群体的基本诉求，在利益整合过程中，对该群体进行及时救助以防止社会极化。

四　马克思私有财产思想对当代中国社会转型的意义

前述马克思的主体观和价值观是笔者建构本文的思考进路，也是我国加强公民私有财产权宪法保护的最重要的理论基础。当代中国的时代特征是社会转型。转型社会最大的特质就是，因新旧体制之间此消彼长的时间差而出现的社会格局的缺位与错位，表现为传统体制、意识、习俗已被消解或者抛弃，而新的替代物尚未产生。具体到私有

---

① 《马克思恩格斯文集》第 3 卷，人民出版社 2009 年版，第 323 页。

② 2005 年 2 月 19 日，胡锦涛同志在中共中央举办的省部级主要领导干部提高构建社会主义和谐社会能力专题研讨开班式上提出了和谐社会的理论构想，基本特征是民主法治、公平正义、诚信友爱、充满活力、安定有序、人与自然和谐相处。

财产权方面，至少存在两种思想束缚：中国传统的崇公抑私、以公灭私观念导致的否定私有财产思想，误读马克思私有财产思想而产生的公有财产至善、私有财产邪恶的社会心态，后者的影响尤为明显。这使得我国在建构私有财产宪法保护制度方面欠缺坚实的文化意识积淀。

马克思主义是我国社会主义现代化建设的指导思想，不从根本上厘清马克思主义与保护私有财产之间的内在关联，就无法冲破既有的思想束缚，从而影响到当前轰轰烈烈的改革实践。因此，必须全面、深入、细致地重新解读马克思主义原典，探究本意，还原原貌，并结合时代语境，指引当代中国的社会主义和谐社会建设。依笔者的理解，马克思的私有财产思想对于当代中国社会转型的重要意义主要体现在：

1. 以人为本理念的意识重构

如前所述，马克思的私有财产思想中本身就含蕴着重视人的尊严与发展的主体维度，这与第二次世界大战后人类社会的基本价值共识——重视人性尊严——在价值旨归上是一致的。私有财产权中内含的人的主体因子，是人的自主性在客体上的投射，易言之，私有财产权体现的实际上是个人保障而不是物质保障。立基于这个原因，我们才能理解经典自由主义作家视私有财产权为最重要的人权的理由所在。但这种意识在当代中国是极端欠缺的。一方面，传统中国的公私观，非常不利于私有观念的存续，消解了私有财产权的合理性和正当性。家族本位下，"别籍异财"的入刑，形象地展现了私有财产权的贬抑地位。简言之，传统文化中极端匮乏涵养个人私有财产权的本土意识资源。另一方面，新中国成立后，对马克思主义的教条化解读，妖魔化了私有财产权，与传统意识相结合，使得私有财产权在中国长期受到不应有的蔑视。这种私产虚无意识明显缺乏对私有财产权本质和价值的理性认知，忽略了其中蕴含的主体价值，实际上是与马克思的本意背道而驰的。因此，对马克思主义主体观的再解读能够重构以人为本的科学发展意识，推动私有财产权宪法保护制度的完善。

2. 市场化改革的路径指示

重视私有财产，必然要求保护私有财产权，内在的逻辑结论就是强化了市场经济的发展面向，而与集权式的计划经济模式毫不兼容。为什么这样说呢？重视私有财产与强化私有财产权的宪法保护，二者是相辅相成、缺一不可的。作为最根本的制度安排，私有财产权的宪法保护，可以最大程度地激发人民出于自利动机而产生的创造性，促使权利主体充分发扬个性，自我决策、自主发展、自己负责，实现有限社会资源的最优配置，从而框定了市场化的改革路径，并与社会个体的自主品格和自治精神相配合，最大化人的主观能动性。而在经济层面，人民的自主性、创造性，受自由自主自发的经济驱动模式的引导，必然创造无尽的社会财富，实现帕累托最优。经济学研究表明，在资金、劳动、资源等外在约束条件不变的情况下，人的知识作为唯一的变量，引致的技术进步和管理更新是推进社会发展的无穷动力，而且越往后，该趋势越明显。

3. 法治化进程的逐步认同

马克思的私有财产思想追求平等基础上的实质正义的实现。这种思考路径与近代以来西方社会法治观的演进方向是一致的：从18、19世纪形式意义上的法治，到20世纪初实质意义上的法治，再到第二次世界大战后程序意义上的法治，西方社会的法治观呈现出逐步接近实质正义的演进脉络，实质正义是法治国的最高价值。马克思私有财产思想内嵌的实质正义价值导向，导致以马克思主义为指导思想的社会主义国家天然具有法治化的亲近性，在对私有财产权的保护模式选择上，自然倾向于以法治化的社会控制模式给予私产必要的保护。因此，完善公民私有财产权的宪法保护体现了社会主义社会的本质属性，而非外在于它的异质添加。

综上所述，马克思对私有财产本身并不排斥，只是立基于人的解放与发展的主体向度，对作为剥削手段与社会不公根源的资本主义私有财产给予了严厉的批判。他认为，必须克服资本主义私有财产的内在弊端，保护劳动者正当的私有财产，重新建立作为否定之否定的劳动者个人所有制。基于此思想，现阶段我国的具体建构路径是：一方面充分保障公民私有财产权以激发社会创造性，另一方面又要防止私有财产内生的社会结构体失衡以及因此导致的社会分裂和冲突。其平衡标准是：依法最大限度地保护劳动者的个人所有权。总之，正确理解马克思的私有财产思想，是当代中国完善公民的私产宪法保护、建构社会主义和谐社会的理论基石。

第五章

我国私有财产权宪法保护的历史
沿革及其成效分析

第一节　我国宪法确立人民私有财产权的历史变迁

传统中国社会实行的是与专制皇权相适应的财产王有制度，缺乏私人财产权存在的文化与制度土壤。财产王有制度的典型描述就是《诗经·小雅·北山》中的诗句："溥天之下，莫非王土；率土之滨，莫非王臣。"基于这样的意识和制度安排，一切财物（包括土地）的终极所有权都归君王；所有的社会成员都是君王的臣民，其个人的财产、人身甚至生命都可以随君王的意志予取予夺。"臣等得生于邦甸，幸遇圣明，身体发肤，尽归于圣育；衣服饮食，悉自于皇恩！"① 传统社会的礼法亦只能充当君王的统治工具，而非保护个人的手段："当法律出现以后，它既不能维护传统的宗教价值，也不保护私有财产。它的基本任务是政治性的：对社会施以更加严格的政治控制。"②

伴随着近代中国移植西方国家的宪政观念、宪政文化和宪政制度的步伐，清末新政时期我国法律才开始对私有财产进行保护，民国政府逐步形成较为体系化的私有财产权宪法保护规范。1949 年新中国成立前制定的《共同纲领》和 1954 年宪法对当时的财产所有制作出了符合现实的规定，之后出现反复。1982 年宪法重新开始保护公民

---

① 柳宗元：《为耆老等请复尊号表》，《柳宗元集》卷三十七。

② ［美］D. 布迪、C. 莫里斯：《中华帝国的法律》，朱勇译，江苏人民出版社 1998年版，第 7 页。

合法财产的所有权，随着 2004 年修宪，私有财产权的保护正式进入新中国的宪法文本中。

一　清末和中华民国时期

1907 年 9 月 8 日，为了应对日益严峻的国内形势，回应立宪派的政治诉求，清政府颁布了中国历史上第一部宪法性文件——《钦定宪法大纲》。在"附臣民权利义务"中规定："臣民之财产及居住，无故不加侵扰。""臣民按照法律所定，有纳税当兵之义务。"并规定："其细目当于宪法起草时酌定"。上述规定在中国历史上首开保护人民私有财产的先河，意义重大。

1912 年 3 月 8 日，南京临时政府参议院通过了《中华民国临时约法》。约法第 6 条明确规定：人民享有财产自由权及营业自由。《临时约法》仿西方法治发达国家的成例，对人民的私有财产给予了充分的保障，有力地促进了民族经济的发展。在此之前，1 月 28 日，临时政府内务部根据大总统令"临时政府应以保护人民财产为急务"的指示，发布《保护人民财产令》，通饬所属，"凡人民财产房屋，除经正式裁判宣告充公者外，勿得擅自查封"，具体措施包括："凡在民国势力范围之人民，所有一切私产，均应归人民享有"；对前为清政府官吏或现虽为清政府官吏，"现无确实反对民国之证据，已在民国保护之下者，应归该私人享有"；对现为清政府官吏，"反对民国政府，虐杀民国人民，其财产在民国势力范围内者应一律查抄，归民国政府享有。"① 可见，临时政府存在的时间虽短，但其约法和政府法令确实反映了 20 世纪初期的社会发展趋势——以保护人民私有财产为本，具有显著的历史进步性。

1914 年 5 月 1 日，袁世凯公布《中华民国宪法》，第 5 条第 2 项规定："人民之家宅，非依法律，不得侵入或搜索"；第 3 项规定：

---

① 张晋藩总主编：《中国法制通史》（第九卷），法律出版社 1999 年版，第 396—397 页。

"人民于法律范围内，有保有财产及营业之自由"。较《临时约法》第6条相关表述，增加了"于法律范围内"的限制条件，一方面符合当时各国宪法的成例，但另一方面，法制条件的不完备也为政府恣意限制或者侵犯人民私有财产权开启了便利之门。1923年10月10日公布的《中华民国宪法》第13条规定："中华民国人民之财产所有权，不受侵犯。但公益上必要之处分，依法律之所定。"该规定的进步之处有二：一是将财产权与营业自由分立，明确了财产权的价值；二是首次在宪法中增加了私有财产权的公共利益限制条款，使得该项规定更加完整、规范。

南京政府以孙中山建国三时期学说①为指导，于1931年5月12日通过了《中华民国训政时期约法》，其中关于私有财产权的规定达4条之多：

第一六条　人民之财产，非依法律不得查封或没收。

第一七条　人民财产所有权之行使，在不妨害公共利益之范围内，受法律之保障。

第一八条　人民财产因公共利益之必要，得依法律征用或征收之。

第一九条　人民依法律得享有财产继承权。

《约法》关于人民私有财产宪法保护的规定，最明显的特征是都加入了法律或公益的限制，采取间接保障原则（即人民权利采法律保障主义），其效果是："第一，对于各项权利、自由的实际保障，尚有赖于其他具体法律；第二，对于此类权利、自由，政府亦可以法律形式加以限制。故有人称'《约法》关于民权之实际保障，殊不充分'。"②此后，1936年5月5日公布的《中华民国宪法草案》（"五

---

①　孙中山把革命进程分为三个时期：军政时期、训政时期、宪政时期，分别实行军法之治、约法之治、宪法之治三种不同的统治方式。国民党政权长期拒绝宪政，先后颁布了具有宪法性质的《训政纲领》（1928年10月3日国民党中央常务委员会通过）和《训政时期约法》（1931年5月12日国民会议第四次会议通过）。

②　张晋藩总主编：《中国法制通史》（第九卷），法律出版社1999年版，第626页。

五宪草"），1946 年 12 月 25 日国民大会审议并通过的《中华民国宪法》进一步完善了上述规定。其中，《中华民国宪法》的相关规定最为详细和完整。第 15 条明确规定："人民之生存权、工作权及财产权，应予保障。"除为防止妨碍他人自由、避免紧急危难、维持社会秩序或增进公共利益所必要者外，不得以法律加以限制。此外，宪法对土地所有权的保障与限制、公用事业和私营事业都作出了明确规定：

第一四三条　中华民国领土内之土地属于国民全体。人民依法取得之土地所有权，应受法律之保障与限制。私有土地应照价纳税，政府并得照价收买。

附着于土地之矿及经济上可供公众利用之天然力，属于国家所有，不因人民取得土地所有权而受影响。

土地价值非因施以劳力资本而增加者，应由国家征收土地增值税，归人民共享之。

国家对于土地之分配与整理，应以扶植自耕农民及自行使用土地人为原则，并规定其适当经营之面积。

第一四四条　公用事业及其他有独占性之企业，以公营为原则，其经法律许可者，得由国民经营之。

第一四五条　国家对于私人财富及私营事业，认为有妨害国计民生之平衡发展者，应以法律限制之。

合作事业应受国家之奖励与扶助。

国民生产事业及对外贸易，应受国家之奖励、指导及保护。

至此，民国政府形成了较为全面的私有财产权宪法保护规范体系，在内容、结构、表述等方面都完全现代化。

二　中华人民共和国时期

1949 年 2 月，中共中央颁布了《中共中央关于废除国民党的六法全书与确定解放区的司法原则的指示》，指出："在无产阶级领导的工农联盟为主体的人民民主专政的政权下，国民党的六法全书应该废除，人民的司法工作不能再以国民党的六法全书为依据，而应该以人民的新的法律作依据。在人民新的法律还没有系统地发布以前，应该以共产党政策以及人民政府与人民解放军所已发布的各种纲领、法律、条例、决议作依据。"① 中共中央的这个重要指示固然显示出新生的人民政权试图独立进行法治化的尝试，但它却人为地割裂了国家法治建设的历史进程，使得自清末以来近半个世纪的变法努力被阻遏。事实上，很多法律规定并非必然带有阶级烙印，恰恰相反，包括私有财产权保护的法律规范是具有普遍性的。这使得此后新中国的法治进程曲折而艰难。

（一）曲折发展阶段——《共同纲领》和1954年宪法、1975年宪法和1978年宪法

1949年9月29日中国人民政治协商会议第一届全体会议通过了起临时宪法性质的《中国人民政治协商会议共同纲领》。第3条规定："中华人民共和国必须取消帝国主义国家在中国的一切特权，没收官僚资本归人民的国家所有，有步骤地将封建半封建的土地所有制改变为农民的土地所有制，保护国家的公共财产和合作社的财产，保护工人、农民、小资产阶级和民族资产阶级的经济利益及其私有财产，发展新民主主义的人民经济，稳步地变农业国为工业国。"第27条规定："土地改革为发展生产力和国家工业化的必要条件。凡已实行土地改革的地区，必须保护农民已得土地的所有权。凡尚未实行土地改革的地区，必须发动农民群众，建立农民团体，经过清除土匪恶霸、减租减息和分配土地等项步骤，实现耕者有其田。"《共同纲领》比较真实地反映了当时社会各阶层的财富状况并基本做到了法律上的一体保护，同时又突出了社会主义特征。

1954年9月20日第一届全国人民代表大会第一次会议通过了《中华人民共和国宪法》。第5条首先确认了国家现存的经济形式："中华人民共和国的生产资料所有制现在主要有下列各种：国家所有制，即全民所有制；合作社所有制，即劳动群众集体所有制；个体劳

---

① 张晋藩总主编：《中国法制通史》（第十卷），法律出版社1999年版，第504页。

动者所有制；资本家所有制。"根据当时的社会现状，1954 年宪法对各种类型的财产权都给予保障。一方面特别强调公共财产的宪法保护："中华人民共和国的公共财产神圣不可侵犯。爱护和保卫公共财产是每一个公民的义务。"（第 101 条）另一方面，又用 4 个条文专门保护公民的私有财产权："国家保护公民的合法收入、储蓄、房屋和各种生活资料的所有权。"（第 11 条）"国家依照法律保护公民的私有财产的继承权。"（第 12 条）"国家为了公共利益的需要，可以依照法律规定的条件，对城乡土地和其他生产资料实行征购、征用或者收归国有。"（第 13 条）"国家禁止任何人利用私有财产破坏公共利益。"（第 14 条）但这部宪法颁布还不到一年，国家就掀起了农业合作化和资本主义工商业社会主义改造的高潮，在思想观念上大力批判私有财产，否定等价交换和雇佣劳动，极左政治运动的勃兴，导致公民的私有财产权名存实亡。

1956 年社会主义改造完成以后，我国的阶级状况发生了重大变化：民族资产阶级不复存在，个体经济成为集体经济的一部分。同时，在意识形态领域，私有财产被妖魔化。因此，私有财产权的法律保护事实上已不可能。随着极"左"思潮的泛滥，我国先后制定了 1975 年和 1978 年两部宪法。这两部宪法是特殊历史时期的产物，在内容与形式上都存在着重大缺陷。

（二）全面开拓阶段——1982 年宪法和四个宪法修正案

基于对之前宪法规范的冷静分析，1982 年 12 月 4 日第五届全国人民代表大会第五次会议通过的《中华人民共和国宪法》明智地选择以 1954 年宪法为蓝本，并结合新形势对我国的基本经济制度和财产权保护作出了符合国情的规定：

第九条 矿藏、水流、森林、山岭、草原、荒地、滩涂等自然资源，都属于国家所有，即全民所有；由法律规定属于集体所有的森林和山岭、草原、荒地、滩涂除外。

国家保障自然资源的合理利用，保护珍贵的动物和植物。禁止任何组织或者个人用任何手段侵占或者破坏自然资源。

第十条　城市的土地属于国家所有。

农村和城市郊区的土地，除由法律规定属于国家所有的以外，属于集体所有；宅基地和自留地、自留山，也属于集体所有。

国家为了公共利益的需要，可以依照法律规定对土地实行征用。

任何组织或者个人不得侵占、买卖、出租或者以其他形式非法转让土地。

一切使用土地的组织和个人必须合理地利用土地。

第十一条　在法律规定范围内的城乡劳动者个体经济，是社会主义公有制经济的补充。国家保护个体经济的合法的权利和利益。

国家通过行政管理，指导、帮助和监督个体经济。

第十二条　社会主义的公共财产神圣不可侵犯。

国家保护社会主义的公共财产。禁止任何组织或者个人用任何手段侵占或者破坏国家的和集体的财产。

第十三条　国家保护公民的合法的收入、储蓄、房屋和其他合法财产的所有权。

国家依照法律规定保护公民的私有财产的继承权。

随着改革开放的深入，社会生态发生了深刻的变化，民众拥有的私人财富大量增加，人们的观念意识也突破了以往的意识形态禁锢，与此同时，社会上保护私有财产权的呼声也大量涌现。有产者需要政府从法律上为其个人财产提供强力保护，而政府也认识到有恒产者有恒心的机制之于社会安定的重要性。于是，1982 年宪法就显露出历史局限性，需要作出调整。

1988 年 4 月 12 日，第七届全国人民代表大会第一次会议通过宪法修正案，内容都与保护私有财产有关：（1）宪法第 11 条中增加了第 3 款："国家允许私营经济在法律规定的范围内存在和发展。私营经济是社会主义公有制经济的补充。国家保护私营经济的合法的权利和利益，对私营经济实行引导、监督和管理。"承认私营经济的合法地位，为公民私有财产的增长和范围的扩展提供了可能。（2）宪法第 10 条第 4 款修改为"任何组织或者个人不得侵占、买卖或者以其他形式非法转让土地。土地的使用权可以依照法律的规定转让。"作为生产资料的重要组成部分，允许土地进入要素市场，使得租金、转让费等财产性收入可能成为公民的重要私有财产。1993 年 3 月 29 日，第八届全国人民代表大会第一次会议通过第二个宪法修正案，确立了社会主义市场经济的改革目标，作为基础性因素，对社会、政治、法律、思想、文化等各方面都产生了深远影响，使得此后对私有财产的宪法保护更具可能性。1999 年 3 月 15 日，第九届全国人民代表大会第二次会议通过第三个宪法修正案，内容包括：（1）第 5 条增加一款规定："中华人民共和国实行依法治国，建设社会主义法治国家。"作为基础性制度因素，使得私产保护有了更坚实的宪法依据。（2）第 6 条修改为："国家在社会主义初级阶段，坚持公有制为主体、多种所有制经济共同发展的基本经济制度，坚持按劳分配为主体、多种分配方式并存的分配制度。"（3）第 11 条修改为："在法律规定范围内的个体经济、私营经济等非公有制经济，是社会主义市场经济的重要组成部分。""国家保护个体经济、私营经济的合法的权利和利益。国家对个体经济、私营经济实行引导、监督和管理。"将个体经济、私营经济扩展为非公有制经济，并将其定位为社会主义市场经济的重要组成部分。经过上述修改，我国的治国方式、经济结构、分配模式都发生了巨大变化，公民的私有财产自然也就不再局限于依靠按劳分配所取得的生活资料，还包括发展非公有制经济必需的生产资料。2004 年 3 月 14 日，第十届全国人民代表大会第二次会议通过了第四个宪法修正案，这是迄今为止最大的一次调整，涉及私有财产权的修正主要包括：（1）宪法第 10 条第 3 款修改为："国家为了公共利益的需要，可以依照法律规定对土地实行征收或者征用并给予补偿。"（2）宪法第 11 条第 2 款修改为："国家保护个体经济、私营经济等非公有制经济的合法的权利和利益。国家鼓励、支持和引导非公有制经济的发展，并对非公有制经济依法实行监督和管理。"（3）第 13 条全面修订为："公民的合法的私有财产不受侵犯。""国家依照法律规定保护公民的私有财产权和继承权。""国家为了公共利益的需要，可以依照法律规定对公民的私有财产实行征收或者征用并给予补偿。"（4）第 14 条增加一款，作为第 4 款："国家建立健全同经济发展水平相适应的社会保障制度。"根据发达国家经验，社会福利、社会保障等由国家积极行政提供的公共福利所形成的新财产，将成为今后公民重要的财产来源。（5）第 33 条增加一款，作为第 3 款："国家尊重和保障人权。"明确肯认了国家保障基本人权的义务。四个修正案的通过，表明我国已经在宪法规范层面构筑起基本的私有财产权保护体系，并将随着实践的发展而检验、调整和深化。

通过我国近百年来私有财产权宪法保护规范的考察，尤其是新中国成立以来宪法规范的曲折历程，表明在中国这样专制传统浓厚、民权意识不彰的东方国家，由于缺乏私产保护的思想积淀，再叠加意识形态的教条化理解，保护公民私有财产权显得异常艰辛。因此，我们必须全面理解马克思的私有财产思想，深刻体悟中国现实的经济、社会和文化结构，落实私有财产权的保障措施，完善相关宪法规范，促进国家和民族的进步。

第二节　现行宪法在私有财产权保护上的局限性及其原因

一　私有财产权的宪法规范结构

有学者认为，保障私有财产权的宪法规范包括三重结构：不可侵犯条款（或保障条款）、制约条款（或限制条款）和征用补偿条款（或损失补偿条款）。其中，不可侵犯条款确定了现代财产权保障制度的一般前提，制约条款旨在对财产权的保障加诸一种适当的限定，补偿条款又进而对财产权的制约进行制衡。① 该主张因其逻辑严密、结构完整、层次

---

① 林来梵：《论私人财产权的宪法保障》，《法学》1999 年第 3 期。以下论述主要参考该文。

清晰，既具内在张力又严密自洽而成为学界主流观点。

　　不可侵犯条款在近代的经典表述就是法国《人权宣言》第 17 条的宣示："财产是神圣不可侵犯的权利"，这种宣示如无"除非当合法认定的公共需要所显然必需时，且在公平而预先赔偿的条件下，任何人的财产不得受到剥夺"的限制，几乎成为一种纯粹的近代自然法话语模式。现代宪法中不可侵犯条款主要体现为两种模式：德国式和美国式。德国基本法只规定"财产权及继承权应予保障"，取消"神圣不可侵犯"的修饰；美国联邦宪法则没有直接保障财产权的条文，而是通过第 1 条第 10 节第 1 款的契约条款、第 5 修正案的征用条款、第 5 和 14 修正案的正当法律程序条款予以间接保障。与此相应，学说上，德国魏玛宪法时期的著名公法学者 K. 施密特提出制度保障理论，主张对私有财产权的保障并非旨在保障纯粹的个人权利，而是保障由各种现存财产状况或财产秩序形成的客观制度；国家通过立法可以改变财产权制度的非核心部分或非本质部分，但不得触及核心部分。这种学说对私有财产权的保障并非有力，不如英美法系一贯倡导的权利保障说。

　　在宪法条文中，制约条款主要表现为伴随义务（如公共福祉或限制内容由法律规定等用语），其理论依据是财产权的内在制约论和外在制约论。前者基于自由法治国的公共福利的制约，强调为防止危害他人的生命健康、权利间的利害关系、权利滥用而对私有财产权进行限制；后者基于社会法治国的公共福祉的需要，如防止私人垄断、实施土地规划、保护文物古迹等，而对私有财产权施加限制。制约条款构成私有财产权行使时的制约因素，是作为绝对权的古典财产权向具有社会义务的现代财产权转化的必然结果，但这并不改变私有财产权针对国家的防御权性质，因为国家公权力的限制仍然必须遵循合乎比例、信赖保护和正当程序等宪法原则。

　　征用补偿条款规定国家根据公共利益的需要对私有财产进行征用时必须予以公正补偿，从而消解了私有财产权防御国家不当侵犯与国家权力可予正当侵犯之间的紧张和冲突。通常宪法中的补偿条款通过两种形式存在：（1）补偿条款与征收征用条款规定在一起，即有征收即有补偿，典型的如德国基本法上的征收补偿结合条款（Junktimklausel）①，使得补偿规定成为征收权的内在部分。德国基本法第14条第3款规定："财产之征收，必须为公共福利始得为之。其执行，必须根据法律始得为之，此项法律应规定赔偿之性质与范围。赔偿之决定应公平衡量公共利益与关系人之利益。赔偿范围如有争执，得向普通法院提起诉讼。"这种模式能较好地保障人民私有财产权的安全，我国宪法第13条就是这样设计的，但内容不完善。（2）规定侵犯或剥夺私有财产权的正当程序条款。美国宪法第5修正案规定："非经正当法律程序，不得剥夺任何人的生命、自由或财产。不给予公平补偿，任何人的私有财产不得充作公用。"征用补偿条款的关键是确立补偿的标准。美国通常是根据公正的市场价格给予补偿。德国学说上主要存在完全补偿和适当补偿的区别，适当补偿一般只适用于基于社会公共政策所推行的大规模的财产权制约措施，其他情况下则仍须完全补偿，故二者的实际差异不大。值得注意的是当代日本法学界提出的"生活补偿说"。根据该学说，如果作为征用对象的财产具有财产权人的生活基盘的意义时，对其损失的补偿，就不仅限于原财产的市场评估价格，还应考虑附带性的损失补偿，甚至有必要给付财产权人为恢复原有的生活状况所必需的充分的生活补偿。该学说充分考虑到剥夺私有财产权给当事人造成的损失和不便，超越了完全补偿的一般范围，回应了现代宪法保障人性尊严的最高价值诉求，值得借鉴。

二　现行宪法规范的局限性——以第13条为中心

1982年宪法文本中涉及私有财产保护的条款主要包括第6、8、10、11、13、14、15、39、41、51条，其中第13条为直接保护条

---

① 德国基本法明确规定征收应有法律依据，而且该法律必须同时规定了征收的补偿额度及种类。这种宪法制度，将授权征收的法律与补偿规定强制性地合为一体，强化了征收补偿的"不可或缺性"，H. P. Ipsen称之为唇齿条款。

款。2004 年 3 月 14 日第十届全国人民代表大会第二次会议通过的第 22 宪法修正案把该条修改为：

公民的合法的私有财产不受侵犯。

国家依照法律规定保护公民的私有财产权和继承权。

国家为了公共利益的需要，可以依照法律规定对公民的私有财产实行征收或者征用并给予补偿。

宪法修正案与 1982 年宪法最大的区别在于使用了私有财产这个总括概念，避免了列举带来的弊端，同时增加了损失补偿条款，完整了私有财产权的宪法保护规范体系。王兆国副委员长在《关于〈中华人民共和国宪法修正案（草案）〉的说明》中明确指出：国家对全体公民的合法的私有财产都给予保护，保护范围既包括生活资料，又包括生产资料；用"财产权"代替原条文中的"所有权"，在权利含意上更加准确、全面；增加规定对私有财产的征收、征用制度，有利于正确处理私有财产保护和公共利益需要的关系，许多国家的宪法都有类似的规定。根据修正后宪法第 13 条的意旨，对公民私有财产权的限制或者剥夺，不仅需要充足的干涉正当性，而且要求补偿必须依法、合理、及时。可见我国宪法条文本身已经蕴含着两部分内容：一是实体内容上的限制，即个人利益与公共利益的平衡，强调公共利益的界定——待实现公益的重要性和迫切性远大于所侵害的私人利益；二是程序规范上的可操作性，即实体保障与程序保障相结合，因应我国法律重实体轻程序的传统，尤其注重正当法律程序的适用——干预与补偿的程序应具有正当性；而其背后的法理基础是实现个人自由与社会正义的统一。

但该条文的不足也是显而易见的。

（一）从法释义学的角度看，宪法文本上存在的主要问题包括：

1. 私有财产权的基本人权属性不明确。现行宪法文本中，私有财产权依然被置于总纲部分作为国家经济制度和经济政策的一部分，而未如欧美国家宪法般规定在公民的基本权利部分，忽视了私有财产权作为国家公权力在先约束的前国家性质，不符合财产权的基本逻辑结构。其实，具体到条文本身，从行文、结构、表述、遣词等方面都可以看出，修宪者实际上是将私有财产权视作公民的一项宪法基本权利；但从逻辑体系来看，该条款仿苏联宪法规定，是作为国家经济制度的一部分。二者的差异在于，作为基本人权，先于国家存在，国家只能确认、保护而不能剥夺或随意限制；作为国家可予可取的经济政策，国家根据形势的变化完全可以加以限制乃至取消，其宪法地位天壤之别。作为经济制度一部分的私有财产权，不仅屡屡受制于国家经济政策的变动而欠缺稳定性，而且因权利性质不确定而降为国家可予可取的恩赐，处境尴尬。

2. 在不可侵犯条款方面，公私财产权存在着歧视性待遇。公私财产宪法保护的差异化，主要体现在两个方面：（1）我国宪法第12条明确宣示："社会主义的公共财产神圣不可侵犯。"对公共财产的肯认态度与保障力度绝对而明显。相形之下，私有财产"不受侵犯"的宣示，则在语气、态度、力度、强度和效度等方面差异明显。（2）宪法条文中对公民私有财产增加的"合法的"限制，再次彰显了意识形态导致的语义歧视。言下之意，私有财产有合法与非法之分，公有财产则无须甄别，修宪者有罪推定的逻辑之后彰显的是意识形态话语体系下私有财产的原罪。这显然不利于我国社会主义市场经济的完善与和谐社会的构建。其实就一般法理而言，受保护的当然为合法的，非法所得理所当然不受法律保护。宪法如此规定，就立法技术来说，显有同义重复之嫌。宪法中不同所有制形式的地位决定了相应的财产权保护力度，导致实践中对不同所有制形式的财产进行无正当理由的区别对待，影响到非公有制经济的良性发展。例如，某些领域，外资、国资可进入，民企就不行。民企为了获得生存而采取的挂靠方式又滋生了大量的企业产权、知识产权和剩余价值索取权的归属等经济纠纷。私有财产保护力度的不足导致资本外流、奢侈浪费、市场投机等诸多经济问题。因此，我国有必要从理论上反思公有制与国有财产的地位，尽快实现市场主体的平等法律保护。

3. 在征用补偿条款方面，我国的私有财产公益征收和补偿制度尚不完善，突出表现在征收补偿条款的宽泛规定。征收作为世界各国皆承认的对私有财产权的主要限制形式，在我国却几乎成为当前社会不稳定的最重要的导火索。2011年1月19日国务院第141次常务会议通过了备受瞩目的《国有土地上房屋征收与补偿条例》，征收制度的法治化因素进一步加强。之后中央政府又接连下发严格征地拆迁管理工作的"紧急通知"、部署对违法征地拆迁案件的督查工作，体现了坚决制止违法征地强拆、维护群众利益的决心。但由于中央政府与地方政府财源结构上的矛盾，即便是在《条例》实施后，暴力拆迁的新闻仍时有耳闻。笔者认为，这表明我国的征收补偿制度在征收的前提（公共利益的界定模糊）、征收的正当程序（征收补偿条款过于宽泛，缺乏具体的程序设计，补偿的原则、标准、主体等不明确）等方面亟须完善。目前有关私有财产征收补偿制度的核心问题是补偿标准太低①，其次是补偿程序不合理引起的公正性的质疑，最后是公共利益和商业利益的界定模糊。可以想见，征收补偿仍将是今后一段时期内公民私有财产权宪法保护的重要课题。

4. 缺乏司法保障。就各国实务来看，司法救济是保障人民基本权利的关键因素，无救济即无权利，私有财产权方面亦如是。但我国宪法文本中缺乏类似规定，应增加宪法救济权的规定、改革和完善司法制度。

（二）从法社会学的角度看，宪法规范的配套保障制度严重滞后，存在的主要问题包括：

1. 税收制度亟须完善。2010年以来，围绕车船税的开征、个人所得税起征点的调整、夫妻房产更名税和月饼税的存废等一系列涉税话题的争论，税收制度逐步进入大众视野，由此产生的国家征税权与人民私有财产权之间的角力，凸显出宪法第13条的立法缺憾：由于没有明确肯认私有财产权的基本人权属性，社会亦没有形成对具有前

---

① 笔者认为，宪法文本中的"给予补偿"当然应被理解为给予公正合理的补偿，即等于市场交易价值或重置成本。

国家性质的私有财产权的剥夺只能基于表征民意的法律的基本共识，导致立法机关的税收批准权、行政机关的税收执行权、司法机关的税收救济权之间的宪法关系没有理顺。实务中80%以上的税收立法为授权立法，行政机关主导了国家征税权。

2. 政府信息公开制度仍需在实践中不断完善。2011年国务院部门三公经费向社会公开，接受社会监督。北京市、上海市、陕西省等地方政府也相继公开了本级三公经费。① 2012年5月17日国务院办公厅印发《2012年政府信息公开重点工作安排》，要求中央部门在财政预算决算、"三公"经费和行政经费、保障性住房、食品安全、环境保护、招标投标、生产安全事故、征地拆迁、价格和收费八个重点领域继续推进信息公开。② 总的来说，政府信息公开方面虽问题不少但着实迈出了坚实的一步。就一般法理而言，作为租税国家，政府公共开支深刻影响着人民的私有财产权等合法权益，只有向人民公开，接受社会监督，才能从基本制度层面保证人民的私有财产权。因此，在信息公开方面，我国政府仍需有效回应社会质疑，真诚、及时、全面地披露政府信息，取信于民。

3. 国家赔偿和补偿制度亦需完善。《中华人民共和国国家赔偿法》于2010年4月29日经第十一届全国人民代表大会常务委员会第十四次会议修改后，有了一些进步，但在最关键的赔偿范围、赔偿标准、赔偿程序等方面仍有不少瑕疵。而国家补偿方面迄今尚无统一规定，问题更多。笔者认为，作为宪法第13条、第41条的具体化，国家补偿和赔偿制度即使不能在宪法中细致规定，但也不能如现在这般立法留白，完全听任立法机关随意而为，亦应效仿宪法第37条的成例，较明确地指示赔补偿的原则、范围、标准和救济，以便更好地保障人民的私有财产权。

上述配套制度，从更广泛的社会角度强化了宪法保护公民私有财

---

① http://news.sina.com.cn/c/2011-08-10/040322964348.shtml.

② http://www.pkusoftlaw.com/contents/915/4311.html.

产权的实效。

三　原因分析

产生上述问题的原因是多方面的，既有僵化意识和传统观念的束缚，也有计划体制、官僚体系、中央集权等制度层面的影响，但最根本的还是思想观念的僵化和滞后，主要体现在两个方面：中国传统观念的羁绊和对马克思私有财产思想的误读。

（一）中国传统观念的羁绊

公私之辨是中国传统文化中本源性的思想主题。可以这么说，崇公抑私的观念沁入每个中国人的人格构成，成为颠扑不破的价值基准。先秦诸子发其韧，最迟到秦汉之际，"大道之行也，天下为公"的观念就基本成型，构成社会的主流价值观。从目前的文献看，《古文尚书·周官》首倡："以公灭私，民其允怀。"荀子更是集大成，"把克己复礼、尚义贱利、立公灭私三者合为一体，赋予公、私以更广泛的内涵。在公私观方面，荀子强调公与私完全对立。荀子所谓的'公'除指'公利'、'公义'外，兼有'公道'、'公平'等含义；'私'除'私利'外，亦兼有'私欲'、'私见'等含义。"① 这样，崇公抑私、立公灭私、大公无私就构成了社会主流意识，人们普遍颂扬"公"并不同程度地贬抑"私"的传统观念由此形成，中国成为一个非常强调公、群意识的国家。这种崇公抑私观念的形成，有其特有的原因："与其相对，中国则是以全部个体的共存为基础。无论其基本的经济单位如何趋向于个体化或分散，但要求所有个体都顾全大局并作为一个和谐的集体中的一员来生活却一直被视为不证自明的道理。首先有全体的生存，才会有个体的生存。代表全体的利益要求每个个体互助与互让，同时对于每个个体有时会出现的私欲膨胀予以抑

---

① 陈小葵：《"立公去私"与中华传统文化》，《天中学刊》2008 年第 4 期。此外，《说文》就把"公"解释为平分，强调分配公平，均等就是公，反之就是私。《北溪字义·义利》也明确提出："天理所宜是公，人情所欲是私。"

制或处罚，这些都被看作是公共权力应该履行的职责。"① 依这种观念推演下去，"私"就被妖魔化为万恶之源，成为被压抑和革除的对象，而无私、无欲自然就变成个体与社会追求的理想境界，于是，把私人空间和人之本性压缩至零，就是必然的逻辑结论。

但是，事物发展到极致便会向相反方向转变。整体利益、民族情感、国家权力的过度膨胀，最后往往演化为民族大于自我、社会代替个人、国家吞噬个体的极端后果。在这种文化氛围下，私及其表征的个人正当利益、个体意思自治就失去了存在的正当性和合理性，无法得到舆论的承认和法律的保护。而人性是不可压抑的，于是大公也可能变成大私，以大公之名，行大私之实。其实，细细想来，公与私的关系绝非上述非黑即白的对立关系，而应是一个良性互动的关系，即公与私各有自己的范围与领域，相互之间和谐共存，谁也不拥有绝对的优先权；公共领域能实现对私人领域的保障，同时私人领域也保证不侵害公共领域。因此，"传统的尊公灭私的公私观之所以注定行不通，就在于公与私的关系不是势不两立的。公私也不是二元平等的，而是以私为依托的。两者不是谁消灭谁的问题，而是相互协调的问题。"②

义利之辨则是公私之辨的深化。"义利之说，乃儒者第一义。"（《朱子大全集·与延平李先生书》）义，宜也，即公益，指人的思想和行为符合通行的道德准则和社会共同体的生活习惯；利，即私利、私益。"在这个意义上，可以说义就是或代表着整体利益，包括集团、阶级、社会、国家、民族等等的利益。利相对义来说，则以个人对欲望满足的渴求、自身利益的追求为核心，代表着个体利益。因此，可以说儒家的义利之辨就是个人利益与整体利益之辨。……而北宋程颐言'义与利，只是个公与私也'（《二程集·语录十七》），把义利归

---

① ［日］寺田浩明：《清代民事审判与西欧近代型的法秩序》，潘健译，《中外法学》1999 年第 2 期。

② 刘畅：《中国公私观念研究综述》，《南开学报》（哲学社会科学版）2003 年第 4 期。

结为公私则是把义利观的这一层内涵最明确不过的标贴出来。"①这是因为，传统中国社会是一个自给自足、基本不依赖商品经济的小农社会，立基于这种生活方式，发达起来的，只能是与亲亲尊尊、重农抑商相适应的"重义轻利"观念。但这种倡导贵义贱利，崇公权黜私权的传统义利观并不符合人之本性。《史记·货殖列传》就称："富者，人之情性，所不学而俱欲者也。"北宋李觏在《原文》中也指出："利可言乎？曰：人非利不生，曷为不可言？欲可言乎？曰：欲者人之情，曷为不可言？言而不以礼，是贪与淫，罪矣。不贪不淫而曰不可言，无乃贼人之生，反人之情！"南宋陈亮更是大声喊出："功到成处，便是有德；事到济处，便是有理。"发展到明末，私有的观念重新浮出水面。李贽在《藏书》中明确指出："夫私者人之心也，人必有私而后其心乃见"，直接以人性为基础，倡导个人意志和私有财产。其实，义利之辨中蕴含着中国文化的深厚思想内涵，不能简单化为绝对的抑制私利、舍利取义。"中国传统义利具有严密的思想体系，主要包括四个环节，一是'人非利不生'，二是'制礼义以分之'，三是'见利思义'，四是'计利富民'。"②也就是说，个人利益的追求是人类生存和社会存在的基础，是客观规律，不容违逆；但基于私心过分追求私利，必然损及公共利益，因此必须以社会共同体的普遍规则——礼义——予以规范，以形成公益与私利和谐相处的结构。总之，一方面充分发挥个体的主观能动性，造成人民私有财富极大扩张和社会、国家富强的结果；另一方面又要限制私欲的过度膨胀，强调追求私利应有限度，即遵循义的限度。这种观念才是中国传统义利文化的精髓。

（二）马克思私有财产思想的误读

首先是如何认识马克思提出的"重新建立劳动者个人所有制"思

---

① 张奇伟：《儒家"义利之辨"的实质和现实意义》，《求索》1996年第3期。

② 曹德本、方妍：《中国传统义利文化研究》，《清华大学学报》（哲社版）2005年第1期。

想。要准确理解建立在协作和共同劳动基础上的新型劳动者个人所有制是我国私有财产权制度的理论基础，关键是要深刻体悟马克思主义重视人的尊严与发展的主体观。马克思素来高度重视人的自由个性的全面发展，把它视为社会发展的基石。在他看来，一个有尊严、全面发展自由个性、具有高度主体性的人，是整个社会发展的枢纽，而拥有私人财产无疑是个人主体性的具体体现。因此，重新建立劳动者个人所有制，具体到我国社会主义初级阶段，就必须完善公民私有财产权的宪法保护制度。

其次，我们还应该把握马克思社会正义观的本质。当前，公民私有财产权宪法保护方面存在的问题，根源在于不明白共产主义社会与社会主义和谐社会都立基于对人民正义诉求的有效回应。要保护宪法上的私有财产权，实体上，需要明确公共利益的内涵和外延，程序上，需要落实正当法律程序。也就是说，对私有财产权的剥夺，只能基于利益衡量后对更大公益的追求和事前充分的补偿程序，这就是实质正义。不掌握这一点，对马克思私有财产思想的理解就会出现偏差。

总之，虽然现代社会对财产权的理解与 19 世纪相比已经有了巨大的时代差异。例如，由于物质财富的丰沛，社会对于人性尊严、人身自由、表达自由等的关切已经远远超过了财产权；更加强调私有财产权的社会职能和社会义务，财产权人的绝对权利受到更大限制；新财产概念的出现，大幅扩张了财产权的外延；因应现代社会的发展，更加强调财产的价值而非使用价值，所有权和使用权的分离成为时代趋势；等等。但实质上的分析进路并未发生根本转变，反而更加凸显了重视人性尊严的主体观和探究实质正义的价值观。也就是说，马克思主义的基本分析维度依然适用。当然，由于马克思分析的对象是特定的资本主义生产方式，解决的是具体的社会正义，因此，我们不能教条式地理解他的有关论断，而忽视了马克思主义整体上的社会正义价值诉求。其实，马克思主张消灭私有制，就是为了回归人的本质，实现真正的社会正义。结论就是：（1）对私有财产教条式的理解违反了马克思主义原典的本意，导致扬公抑私，不能平等对待私有财产和公共财产，并否定公民私有财产权的基本人权属性。（2）私有财产中蕴含着劳动者的主体地位，因此，行政征收必须基于更强的公共利益且须给予公正补偿，这才是以人为本思想的具体落实。（3）市民社会和政治国家的辩证关系，要求国家的税费收入、财产刑和财产罚等对私有财产的限制，必须依法和适度，否则必然有违实质正义理念。（4）破除意识形态偏见以及正确把握马克思主义正义观，有赖于司法保障的独立、有效和及时。

（三）小结

中国传统观念的羁绊和对马克思私有财产思想的误读，二者的复合作用使得我国保护公民私有财产权的文化土壤严重匮乏，因此，要建构新时期的私有财产权宪法保护制度，必须更新意识积淀，包括意识观念、文化土壤、历史习惯、社会舆论等的转变，具体如下：

1. 财产观。财产是人类社会存在和发展的物质基础。在人类历史上，财产的占有和使用模式主要包括两种：私有财产和公有财产。至于法人财产或者共有财产，依其本质，实际上仍然属于私有财产，只不过权利主体为组织或复数自然人而已。公有财产的最大特质不在于权利主体的人数多寡，而在于其使用的自由度和目的，即公有财产只能追求公共利益，其使用必须限于公益范畴。可见，绝大多数情况下，私有财产才是主流，这是符合人之本性的。

2. 利益观。民众一般认为，公利优先于私利，较之私利，公利更具有道德优越性。墨家就认为，公利指社会大众的利益，即是义，具有普遍和至上的价值意蕴；与之相对，私利则是欲，具有利己性，因而必须予以摒弃。故《墨子·兼爱下》说："仁人之所以为事者，必兴天下之利，除天下之害。"但实际上，追求私利是人的自然本性和社会进步的原动力，私有财产就是追求私利的结果。当然，私利的追求应该有限度，不能以利非义，而应做到以义导利前提下的义利兼顾。

3. 人权观。根据社会契约论，私有财产权是具有前国家性质的人民基本权利，其中深蕴着严守公域和私域界分、捍卫个人尊严和自由、形构现代"国家—社会—个人"基本关系、彰显权利至上理念等核心价值。简言之，私有财产权作为基本人权，体现着投射于其上的主体意志，表征着马克思主义所追求的"自由人"的基本特质。

4. 正义观。正义是人类社会的元价值，但本身又具有复杂性。根据马克思的实质正义观，保护私有财产权是实现劳动者主体价值、矫正社会不公的基本手段。从这个意义上讲，对私有财产的保护程度，不仅是衡量一个国家或者社会法治文明程度的重要标准，更是判断其是否真正遵循马克思主义的基本标准。

综上所述，因为观念的僵化，在我国，私产保护的宪法制度架构严重滞后。私有财产权的宪法保护制度，绝非宪法文本中的相关制度指示，而是体现为与宪法意旨相匹配的一系列法律制度安排，诸如基本人权保障制度、分权制度、信息公开制度、权力运行制度、税收制度、司法救济制度，等等。而只有具备了必要的财产观、利益观、人权观、正义观等观念预设，才有可能随着中国法治化进程的加速，不断完善上述的私有财产权宪法保护制度。

第六章

当代中国私有财产权宪法
保护的制度建构

　　私有财产权作为人民的基本自由权之一，对其宪法保护的制度构架，某种程度上，甚至与中国的宪政道路互为因果。这种制度建构应是全方位的，包括政府信息公开、国家赔偿与补偿、行政规划的合宪规制、司法救济权的配置、涉财行政处罚和刑罚等制度，以期形成制度合力。鉴于篇幅，本文不再展开讨论。笔者认为，当前最为根本和紧迫的制度建构，包括公私财产权的平等保护、私有财产的征收与补偿、私产保护与税收的法治化三项，这是本章的主要内容。这三项制度都具有基础性制度的特征，也是当前出现问题最多和实践中迫切需要理论指引的地方。在我国，基于意识形态的片面理解，公私财产权的差别待遇尤为突出，处处可见公有财产权的强势、霸道和对私有财产权的制度性歧视，以及由此引起的强烈的民意反弹。而国家公权力对私有财产权的侵害，还表现在两个方面——普遍性的征收（赋税制度）和具体性的征收（公益征收制度）。从纵的方面，以对公民私人生活影响强度而言，后者烈于前者；从横的方面，考虑到影响的广度和制度建构的效果，前者优于后者。出现上述问题的根本原因是偏离了马克思主义的主体观和价值观。

第一节　公私财产权平等保护的制度安排

一　平等权的基本法理

　　平等是人民的基本权利之一。对于平等的权利诉求来源于人类本质上的尊严感和朴素的情感要求。"人的平等感的心理根源之一乃是人希望得到尊重的欲望。当那些认为自己同他人是平等的人在法律上得到了不平等的待遇时，他们就会产生一种挫折感，亦即产生一种他们的人格和共同的人性遭到了侵损的感觉。"① 平等与正义关系密切，亚里士多德、罗尔斯、德沃金甚至认为平等就是正义。

宪法上的平等包括两部分：明文规定的平等权和具有宪法位阶的平等原则。前者优先适用，后者补充适用，但范围更广泛。平等权的一般内涵是指相同情况同等对待，不同情况区别对待，所以其本身即内含着差异，"权利就不应当是平等的，而应当是不平等的。"② 平等权并非不分情况的一律相同（这是平均），合理差别是平等权内在的、不可分割的组成部分；平等权反对的是主观恣意、专横武断、无正当理由的差别对待。因此，判断平等与否的关键是如何区分合理差别（恣意禁止），换言之，即建立一套合理差别的判断基准。依权力分工原理，这取决于立法者的理智决定。而立法者要避免作出不理智的决定，必须斟酌各种待规范事务的本质，只有在充分考量全部因素认为有足够理由时，方可制定同同、异异的行为规范。何为事务本质？拉伦兹认为，"事务之本质是一种有意义的，且在某种方面，已具备规律性的生活关系，也就是社会上一种已存在之事实及存在之秩序"。③ 但这种解释仍嫌空洞。于是，拉德布鲁赫从程序角度提出了更具创新性的观点。"事务本质是一种思维方式（Denkform）及结构，不停的将一个社会的生活关系，给予法的认知后，重组成一种法律关系，然后，再重组成一种法律制度。氏不强调事务本质所具有的价值判断，而是强调由实然（Sein）发展成为应然（Sollen）的过程，立法者应扮演之认知的角色。"④ 侧重点在立法者，意义更大。在这个

---

① ［美］E. 博登海默：《法理学：法律哲学与法律方法》，邓正来译，中国政法大学出版社 1999 年版，第 288 页。

② 《马克思恩格斯选集》第 3 卷，人民出版社 1995 年版，第 305 页。

③ 陈新民：《德国公法学基础理论》，山东人民出版社 2001 年版，第 676 页。

④ 同上书，第 677 页。

过程中，应该采取开放的态度，全盘考虑宪法的整体价值体系及基本精神、理念。具体而言，判断差别待遇是否合理，应以宪法整体秩序为基本考量（包括宪法委托条款、公益条款、宪法理念和原则组成的价值体系），并结合社会普遍共识和一般价值观念，以确定差别待遇的正当性和必要性。当然，这里所讲的是法律上的平等，至于事实上的平等，则需要整个社会制度的合力。正如利弗罗教授所说的："如果对所有人相同，那么法律就履行了它对平等的责任。法律对象所处于的事实状况使之对某些人有利，对其他人有害；但这并非法律所考虑的事务，因为法律本身并未造成这些后果。"①

二　马克思主义视角下的公私财产权平等保护

宪法位阶的平等原则在不同领域的具体化，逐步建立了具有法安定性效果的制度正义（Systemgerechtigkeit），财产权制度就是其一。财产权分为私有财产权和公有财产权，二者均是人类分配资源的方式，本无价值判断上的高下之分，都有自己的历史渊源和人性依据。因此，当二者冲突时，并非僵硬确立何者的优越地位，而应在具体事实中，由判断者依据最大化人类福祉的价值基准予以利益衡量。易言之，并非公有财产权绝对至上，一定就优越于私有财产权。马克思认为，由政治革命推进到社会革命，剥夺有产者统治和剥削的权力，才能实现人的解放，这是因为资本主义私有制下，排除了劳动属性的资本，即资本主义私有财产，造成了人的异化；显然，这是针对资本主义社会的具体结论，马克思并非主张一般性地限制乃至剥夺私有财产。

根据平等权的基本法理，合理差别的只能是类型，如动产和不动产，而不能是所有制。但在我国现行法制上，对公有财产权和私有财产权的差别对待比比皆是，构成了实质上的歧视。差别对待公有财产

---

① 张千帆：《西方宪政体系（下册·欧洲宪法）》，中国政法大学出版社 2005 年版，第 122 页。

权和私有财产权的结果就是前者享有政策赋予的特权，如垄断经营、财政补贴、银行信贷优先权等，在不公平的政策环境下，非公有制经济的发展严重滞后，社会公平、公民私有财产权都得不到有效保障。这不符合马克思主义的基本意旨，原因是：（1）以往片面理解了马克思对私有制和私有财产的批判，意识形态化了马克思的个别论断，而忽略了私有制与私有财产在马克思文本中的区别。其实，马克思反对的是资本主义私有制和资本主义私有财产，而非一般意义上的私有财产。（2）社会主义社会还需要私有财产。按照马克思主义的经典理论，只有到了共产主义社会，在生产力水平、社会成员的思想觉悟等基础条件具备后，私有财产才会退出人类历史舞台，这是唯物史观的必然结论。（3）根据马克思主义的正义观，社会实质正义要求所有违反一视同仁原则的例外情况都应具有正当的理由。"此类正当理由往往都求助于所谓的'普遍利益'。普遍利益并不包括任何程度的特权。特权将会使对背离一视同仁原则所获得好处进行的评价与坚持这一原则所获得的好处格格不入。"① （4）平等理念的内在要求。马克思指出："从人的这种共同特性中，从人就他们是人而言的这种平等中引申出这样的要求：一切人，或至少是一个国家的一切公民，或一个社会的一切成员，都应当有平等的政治地位和社会地位。"② 总之，平等保护公私财产权才是合乎马克思主义的制度安排，当前应该重新反思与构建我国的财产权宪法保护制度。

解决公私财产权不平等的一种可行的思路是区别所有制和所有权。所有制，包括公有制和私有制，是政治经济学概念，具有意识形态色彩；而所有权是法律概念，具有意识形态中立的特性。"作为法律概念的所有权是所有制的法律落实，是褪去实质意义的形式上的法律概念。在法律意义上而言，私人所有权和公有财产权应当是具有同

---

① ［英］彼得·斯坦、约翰·香德：《西方社会的法律价值》，王献平译，中国法制出版社 2004 年版，第 100 页。

② 《马克思恩格斯文集》第 9 卷，人民出版社 2009 年版，第 109 页。

等地位的法律权利。"① 因此，基于政治范畴的所有制差异而对所有权进行非合理差别的区别对待，显然违反了宪法平等权，构成歧视。

三　完善公私财产权平等保护制度的法律建议

1. 通过修宪从法律文本上明确公私财产权的平等地位。立法是整个法律运作的前提和基础。我国宪法第 12 条规定："社会主义的公共财产神圣不可侵犯。""国家保护社会主义的公共财产。禁止任何组织或者个人用任何手段侵占或者破坏国家和集体的财产。"第 13 条规定："公民的合法的私有财产不受侵犯。""国家依照法律规定保护公民的私有财产权和继承权。"对比两条规定，在法律地位、保护条件、保障措施、力度和强度上均依所有制不同而有明显区别，所有制歧视意味浓厚。尽管在 2007 年 3 月 16 日通过的《物权法》第 4 条中首次确立了平等保护原则："国家、集体、私人的物权和其他权利人的物权受法律保护，任何单位和个人不得侵犯。"但该条规定囿于立法主旨，仅局限于民法物权领域，因此还须通过修宪上升为宪法原则。因为公私财产权的平等保护不可能仅靠私法予以保障；对于公权力而言，私法仅仅是一个被其容许存在的事实，其领域仰仗公权力的给予，而对公权力本身构成约束的只能是公法，尤其是宪法，对私有财产权的保障也是如此。与之相应，其他法律中也应加强公私财产权的平等保护，修改或删除差异化保护的法律规定。例如，因侵占对象是公有财产还是私有财产，刑事处罚的力度就不同。个人贪污公共财物 10 万元以上，情节严重的就可以处以死刑；而对于侵占私有财产的，相同数额最高刑罚仅为 15 年有期徒刑。保护力度不同，彰显了公私财产权不同的宪法地位，明显有悖于公私财产权的平等保护。

2. 创造条件，取消既有法律中的歧视性规定，落实国家的鼓励

---

① 叶传星：《非公有制经济的身份革命》，《法学家》2005 年第 3 期。

政策①，加快非公有制经济的发展。当前，对于非公有制经济的发展限制还很多。在市场准入、政策支持、融资渠道、赋税水平、交易成本、发展前景、享受公共服务和公共产品、防止公权力侵害等方面，非公有制经济与公有制经济存在着明显的差异，严重影响我国的就业形势和经济的可持续增长。例如，在石油、电信、航空、铁路、银行等领域，央企因享受到国家法律与政策的特殊待遇而处于垄断地位，民间资本无法进入，这种情况受到舆论的普遍批评。此外，非公有制经济在竞争、融资、销售、用工等方面也没有受到法律的平等对待，有违市场经济主体地位平等原则。从理论上看，平等保护非公有制经济的理由是：（1）国家公产与私产的区分。国家作为财产权主体，其能够拥有的财产包括国家公产和国家私产两类。"国家公产之外的财产为国家私产。在性质上，国家私产属于一般财产权范畴，和私人财产权一样受私法的支配。如果说国家公产蕴载着社会公益，那么国家私产蕴载的则是国家的'私益'，当国家以'私产'主体身份出现时，其主体地位即为私法中的'人'，根据'私益平等'原则，法律当然应给予国家私产与私有财产平等保护的地位。"②（2）公益目标与私益实质的区分。很大一部分国有企业的经营活动属于德国法上所谓的国库行政，是国家以营利为目的追求自身利益的私益行为（尽管其中可能存在一定的公益因素）。而且就实际情况来看，公有财产权也并非如设计者预期的，代表、体现和追求公共利益，反而因权利主体的模糊与缺位，更有可能沦为权贵阶层牟取私利的工具。公有财产名义上的所有者是全体公民，但由于集体行动的成本过高，他们不可能有效行使法定权利，事实上占有和控制公共资源的是一小部分内部人员，而他们并没有合法的剩余产品索取权，结果公有财产就沦为人

---

① 例如，《国务院关于鼓励支持和引导个体私营等非公有制经济发展的若干意见》（国发〔2005〕3号）、《国务院关于鼓励和引导民间投资健康发展的若干意见》（国发〔2010〕13号）在落实上就步履蹒跚，实际效果令人失望。

② 郑冠宇、王洪平：《财产权平等保护的三个问题》，《山东大学学报》（哲学社会科学版）2009年第3期。

人皆可攫取的"唐僧肉",形成了这样尴尬的局面:越是强调名义上的公益目标,越是固化了实际上的私人受益。(3)公有制经济与公共经济的区分。"公有制经济不是公共经济,提供公共物品是政府的职能,而并不是公有制经济的职能,因此,不应当把公有制经济的主体等同于或类比于政府,并以此将其同'非公经济'相区别,否则,与现实情况亦不相符。"①

　　3. 公有制经济更优越的思想祛魅。我国宪法对公私财产权的区别对待,既有国家财政的现实需要——对国有企业利税的依赖,也有意识形态和民众心理的影响——公有制经济有助于防止贫富分化、不患寡而患不均。从全球范围看,依据财产权主体的不同把财产权分为私有财产权和公有财产权并给予差别待遇,体现了社会主义国家的一般意识形态。在社会主义国家,由于理论上未能很好地梳理财产权与所有制之间的关系,往往把私有财产权和剥削制度联系在一起,因而片面强调公有财产权的优越性,导致国家成为社会财富的最终所有者,私有财产权成为国家的恩赐,其发展空间取决于公有财产权的意愿。为此,需要解决三个思想问题:(1)纠正对私有财产的偏见。如前所述,私有财产并非必然劣于公有财产,二者各有利弊,无绝对的价值高下之分。(2)破除对于公有制的迷信。从历史经验看,公有制较易导致专制,政府以物质基础为媒介迫使人民屈从于国家权力,扼杀了人民的自由和独立意识。(3)认识社会主义的基本特征。"社会主义的根本理念包含着反对歧视的因素。平等是社会主义的最朴素也是最崇高的理念。而社会主义精神的实质便是通过致力于平等而给各种社会生活主体最大限度的自由。"② 可见,平等对待公私财产权本身就是社会主义的基本要求。通过平等寻求自由,包括满足自身欲望和偏好的自由、拥有和使用财产的自由、凭藉财产达致精神独立的自由、参与竞争的自由、享受财富增殖成果的自由,等等,是发

---

① 张守文:《发展"非公经济"的经济法解读》,《法学家》2005年第3期。
② 叶传星:《非公有制经济的身份革命》,《法学家》2005年第3期。

展社会主义的有效路径。总之，民众应该意识到平等保护本身就是社会主义意识形态的内在要素。

4. 确认私有财产权的基本权利性质。作为社会主义国家宪法的一个通例，我国宪法将财产权作为经济制度的一部分规定在总纲中，这就弱化了私有财产权作为国家公权力在先约束的性质。现在学界的共识是：私有财产权是人民先于国家的基本权利，国家只能确认和保障，不能随意取消、剥夺和限制。置于经济制度部分，则使得私有财产权成为一种失去先验性的、国家基于目的考量可随意变更的经济政策，这是对私有财产权作为现代社会基本价值支柱的矮化和削弱，亦是逻辑结构上的颠倒，丧失其存在的基本价值——私有财产权的内核就是对抗国家公权力，确保人民私域的安全和必要的自治空间，彰显和维护财产权人的自由和个性，提供社会发展的不竭动力。世界上绝大多数国家均将私有财产权规定为人民的基本权利，国际人权公约也作如是规定，这是人类社会普遍的价值共识，我国不能自外于世界文明潮流。确认私有财产权的基本权利属性，则国家对公私财产权的差异化规定就因违宪而缺乏存在的依据，易言之，公私财产权的差别待遇因其本身不能提供自洽的逻辑性而必须被改正。

第二节　私有财产征收与补偿制度的完善

对私有财产权进行限制的道义正当性取决于公共利益的需要，即人民的私有财产权只是因为利益衡量后的公益强度和迫切性明显优于待保护的私益才必须被限制，这就构成德国行政法院所谓的"特别牺牲"，因而有必要予以经济上的补偿以达致公益与私益的平衡。"具体言之，财产权的社会义务性是立法者在形成财产权内涵的过程中，基于公益所确立的一般性界线或限制。此种限制只要无涉私有财产制之本质内涵，财产权人对此应予容忍，国家不予补偿。而征收乃基于公共利益所需，由国家以强制手段对特定人取得私有财产权。由于是少数人因公众利益而遭受财产上的特殊牺牲，故此种情形应以取之于公众的国民税收予以适当补偿，始符合平等原则。"①

一　域外经验的借鉴

"公益征收之制度，是国家为了某些公益目的需要，对人民之财产权利，有偿的予以剥夺或限制。"②《比利时王国宪法》第 11 条规定："任何人的财产不受剥夺。但出于公共利益的需要，经法律规定其范围并预先付给公平补偿者，不在此限。"《西班牙宪法》第 33 条规定："除由公益或社会利益的正当原因，并通过相应的赔偿和根据法律条文规定之外，任何人的财产和权利不得被剥夺。"《委内瑞拉共和国宪法》第 101 条规定："对任何种类财产的剥夺，只有以公共福利为理由，经济局裁判并且偿付公平的报酬才可以宣告。"

作为目前国际上在私有财产征收与补偿方面的代表国家，法国、德国、美国的制度具有较强的借鉴意义。关于公用补偿，法国法律规定，补偿金额必须包括由于公用征收产生的全部直接的、物质的和确定的损失在内。具体而言，"直接的损失是指和公用征收之间有直接的因果联系的损失。""物质的损失是指丧失财产的利益而言，不包括精神上的和感情上的损失在内。""确定的损失是指已发生或将来一定发生的损失而言，不包括将来可能发生的不确定的损失在内。"③在法国，公用征收的范围包括四个方面：（1）公用征收人，包括公法人和私人。（2）公用征收的对象，包括不动产所有权、不动产物权和无体财产权。（3）公用征收的目的，即公共利益，法国行政法院采取个案具体判断的模式，一般是比较由于公用征收进行建设可能得到的利益和可能引起的损害。（4）公用征收的受益人。补偿的方式，原则上采用货币支付，例外是实物补偿。征收程序上，包括两个阶段：行政程序和司法程序。补偿的理论基础是公共负担平等原则，

---

① 苏永钦主编：《部门宪法》，台北元照出版有限公司 2006 年版，第 237—238 页。
② 陈新民：《德国公法学基础理论》，山东人民出版社 2001 年版，第 472 页。
③ 王名扬：《法国行政法》，中国政法大学出版社 1997 年版，第 393 页。

即如果居民为了整个社团蒙受损失或为之提供物资，那么他理应得到补偿；但如果他仅承受了施加于每个居民的普遍负担，则不予补偿。

　　在德国，征收是指"对财产的侵害，采取剥夺或者负担形式，以不同于其他人的特别方式影响有关的个人或者人群，从而强制后者为公众承担特别的、与其他人相比不公平的、而且通常不可预期的牺牲。"① 征收补偿制度的具体内容包括：（1）法律依据。可以通过法律（立法征收），也可以通过行政行为或者行政机关依法作出的其他法律行为（行政征收）。（2）公共福祉的需要和比例原则的适用。强调公益征收必须具有具体的、可以实现的公共福祉需要，且征收行为相对法定征收目的是必要和适当的。（3）征收应有利于私人。（4）补偿规则。强制要求征收规则和补偿规则必须关联在同一法律中，其理由是民众私人利益必须服从公共利益的需要，但公共利益应当给予完全的补偿，以保护人民私人利益，约束立法权和行政权。（5）征收程序。行政机关首先力求促成申请人与被申请人达成协议，只有达不成协议，征收机关才能经过口头审理以征收决定的方式作出裁决。该裁决可以进行司法审查。（6）征收回转。如果作为不动产征收目的的计划没有落实或者不再需要不动产，或者征收目的不能实现，被征收人可以要求征收回转。德国法上区分补偿和赔偿。"补偿是指对财产侵害行为所造成的财产损失的补偿，着眼于被剥夺的财物，予以公平弥补。与此不同，赔偿是指以损害事件没有发生时的受害人现状为根据对受害人所作的补救。这种区分的关键在于可得利益，在赔偿时应当给付，而在补偿时则不予给付。"② 补偿原则上采取金钱方式，例外可以运用调换土地、支付有价证券、提供其他权利等方式。补偿的范围，一般是完全补偿，即补偿应当与财产损失持平；计算根据是被征收财产的流通价值，也就是市场价；起算时间是

---

　　① ［德］哈特穆特·毛雷尔：《行政法学总论》，高家伟译，法律出版社 2000 年版，第 667 页。

　　② 同上书，第 695 页。

决定时。补偿原则上限于与交易价值相应的财产损失数额，此外，还应当补偿所谓的结果损失或者结果费用（这是一种财产不利益，是征收造成的直接后果，因此属于特别牺牲）。德国基本法确定征收补偿须践履两个过程：公共利益的确定和公正补偿的支付。

美国宪法第 5、第 14 修正案规定，未给予公正补偿，私有财产不得充作公用。因此，公共用途或公共使用被视作征收权发动的起因。从宪法规定看，征收权的行使必须满足三个条件：公共用途、公平补偿、正当法律程序，即只有基于公共目的，而且有合理的补偿，并给予公民足够的知情权，政府及有关机构才能行使征收权。此外，还包括准征收（Inverse condemnation），即政府行为的后果不是取得财产，但对于财产权人使用的限制过于严格，其不利影响等同于征收，从而对所有人或利害关系人给予与被剥夺财产权利等值的补偿，包括实质准征收、管制准征收和非因管制而生的准征收三类。土地征收补偿按当时市场的公平价值补偿，这种市场价值包括被征收财产的最佳使用价值（即财产因其开发潜力所具有的开发价值）以及因征收导致的土地所有者和经营者的损失。易言之，公平补偿包括财产现有价值和未来盈利的折扣价格，故名为公平补偿，实际上是完全补偿。[1] 美国的土地征收程序非常严格。先是具有资格的正式审核员审查并经实地调查后提交报告，然后是高级监督员进一步研究确定土地补偿价格，其后征地机构向土地所有者或利害关系人报价，二者若有分歧则谈判解决，土地价格谈判之后，若在补偿费用上达不成一致，政府有关机构则实施强制征收。

二　我国私有财产征收与补偿制度的完善

目前我国无论是城市房屋拆迁还是农村土地征收，都涉及普通民众的根本利益，如实施不当，势必严重影响民众生活乃至生存，社会意义重大。2004 年修宪后，我国的私有财产征收与补偿制度正式确

---

[1]　王太高：《土地征收制度比较研究》，《比较法研究》2004 年第 6 期。

立。宪法第 10 条第 3 款规定："国家为了公共利益的需要，可以依照法律规定对土地实行征收或者征用并给予补偿。"第 13 条第 3 款规定："国家为了公共利益的需要，可以依照法律规定对公民的私有财产实行征收或者征用并给予补偿。"但实务中仍然存在不少问题。

参照前述世界上私有财产征收与补偿制度发达国家的做法，笔者认为，我国私产征收与补偿制度的主要内容应包括实体要素和程序要件两个方面。实体方面主要是确定公益的范围、界定公益的内涵，但这方面着实不易，因此，更应侧重正当程序建设。具体设想是：包括实体程序（含征收决定与补偿决定两个环节）和救济程序。其中，征收环节主要是征收决定的作出主体、理由与程序，补偿环节主要包括补偿的原则、范围、标准、方式和程序。救济环节包括行政救济和司法救济，关键是司法救济，内容包括法院管辖权、受理程序、法院裁判效力等。实务中最核心的问题是补偿标准的确定。

（一）征收目的

国家征收私有财产只能基于公共利益，因此厘清公共利益的外延，是确保征收目的的首要问题。征收所追求的公共利益，只有在对多数国民带来重要且无争议的利益时，方为合法。要避免公益这个典型的不确定概念所带来的概念陷阱，就应当尽可能界定清楚其内涵和外延。从总的趋势看，公共利益的外延逐步扩大：最初指公共使用，即政府机构基于公共目的而追求的目标；发展到只要是为了满足公共需要，无论实施主体是政府机构还是私人或私组织均可；再到现代，则涵盖公共安全、公众健康、公共道德、公共秩序等社会生活的各个领域。"公益征收之目的，是以牺牲人民之私人财产，也藉此达成一个具体的、急迫的'公益需求'，因此，征收之公益有别于一般的公益，是一种'特别选择的公益'（qualifiziertes öffentliches Interesse）。"① 这种公益在质上具有更严格的公益属性，是经过选择的、特别重大的公益。立法例上有关公共利益的表述一般采取具体列举和概

---

① 陈新民：《德国公法学基础理论》，山东人民出版社 2001 年版，第 481 页。

括规定相结合的方式。① 我国也是如此。《土地管理法》第 54 条规
定，下列建设用地，经县级以上人民政府依法批准，可以以划拨方式
取得：（一）国家机关用地和军事用地；（二）城市基础设施用地和
公益事业用地；（三）国家重点扶持的能源、交通、水利等基础设施
用地；（四）法律、行政法规规定的其他用地。所列举的 4 种情况显
然属于公共利益的范畴。《国有土地上房屋征收与补偿条例》（以下
简称《条例》）第 8 条列举了属于公共利益的 6 种情形：（一）国防
和外交的需要；（二）由政府组织实施的能源、交通、水利等基础设
施建设的需要；（三）由政府组织实施的科技、教育、文化、卫生、
体育、环境和资源保护、防灾减灾、文物保护、社会福利、市政公用
等公共事业的需要；（四）由政府组织实施的保障性安居工程建设的
需要；（五）由政府依照城乡规划法有关规定组织实施的对危房集
中、基础设施落后等地段进行旧城区改建的需要；（六）法律、行政
法规规定的其他公共利益的需要。《条例》的规定较全面地反映了目
前我国对公共利益外延的认识。依法厘清具体个案中的公益目的，对
于有效矫正地方政府基于土地财政的征收冲动，意义重大。

（二）补偿原则、范围、方式和标准

1. 补偿原则。德国的补偿原则经历了从 19 世纪的完全补偿到魏
玛时期的适当补偿再到基本法确立的公平补偿这样一个发展过程。就

---

① 例如，德国巴伐利亚州《应予补偿的征收法》第 1 条规定：财产之征收，系为达
成以公共福祉为目的之计划。尤其在下列的情形可予征收：（1）为建造或改建供健康、卫
生等医疗作用之设施。（2）为建造或改建学校、大学及其他文化、学术研究设施。（3）为
建造或改建公用（水电供给及垃圾排水）设施。（4）交通事业设施之建立或变更。（5）为
建造或改建维持公共治安之设施。（6）各级政府及公法人团体达成法定任务之需。（7）其
他法律有规定征收之情形者。（8）为补偿因征收而损失土地及其他权利者，可再行征收以
补偿之。我国台湾地区"土地法"第 208 条规定："因下列公共事业之需要，得依本法之规
定征收私有土地。但征收之范围，以其事业所必需者为限：（一）国防设备；（二）交通事
业；（三）公用事业；（四）水利事业；（五）公共卫生；（六）政府机关、地方自治机关及
其他公共建筑；（七）教育学术及慈善事业；（八）国营事业；（九）其他由政府兴办以公
共利益为目的之事业。"

实际情况看，公平补偿是对完全补偿和适当补偿合理因素的融合，既能充分弥补人民的损失，又能权衡公私益的损害而弹性应对。其实，公平补偿就是等值补偿和重置补偿。美国联邦法院确立了"公正补偿"原则，根据公共选择理论，其理由有两个：迫使政府内部化行使征收权的经济和社会成本而不是转化，避免政府因"财政错觉"（fiscal illusion）而过度征收和资源浪费以致恶化社会冲突。具体而言，"假定征收所带来的利益是 B，给被征收者以及利益受到影响的其他人所带来的成本是 C，而政府补偿数额是 J。如果 J < C（不完全补偿），那么只要征收的利益高于补偿（B > J），政府都将有动机征收财产，即使征收的结果是社会得不偿失（B < C，净收益为负值），从而破坏社会资源的最佳配置。"[1] 所以，公正补偿的宪法要求，强迫政府必须为征收行为支付应有的社会成本，内部化私有财产征收的外部性，从而制度化的促使政府以必要的合理性审视自己的具有高权性质的征收行为，即在考虑是否行使征收权时，政府必须如私人市场交易般进行成本—收益核算，并在至少收支平衡的情况下才会为了公共利益决定征收；否则，因启动成本太低，必将驱动政府频繁使用征收权以致过度征收，激化社会矛盾，背离社会公平正义，触及民众忍受底线。《条例》第 2 条确立了"公平补偿"的原则。公平补偿的理论基础，主要存在特别牺牲说和公共负担平等说两种学说。特别牺牲说源于德国，认为任何财产权的行使都要受到一定的内在限制，这种限制财产权人须忍受；只有当财产的征用或限制超出这些内在限制时，才产生补偿问题。公共负担平等说源于法国，该学说认为，国家在任何情况下都应以平等为基础为公民设定义务，政府的活动是为了公共利益而实施，其成本应由社会全体成员平均分担。笔者认为，二者实际上是殊途同归，要旨均在私有财产承担社会义务的平等性上。如前所述，现代各国均肯认私有财产权负有社会义务和承担社会责任，但有必要的限度；超越限度即构成过度牺牲，依公平原则应使社会全体

---

[1]　张千帆：《"公正补偿"与征收权的宪法限制》，《法学研究》2005 年第 2 期。

成员分担此社会成本或公共负担，故应以纳税人全体形成的公共财政补偿被征收人的特殊损害。

2. 补偿范围。至于补偿范围，1960 年德国《联邦建筑法》第 93 条规定为：实体损失、其他财产损失、负担补偿（特别不利补偿）。实体损失指被征收的土地及其他征收标的的价值，其标准是征收机关决定征收计划时的市场交易价值。其他财产损失，亦称为后果补偿，指实体补偿之后财产权人仍有的损失。依联邦普通法院的见解，是一种与被征收物的价值无关而因征收产生的直接、必然、具体的损害。负担补偿，是指除实体损失和后果补偿之外，因征收措施所致人民生活状态方面产生的经济损失。① 至于个人主观价值（如感情）和间接的损失（如营业迁延），则不能要求补偿。《条例》第 17 条规定的补偿范围包括：（一）被征收房屋价值的补偿；（二）因征收房屋造成的搬迁、临时安置的补偿；（三）因征收房屋造成的停产停业损失的补偿。此外，还可以依据市、县级人民政府制定的补助和奖励办法，获得补助和奖励。第 23 条规定："对因征收房屋造成停产停业损失的补偿，根据房屋被征收前的效益、停产停业期限等因素确定。具体办法由省、自治区、直辖市制定。"可见，我国的补偿范围限于直接损失和可得损失，与德国法律相比，范围较窄。

3. 补偿方式。原则上是金钱补偿，例外是提供土地或其他替代方式。《条例》第 21 条规定了补偿的方式："被征收人可以选择货币补偿，也可以选择房屋产权调换。"包括了货币补偿和实物补偿，且将选择权赋予被征收人，值得肯定，但与域外法制相比，补偿方式还应增加。

4. 补偿标准。通行的标准是：充分、及时、有效。从一般公正感受出发，补偿应当至少能弥补征收给公民带来的实际损失和必然的期待利益损失。现行法律中，《土地管理法》第 47 条作了最详尽的规定：（1）按照被征收土地的原用途给予补偿；（2）征收耕地的补偿

---

① 陈新民：《德国公法学基础理论》，山东人民出版社 2001 年版，第 505—510 页。

费用包括土地补偿费、安置补助费以及地上附着物和青苗的补偿费；
（3）土地补偿费和安置补助费的总和不得超过土地被征收前三年平
均年产值的三十倍。基于上述规定，我国的补偿标准是以被征收土地
前三年平均年产值为基准且有最高限额，明显不利于被征收人。一般
认为应按市场交易价值或者重置价值补偿，因为公民已经做出牺牲，
不能再在补偿上遭遇二次伤害。而从实务看，绝大多数征地拆迁纠纷
均与补偿标准偏低、政府输送利益给开发商有关。这是当前的核心问
题。关于征收补偿标准，《条例》有所进步，第 19 条规定："对被征
收房屋价值的补偿，不得低于房屋征收决定公告之日被征收房屋类似
房地产的市场价格。"在这个关键问题上，美国最高法院的作法操作
性强，可资借鉴。在美国，通常根据公平市场价值给予补偿。美国法
院将公平市场价值定义为买主在公平和公开的市场交易中愿意付给卖
主的价格，并须排除征收过程本身对市场价格的人为影响。"一般采
用的方法是寻找自愿交易下的成交价格，通常包括以下手段：查看被
征收财产最近的销售价格，查看在该地区的类似财产的最近销售价
格，根据被征收财产的实际或潜在租金计算其价值，以及计算重新购
置财产的成本（排除折旧）。"① 但公平市场价值标准只补偿直接损
失，通常情况下忽略所有间接损失（包括预期获得的商业利润），并
排除了完全个人的主观价值因素（因其不可客观测量），有其局限
性。故法院在特殊情况下也会采取其他替代标准：（1）将征收者从
中得到的利益作为补偿标准；（2）将被征收者所遭受的损失作为补
偿标准。因此，政府必须保证土地和其他财产征收补偿的数额是至少
不低于被征收者所付出的代价（$C \leqslant J \leqslant B$）。

（三）征收程序

征收程序是正当程序在征收补偿领域的具体化。首先是征收主
体。《条例》第 4 条规定："市、县级人民政府负责本行政区域的房
屋征收与补偿工作。""市、县级人民政府确定的房屋征收部门（以

---

① 张千帆：《"公正补偿"与征收权的宪法限制》，《法学研究》2005 年第 2 期。

下称房屋征收部门）组织实施本行政区域的房屋征收与补偿工作。"
第5条规定："房屋征收部门可以委托房屋征收实施单位，承担房屋
征收与补偿的具体工作。房屋征收实施单位不得以营利为目的。"
"房屋征收部门对房屋征收实施单位在委托范围内实施的房屋征收与
补偿行为负责监督，并对其行为后果承担法律责任。"其次，在征收
与补偿的次序上，应采用事先补偿的方式。事先补偿相对于事中或事
后补偿更能体现目的的正当性和价值的合理性。《条例》第27条规
定："实施房屋征收应当先补偿、后搬迁。"第三是征收的具体步骤。
《条例》第10—13条作了具体规定：（1）房屋征收部门拟定补偿方
案，报市、县级人民政府。（2）市、县级人民政府组织论证后公布
方案征求公众意见。（3）市、县级人民政府回应征求意见，必要时
召开听证会。（4）市、县级人民政府进行社会稳定风险评估或经政
府常务会议讨论。（5）市、县级人民政府公告房屋征收决定并载明
救济事项。《2012年政府信息公开重点工作安排》在"推进征地拆迁
信息公开"部分作出更详细的规定："在征地征收补偿方案报批前要
严格履行公告、告知、论证、听取意见等程序，进一步扩大社会公众
对征地拆迁工作的参与，提高工作透明度。加强补偿信息公开，重点
做好补偿方案、补偿标准、补偿结果等各个环节的信息公开工作。"
最后是争议解决程序。主要包括行政程序和司法程序。前者包括申请
与公示、协商与裁决、补偿与实施。后者主要是当被征收人不服时，
应允许其向中立的法院寻求司法救济。《条例》关于救济程序的规定
尚不健全，就实效而言并不让人满意。

（四）监督与救济

司法监督是私有财产征收与补偿制度合法运行的关键。在法国，
还专门设立了征收法院。与一般行政行为相同，对于作为具体行政行
为一种的行政征收，最有效的监督方式就是法院司法监督。司法监督
不能决定是否征收，这属于行政和立法的范畴，仅能就征收是否合乎
法定程序、补偿标准是否合法等进行监督。现在的发展趋势是更加注
重程序审查，如德国法院就重点审查协议收购是否遵循比例原则、有

无其他更小损害、是否进行公正补偿等。

第三节 私有财产与税收制度的完善

一 私有财产与税收制度

"税收是国家以取得满足公共需要的资金为目的，基于法律规定，无偿地向私人课征的金钱给付。"① 因此，税收的实质是国家公权力强制人民将部分私有财产无偿转移为国家所有，本质上是对人民私有财产权的干预和侵害，但由于税收是政府存在的物质基础而得以正当化。在保护人民私有财产权与维续政府正常运作之间，应当保持适度平衡，这就要求政府必须依法行使征税权。政府一旦滥用征税权必然侵害人民的私有财产权，近代英国、美国、法国革命的爆发都与抗拒君主滥用征税权密不可分，从某种意义上说，对私有财产权的捍卫和"未经被征税者同意不得征税"原则的坚持，构成了近代宪政的原动力。

契约论者认为，私有财产权是先于国家存在的人民基本权利，构成了公权力的在先约束，因此作为公权力的征税权必须服膺于作为基本人权的私有财产权。"而一旦使用赋税方式，就意味着国家对于财产权作为宪政在先约束的认同。以赋税方式获得岁入的国家，在逻辑上承认了财产先于国家而存在。"② 这种在先约束表明：建立在承认和保护人民私有财产权基础上的近代国家，以保障人民基本人权为目的，以税收形成的公共财政为自身存在的基础，以人民的权利让渡为公共权力的本源，因而租税国家、宪政国家和民主国家具有了内在的一致性。由此可以得出结论：税收"是每个公民所付出的自己财产的

---

① ［日］金子宏：《日本税法原理》，刘多田等译，中国财政经济出版社1989年版，第5页。

② 王怡：《立宪政体中的赋税问题》，《法学研究》2004年第5期。

一部分，以确保他所余财产的安全或快乐地享用这些财产。"① 这一观点可引申出两个理念：第一，税收以国家尊重和保护人民私有财产权为前提；第二，人民让渡自己的财产供养政府的目的是需要其提供安全、自由、法治等公共服务和公共产品。因此，国家与人民之间的关系具有平等性、自愿性和服务性。易言之，税收是人民换取国家公共服务的对价，即作为在先约束的私有财产权为保障其安全，让渡自己的一部分予国家，而让渡的内容和幅度当然必须取决于人民或其代表，这就形成了税收制度的核心原则——税收法定原则。

二　当代中国私有财产涉税制度的完善——以财产税为中心

进入 21 世纪以来，从物业税的改革试点，到个人所得税方案的完善，莫不民意鼎沸，可见，税收已经实实在在地影响到我们每一个人的私有财产。那么，在新一轮的税制改革中，如何落实宪法保护公民私有财产权的意旨，完善我国的税收制度呢？

理论上，征税客体一般包括三部分：所得、财产和支出，在税法上分别对应所得税、财产税和消费税，构成了现代税制体系的三大支柱。从法治发达国家的实际来看，所得税占大头，财产税是地方税的主体，消费税的比重不大。但我国则不同。在我国，消费税、增值税、关税等流转税为税收主体，所得税和财产税所占比重不高，税制结构严重不合理。笔者认为，目前我国税制改革的重点是：继续扩大"营改增"试点范围并尽快推向全国，同时考虑将生产型增值税调整为收入型增值税，降低实际税负，实现税收公平；提升所得税的公平性，突出行业和产业优惠，鼓励高新技术产业、支持小微企业；研究对企业主的企业所得税和个人所得税的科学征管问题，强化对高收入人群隐性收入的稽征，并考虑减少个人所得税的应税档次，降低税率；调整消费税税目因应变化了的消费行为，同时扩大征税范围，提

① ［法］孟德斯鸠：《论法的精神（上册）》，张雁深译，商务印书馆 1961 年版，第213 页。

高高尔夫球场、跑马场等奢侈型消费场所和游艇、私人飞机等享受型消费行为的税率。

由于财产税对公民私有财产权的影响较大，在我国还很不健全，本部分将主要论证财产税的完善措施。

（一）我国现行财产税的弊端

"财产税是以财产为征税对象，并由对财产进行占有、使用或者收益的主体缴纳的一类税。它不是税种名称，而是对'财产'征税的税种归类，即一个税系。"[①] 财产税是最古老的税种。在人类社会的早期，它几乎构成国家税收收入的全部。进入现代社会，财产税在整个国家税收收入中的比重虽然有所下降，但依然是地方政府财政收入的主要来源。

按照征税客体性质的不同，财产税可以分为不动产税和动产税。不动产包括土地和土地上的附着物、建筑物及其设施；动产则是除了不动产以外的有形财产和无形财产，如车辆、船舶、航空器等有形财产，股票、债券、金融票据等无形财产。"我国现行财产税包括房产税、城镇土地使用税、车船税、土地增值税和契税五个税种。"[②] 其中，除车船税属于动产税外，其他四种都属于不动产税。不动产税的课税环节包括财产保有环节、财产转让环节和财产收益环节。所谓保有，指对财产事实上的占有、控制和支配，既包括财产所有人，也包括非财产所有人。转让分为有偿转让和无偿转让，前者指出租、出售，后者指继承、赠与，即遗产税和赠与税。财产收益一般指不动产利得税和不动产所得税。

目前我国在财产税方面存在的主要问题是：（1）课税体系不健全，调控功能严重缺位。财产税主要集中在不动产保有环节，部分税种征收范围过窄（如城镇土地使用税不适用于农村），影响税源和税基。（2）税制设计不合理，税种较少。如房产税和城镇土地使用税

---

① 徐妍：《财产税的若干基本问题探析》，《税务研究》2010年第8期。

② 刘植才：《完善我国财产税结构的思考》，《财贸经济》2012年第2期。

有重复征收之嫌，遗产税和赠与税尚未开征。（3）立法层级低，主要依据为行政法规或规章，违反税收法定原则。（4）征税权高度集中于中央政府，未突出地方政府的税收主体地位。（5）征管方法落后，多以土地面积或账面价值为计税依据。产生上述问题的根本原因是宪法上没有规定税收法定原则，行政机关得以主导征税权而无须顾忌纳税人的私有财产权。

（二）完善财产税的基本原则

要保障公民的私有财产权不受侵害，必须以法律手段制衡国家的征税权，防止其滥用，关键是确立税收法定原则，使宪法保护公民私有财产权的理念在税法领域得以落实。其要旨是在保障国家征税权的同时，以人民及其代表的同意权加以制衡，防止国家滥用征税权，保护人民财产权。它与传统意义上的国家分配论和国家意志论是对立的。传统税法理论认为税法的本质是体现统治阶级参与社会产品分配的国家意志性，因而强调税捐行政的高权性、强制性、无偿性和不平等性，而忽略了纳税人的权利主体地位。税收法定原则则更强调纳税人的主体地位和应税权的基本人权属性。

税收法定原则，是指税法主体的权利义务必须且只能由法律予以明确规定，具体内容包括：主体、客体、税基、税率等课税要素必须且只能由立法机关在法律中加以规定，其他任何机关无权决定是否以及何时开征、停征、减免、退补；创设税收权利义务的法律规范必须明定其内容、宗旨和范围，从而使纳税义务人可以清楚预测其税务负担；税收行政机关必须严格依照法定程序稽核征收。[①] 我国宪法没有规定税收法定原则，只在第 56 条作为公民基本义务规定"中华人民共和国公民有依照法律纳税的义务"，从而在征税权这个"事关毁灭的权力"上付之阙如，这是最根本的问题。宪法依据的缺失不仅严重影响税收制度的公信力（如税收的过快增长、财政支出的粘滞性现象、预算外资金的大量存在），而且亦使人民的税法权利缺乏宪法保

---

① 张守文：《论税收法定主义》，《法学研究》1996 年第 6 期。

护（没有规定纳税人或其代表的同意权和监督权，致使人民的私有财产权处于政府随意干预和支配的状态）。税收法定原则的缺失还使得我国的税法体系很不健全。一般认为，税法体系由三部分组成——税收基本法、税收实体法和税收程序法。目前我国在税法领域基本上是由行政法规和规章构成，缺乏法律依据。具体来说，尚无税收基本法；实体法方面，全国人大及其常委会制定的只有三部：《中华人民共和国企业所得税法》《中华人民共和国个人所得税法》《中华人民共和国车船税法》；程序法方面有一部《中华人民共和国税收征收管理法》。可见，通过修宪写入税收法定原则是确保公民私有财产权不受国家征税权恣意侵害的根本途径。

实现税收法定原则必然要求税收公平。税收公平原则，是指具有同等纳税能力者应负担相同的税收，不同纳税能力者应负担不同的税收，强调量能课税。财产税作为地方政府的主体税种，保障地方政府有稳定的财源用于提供必需的公共服务和公共产品，满足地方居民的偏好和利益。因此，财产税必须强调纳税能力与税务负担的均衡，而判断财产税是否公平的依据就是纳税人拥有的私人财产。为什么确立这个标准呢？原因主要有两个：一是受益说。该学说认为，在社会共同体的生活中，存在一些非国家不得、不能或不愿提供的服务，如国防、强制预防注射、灯塔的设置和维护等，这些服务或者非动用公权力不能提供，或者提供者不能对受益者收取报酬支应其费用因而必须由政府提供。国家提供的公共服务不仅保护了私人的财产安全，还增加了私有财产的价值，也就是说，纳税人从国家提供的公共服务中受益。作为对价，财产的所有者当然应该以税收的形式支付，而且，纳税人的财产价值越高，其从公共服务中获得的收益就越大，理应缴纳更多的财产税。该学说目前已成为大多数国家的主要理论支撑。二是支付能力说。按照该学说，在其他条件相同的情况下，纳税人的财产价值越高，意味着其支付能力越强，越应该负担更高的财产税。

贯彻税收法定原则，就必须以比例原则限缩国家征税权的裁量空间，防止国家武断、专横、恣意地行使征税权。征税权是一国主权的基本组成部分，即使是在夜警国家，国防、治安和税收也是最不可能放弃的国家权力。在现代国家，税收已经从简单的组织财政收入，发展到多元功能体系，包括均衡社会财富、平衡国家财政、优化资源配置、经济景气调控、保障社会稳定等。但征税权作为典型的高权行政，属于必要的恶，应当在诸如税目的设置、税种的增减、税项的退减免、税款的稽征等税务行政中嵌入必要性要素（即适用比例原则），以免国家征税权的发动严重侵及公民私有财产权。在财产税领域，也是如此。

（三）具体完善措施

立基于保护人民的私有财产权，在完善我国的财产税方面，应坚持税收法定原则、税收公平原则和比例原则，重点采取以下措施：

1. 建立宽税基与低税率相结合的综合财产税制度。税基即课税基础，一般是指计税依据或计税标准。宽税基，能够不遗漏税源，实现应征尽征，不仅扩大了税收稽征范围，而且强化了人民的纳税人权利意识。某种程度上，拓宽税基也有助于在不影响政府财政收入的前提下降低税率。低税率，则能最大限度地减轻对公民私有财产权的侵害，藏富于民。《孟子·尽心上》就指出："薄其税敛，民可使富也。"其实，税率的高低与总体税收收入并没有直接的正相关关系。根据"拉弗曲线"，高税率不一定取得高收入，税率和税入之间存在着相互依存、相互制约的关系。可以这样说，保持合理的税率，更能增加政府财政收入，而不过分增加民众负担，保护人民私有财产。目前，我国的实际税负较高，不符合上述税收原则，应当尽快建立宽税基与低税率相结合的综合财产税制度。

2. 完善税制。（1）应在充分调研的基础上，进一步优化税种，目前可把房产税和城镇土地使用税合并为物业税。开征物业税具有简化税制、统一城乡、便利民众、打击房产投机等重要功能，应在不增加普通民众税负的前提下，遵循税收公平原则和比例原则，尽快开征。（2）要规范和优化税收优惠。除了对各国通行的学校、宗教、军队等的不动产免税外，对于特殊的财产（如低价值的不动产）也应予免税，以降低整体税负。（3）为了体现政策导向，税收应有若干弹性设计，如对土地改良征收的财产税应低于对土地征收的财产税，以鼓励农业新技术的应用和土地资源的更新。（4）尽快开征遗产税和赠与税（赠与税一般是作为遗产税的辅助税种）。遗产税的开征，具有调节收入差距、限制不劳而获、鼓励公益捐赠、增加财政收入、接轨国际惯例的功能，是大势所趋，应认真研究，尽快出台。（5）完善资本利得税和奢侈品消费税，以规范消费导向、缓解贫富差距，但应防止过度侵害公民的私有财产权。（6）加强对不动产转让和收益环节的税源控制。

3. 完善税收稽征方法。税务稽征机关应不断完善税收征管方法，如健全征管体系，建立良好的财产权簿记，建立具有公信力的第三方财产评估体系，确立合理的评估方法，等等。其中的关键环节是完善财产评估的方法。目前，资产估值采用的方法主要有收益现值法、重置成本法、现行市价法，内容不外是把被评估资产剩余寿命期间的预期收益折现，或者以全新状态下的重置成本减去相应贬值，或者根据市场上相似或可比参照物的市值估算。笔者认为，应根据实际情形，灵活运用上述方法，实现税收公平。

4. 建立以评估市场价值为主要计税依据的财产税税基制度。"美国财产税为从价税，其税基是应税财产的净值，即总评估值（依据公正的市场价值）减去各种免除（exemptions）、减免（abatements）与扣除（deductions）后的价值。"① 目前，发达国家普遍以市场评估值作为财产课税的计税依据，而发展中国家则普遍以土地面积或财产账面价值作为计税依据。原因是：前者是动态的、弹性的、真实的、公平的，但需要完善的配套制度和整体的法治环境，稽征人员的素质要求高，稽征成本高。而后者是静态的、固定的，虽不公平，但稽征成本低。为实现税收公平和税收法治，提高稽征效能，我国税务机关有

---

① 王德祥、袁建国：《美国财产税制度变革及其启示》，《世界经济研究》2010 年第 5 期。

必要逐步建立以评估市场价值为计税依据的财产税税基制度。

5. 健全配套制度。财产税的征管要实现依法、公平、合理，就必须健全相关配套制度，包括财产登记与清查制度、政府信息公开制度、金融系统全国联网与核查制度，尤其是建立税务部门与其他部门的协同联动机制，加强与土地管理部门、房产管理部门、财政管理部门、城市规划部门的信息共享平台建设。如此才能不枉不纵，既保护了人民的合法财产，又保证了政府的财政收入。

结　语

拥有私人财产是人类的天性，私产当中含蕴着人的主体意志、自然理性、独立地位、自治品格和自由基因。对私有财产的法律确认（尤其是宪法确认），形成了私有财产权，这成为近代以来人类社会文明进步的逻辑起点。历史雄辩地证明，捍卫私有财产权，是一个国家或者民族，接纳法治和宪政、开启民智和文明的起点。契约论者主张，拥有私人财产和私有财产权，是人民的自然权利，具有自生自发的自然属性，是国家权力的渊源而非相反。因此，私有财产权绝非人为意志可以消弭，而是有其产生、发展和消亡的历史轨迹。可以预期的是，在相当长的历史时期内，私有财产权依然能在促进人类社会政治、文化、经济、生态文明的更新中发挥重要作用。

传统中国具有长期的专制皇权思想，崇公抑私观念作为民众的基本价值认同，构成了社会的主流意识形态，而体现个体意识和自主意识的私有财产则因与主流价值观的内在紧张而在我国传统社会中难以存身。新中国成立后，又受到斯大林教条主义的束缚，私有财产权作为资产阶级法权的重要旗帜，长期被贬抑、排斥和打击。直到改革开放以后，随着人民的私有财富大量涌现并不断扩张，保护私有财产权才开始成为全社会的普遍共识。进入 21 世纪，随着宪法修正案、《物权法》《行政强制法》《全面推进依法行政实施纲要》等法律规范的颁布实施，我国公民私有财产权的法律保护体系日益完善，宪法保护私有财产权成为国家的主流价值观。毋庸置疑，在整个社会主义初级阶段，这种趋势都不会改变，而且会越来越明显。

但在现实生活中，私有财产权的宪法保护还存在着不少问题。所以，我们应该全面体悟马克思的私有财产思想，深刻理解原典意蕴，正确把握基本思考维度，结合现实语境，清除不利于保护私有财产权的体制羁绊，加强公权力运行的制度监控，健全私有财产权的宪法保护架构，从而全面激发人民的创造性，形塑一个维护和保障人性尊严的新型社会。其中的关键环节和理论基础是，需要明晰马克思主义话语体系与保护私有财产权之间的逻辑链接，充分论证私有财产权宪法保护的基础法理，以扫清思想束缚，正面回应社会需求，切实保护人民的私有财产权。

完善私有财产权的宪法保护制度，在当代中国，具有极其重要的价值，表现在两个方面：第一，构建社会主义和谐社会，需要多层次的制度响应；其中，尽快完善独立的司法审查制度，以言论新闻自由和私有财产保护为核心的基本人权保障制度，社会自治制度三项基础性制度，可谓重中之重。第二，作为超越中等收入国家陷阱的重要路径，消除日益严重的贫富差距，确保收入倍增计划的圆满实施，是当代中国社会发展进程中必须要破解的难题。而健全公民的私有财产权宪法保护制度，对于确保该目标的实现，意义重大。总之，我们需要全面梳理和整合意识、习惯、观念、制度等各个层面的既有资源，凝聚共识，形成合力，以跟进时代需求，在全社会营造捍卫私有财产权的舆论氛围、型构有效的私产保障机制。

笔者相信，随着对私有财产和私有财产权认识的不断深化，全社会人权意识的普及，以及国家法政制度的逐步健全，在中国建立完善的私有财产权宪法保护制度是一定能够实现的！

附录一

马克思恩格斯著作选编[①]

一　卡·马克思　《1844 年经济学哲学手稿》（节选）

[异化劳动和私有财产]

......

总之，通过异化的、外化的劳动，工人生产出一个同劳动疏远的、站在劳动之外的人对这个劳动的关系。工人对劳动的关系，生产出资本家——或者不管人们给劳动的主宰起个什么别的名字——对这个劳动的关系。

因此，私有财产是外化劳动即工人对自然界和对自身的外在关系的产物、结果和必然后果。

因此，我们通过分析，从外化劳动这一概念，即从外化的人、异化劳动、异化的生命、异化的人这一概念得出私有财产这一概念。

诚然，我们从国民经济学得到作为私有财产运动之结果的外化劳动（外化的生命）这一概念。但是，对这一概念的分析表明，尽管私有财产表现为外化劳动的根据和原因，但确切地说，它是外化劳动的后果，正像神原先不是人类理智迷误的原因，而是人类理智迷误的结果一样。后来，这种关系就变成相互作用的关系。

私有财产只有发展到最后的、最高的阶段，它的这个秘密才重新暴露出来，就是说，私有财产一方面是外化劳动的产物，另一方面又

---

① 选自《马克思恩格斯文集》第一、第二、第三、第五卷，中共中央马克思恩格斯列宁斯大林著作编译局编译，人民出版社 2009 年版。

是劳动借以外化的手段，是这一外化的实现。

这些论述使至今没有解决的各种矛盾立刻得到阐明。

（1）国民经济学虽然从劳动是生产的真正灵魂这一点出发，但是它没有给劳动提供任何东西，而是给私有财产提供了一切。蒲鲁东从这个矛盾得出了有利于劳动而不利于私有财产的结论。然而，我们看到，这个表面的矛盾是异化劳动同自身的矛盾，而国民经济学只不过表述了异化劳动的规律罢了。

因此，我们也看到，工资和私有财产是同一的，因为用劳动产品、劳动对象来偿付劳动本身的工资，不过是劳动异化的必然后果，因为在工资中，劳动并不表现为目的本身，而表现为工资的奴仆。下面我们要详细说明这个问题，现在还只是作出几点［XXVI］结论。

强制提高工资（且不谈其他一切困难，不谈强制提高工资这种反常情况也只有靠强制才能维持），无非是给奴隶以较多工资，而且既不会使工人也不会使劳动获得人的身份和尊严。

甚至蒲鲁东所要求的工资平等，也只能使今天的工人对自己的劳动的关系变成一切人对劳动的关系。这时社会就被理解为抽象的资本家。

工资是异化劳动的直接结果，而异化劳动是私有财产的直接原因。因此，随着一方衰亡，另一方也必然衰亡。

（2）从异化劳动对私有财产的关系可以进一步得出这样的结论：社会从私有财产等等解放出来、从奴役制解放出来，是通过工人解放这种政治形式来表现的，这并不是因为这里涉及的仅仅是工人的解放，而是因为工人的解放还包含普遍的人的解放；其所以如此，是因为整个的人类奴役制就包含在工人对生产的关系中，而一切奴役关系只不过是这种关系的变形和后果罢了。

正如我们通过分析从异化的、外化的劳动的概念得出私有财产的概念一样，我们也可以借助这两个因素来阐明国民经济学的一切范畴，而且我们将重新发现，每一个范畴，例如买卖、竞争、资本、货币，不过是这两个基本因素的特定的、展开了的表现而已。

但是，在考察这些范畴的形成以前，我们还打算解决两个任务：

（1）从私有财产对真正人的和社会的财产的关系来规定作为异化劳动的结果的私有财产的普遍本质。

（2）我们已经承认劳动的异化、劳动的外化这个事实，并对这一事实进行了分析。现在要问，人是怎样使自己的劳动外化、异化的？这种异化又是怎样由人的发展的本质引起的？我们把私有财产的起源问题变为外化劳动对人类发展进程的关系问题，就已经为解决这一任务得到了许多东西。因为人们谈到私有财产时，总以为是涉及人之外的东西。而人们谈到劳动时，则认为是直接关系到人本身。问题的这种新的提法本身就已包含问题的解决。

补入（1）私有财产的普遍本质以及私有财产对真正人的财产的关系。

在这里外化劳动分解为两个组成部分，它们互相制约，或者说，它们只是同一种关系的不同表现，占有表现为异化、外化，而外化表现为占有，异化表现为真正得到公民权。

我们已经考察了一个方面，考察了外化劳动对工人本身的关系，也就是说，考察了外化劳动对自身的关系。我们发现，这一关系的产物或必然结果是非工人对工人和劳动的财产关系。私有财产作为外化劳动的物质的、概括的表现，包含着这两种关系：工人对劳动、对自己的劳动产品和对非工人的关系，以及非工人对工人和工人的劳动产品的关系。

我们已经看到，对于通过劳动而占有自然界的工人来说，占有表现为异化，自主活动表现为替他人活动和表现为他人的活动，生命的活跃表现为生命的牺牲，对象的生产表现为对象的丧失，即对象转归异己力量、异己的人所有。现在我们就来考察一下这个同劳动和工人疏远的人对工人、劳动和劳动对象的关系。

首先必须指出，凡是在工人那里表现为外化的、异化的活动的东西，在非工人那里都表现为外化的、异化的状态。

其次，工人在生产中的现实的、实践的态度，以及他对产品的态度（作为一种内心状态），在同他相对立的非工人那里表现为理论的态度。

[XXVII] 第三，凡是工人做的对自身不利的事，非工人都对工人做了，但是，非工人做的对工人不利的事，他对自身却不做。

我们来进一步考察这三种关系。

[私有财产的关系]

[……] [XL] 构成他的资本的利息。因此，在工人身上主观地存在着这样一个事实，即资本是完全失去自身的人；同样，在资本身上也客观地存在着这样一个事实，即劳动是失去自身的人。但是，工人不幸而成为一种活的、因而是贫困的资本，这种资本只要一瞬间不劳动便失去自己的利息，从而也失去自己的生存条件。作为资本，工人的价值按照需求和供给而增长，而且，从肉体上来说，他的存在、他的生命，也同其他任何商品一样，过去和现在都被看成是商品的供给。工人生产资本，资本生产工人，因而工人生产自身，而且作为工人、作为商品的人就是这整个运动的产物。对于仅仅充当工人而别无其他身份的人来说，他作为工人之所以还保留着人的种种特性，只是因为这些特性是为异己的资本而存在的。但是，因为资本和工人彼此是异己的，从而处于漠不关心的、外部的和偶然的相互关系中，所以这种异己性也必定现实地表现出来。因此，资本一旦想到——不管是必然地还是任意地想到——不再对工人存在，工人自己对自己来说便不再存在：他没有工作，因而也没有工资，并且因为他不是作为人，而是作为工人才得以存在，所以他就会被埋葬，会饿死，等等。工人只有当他对自己作为资本存在的时候，才作为工人存在；而只有当某种资本对他存在的时候，他才作为资本存在。资本的存在是他的存在、他的生活，资本的存在以一种对他来说无所谓的方式规定他的生活的内容。因此，国民经济学不知道有失业的工人，即处于这种劳动关系之外的劳动人。小偷、骗子、乞丐，失业的、快饿死的、贫穷的和犯罪的劳动人，都是些在国民经济学看来并不存在，而只在其他人眼中，在医生、法官、掘墓者、乞丐管理人等等的眼中才存在的人

物；他们是一些在国民经济学领域之外的幽灵。因此，在国民经济学看来，工人的需要不过是维持工人在劳动期间的生活的需要，而且只限于保持工人后代不致死绝。因此，工资就与其他任何生产工具的保养和维修，与资本连同利息的再生产所需要的一般资本的消费，与为了保持车轮运转而加的润滑油，具有完全相同的意义。可见，工资是资本和资本家的必要费用之一，并且不得超出这个必要的需要。因此，英国工厂主在实行1834年的济贫法以前，把工人靠济贫税得到的社会救济金从他的工资中扣除，并且把这种救济金看做工资的一个组成部分，这种做法是完全合乎逻辑的。——

　　生产不仅把人当做商品、当做商品人、当做具有商品的规定的人生产出来；它依照这个规定把人当做既在精神上又在肉体上非人化的存在物生产出来。——工人和资本家的不道德、退化、愚钝。这种生产的产品是具有自我意识的和能够自主活动的商品……商品人……李嘉图、穆勒等人比斯密和萨伊进了一大步，他们把人的存在——人这种商品的或高或低的生产率——说成是无关紧要的，甚至是有害的。在他们看来，生产的真正目的不是一笔资本养活多少工人，而是它带来多少利息，每年总共积攒多少钱。同样，现代〔XLI〕英国国民经济学也合乎逻辑地进了一大步，它把劳动提升为国民经济学的唯一原则，同时十分清楚地阐释了工资和资本利息之间的反比例关系，指出资本家通常只有通过降低工资才能增加收益，反之则降低收益。它还指出，不是对消费者诈取，而是资本家和工人相互诈取，才是正常的关系。——

　　私有财产的关系潜在地包含着作为劳动的私有财产的关系和作为资本的私有财产的关系，以及这两种表现的相互关系。一方面是作为劳动的人的活动的生产，即作为对自身、对人和自然界，因而也对意识和生命表现来说完全异己的活动的生产，是人作为单纯的劳动人的抽象存在，因而这种劳动人每天都可能由他的充实的无沦为绝对的无，沦为他的社会的从而也是现实的非存在。另一方面是作为资本的人的活动对象的生产，在这里，对象的一切自然的和社会的规定性都消失了，在这里，私有财产丧失了自己的自然的和社会的特质（因而丧失了一切政治的和社会的幻象，而且没有任何表面上的人的关系混合在一起），在这里，同一个资本在各种极不相同的自然的和社会的存在中始终是同一的，而完全不管它的现实内容如何。劳动和资本的这种对立一达到极端，就必然是整个关系的顶点、最高阶段和灭亡。因此，现代英国国民经济学的又一重大成就是：它指明了地租是最坏耕地的利息和最好耕地的利息之间的差额，揭示了土地所有者的浪漫主义臆想——他的所谓社会重要性和他的利益同社会利益的一致性，而这一点是亚当·斯密早就继重农学派之后主张过的；它预料到并且准备了这样一个现实的运动：使土地所有者变成极其普通的、平庸的资本家，从而使对立简化和尖锐化，并加速这种对立的消除。这样一来，作为土地的土地，作为地租的地租，就失去了自己的等级的差别，变成了毫无内涵的资本和利息，或者毋宁说，变成了只有货币内涵的资本和利息。——

……

［私有财产和共产主义］

　　×补入第 XXXIX 页。但是，无产和有产的对立，只要还没有把它理解为劳动和资本的对立，它还是一种无关紧要的对立，一种没有从它的能动关系上、它的内在关系上来理解的对立，还没有作为矛盾来理解的对立。这种对立即使没有私有财产的前进运动也能以最初的形式表现出来，如在古罗马、土耳其等。因此，它还不表现为由私有财产本身设定的对立。但是，作为对财产的排除的劳动，即私有财产的主体本质，和作为对劳动的排除的资本，即客体化的劳动，——这就是作为发展了的矛盾关系、因而也就是作为促使矛盾得到解决的能动关系的私有财产。

　　××补入同一页。自我异化的扬弃同自我异化走的是同一条道路。最初，对私有财产只是从它的客体方面来考察，——但是劳动仍然被看成它的本质。因此，它的存在形式就是"本身"应被消灭的资本。（蒲鲁东。）或者，劳动的特殊方式，即划一的、分散的因而是不自由的劳动，被理解为私有财产的有害性的根源，理解为私有财产同人相异化的存在的根源——傅立叶，他和重农学派一样，也把农业劳动看成至少是最好的劳动，而圣西门则相反，他把工业劳动本身说成本质，因此他渴望工业家独占统治，渴望改善工人状况。最后，共产主义是被扬弃了的私有财产的积极表现；起先它是作为普遍的私有财产出现的。由于这种共产主义是从私有财产的普遍性来看私有财产关系的，所以共产主义

（1）在它的最初的形态中不过是私有财产关系的普遍化和完成。而作为这种关系的普遍化和完成，共产主义是以双重的形态表现出来的：首先，实物财产的统治在这种共产主义面前显得如此强大，以致它想把不能被所有的人作为私有财产占有的一切都消灭；它想用强制的方法把才能等等抛弃。在这种共产主义看来，物质的直接的占有是生活和存在的唯一目的；工人这个规定并没有被取消，而是被推广到一切人身上；私有财产关系仍然是共同体同物的世界的关系；最后，这个用普遍的私有财产来反对私有财产的运动是以一种动物的形式表现出来的：用公妻制——也就是把妇女变为公有的和共有的财产——来反对婚姻（它确实是一种排他性的私有财产的形式）。人们可以说，公妻制这种思想是这个还相当粗陋的和毫无思想的共产主义的昭然若揭的秘密。正像妇女从婚姻转向普遍卖淫一样，财富——也就是人的对象性的本质——的整个世界，也从它同私有者的排他性的婚姻的关系转向它同共同体的普遍卖淫关系。这种共产主义——由于它到处否定人的个性——只不过是私有财产的彻底表现，私有财产就是这种否定。普遍的和作为权力而形成的忌妒，是贪欲所采取的并且只是用另一种方式使自己得到满足的隐蔽形式。任何私有财产本身所产生的思想，至少对于比自己更富足的私有财产都含有忌妒和平均主义欲望，这种忌妒和平均主义欲望甚至构成竞争的本质。粗陋的共产主义者不过是充分体现了这种忌妒和这种从想象的最低限度出发的平均主义。他具有一个特定的、有限制的尺度。对整个文化和文明的世界的抽象否定，向贫穷的、需求不高的人——他不仅没有超越私有财产的

水平，甚至从来没有达到私有财产的水平——的非自然的［Ⅳ］简单状态的倒退，恰恰证明对私有财产的这种扬弃决不是真正的占有。

共同性只是劳动的共同性以及由共同的资本——作为普遍的资本家的共同体——所支付的工资的平等的共同性。相互关系的两个方面被提高到想象的普遍性：劳动是为每个人设定的天职，而资本是共同体的公认的普遍性和力量。

把妇女当做共同淫欲的房获物和婢女来对待，这表现了人在对待自身方面的无限的退化，因为这种关系的秘密在男人对妇女的关系上，以及在对直接的、自然的类关系的理解方式上，都毫不含糊地、确凿无疑地、明显地、露骨地表现出来。人对人的直接的、自然的、必然的关系是男人对妇女的关系。在这种自然的类关系中，人对自然的关系直接就是人对人的关系，正像人对人的关系直接就是人对自然的关系，就是他自己的自然的规定。因此，这种关系通过感性的形式，作为一种显而易见的事实，表现出人的本质在何种程度上对人来说成为自然，或者自然在何种程度上成为人具有的人的本质。因此，从这种关系就可以判断人的整个文化教养程度。从这种关系的性质就可以看出，人在何种程度上对自己来说成为并把自身理解为类存在物、人。男人对妇女的关系是人对人最自然的关系。因此，这种关系表明人的自然的行为在何种程度上是合乎人性的，或者，人的本质在何种程度上对人来说成为自然的本质，他的人的本性在何种程度上对他来说成为自然。这种关系还表明，人的需要在何种程度上成为合乎人性的需要，就是说，别人作为人在何种程度上对他来说成为需要，他作为最具有个体性的存在在何种程度上同时又是社会存在物。

由此可见，对私有财产的最初的积极的扬弃，即粗陋的共产主义，不过是私有财产的卑鄙性的一种表现形式，这种私有财产力图把自己设定为积极的共同体。

（2）共产主义（α）还具有政治性质，是民主的或专制的；（β）是废除国家的，但同时是尚未完成的，并且仍然处于私有财产即人的异化的影响下。这两种形式的共产主义都已经认识到自己是人向自身的还原或复归，是人的自我异化的扬弃；但是，因为它还没有理解私有财产的积极的本质，也还不了解需要所具有的人的本性，所以它还受私有财产的束缚和感染。它虽然已经理解私有财产这一概念，但是还不理解它的本质。

（3）共产主义是对私有财产即人的自我异化的积极的扬弃，因而是通过人并且为了人而对人的本质的真正占有；因此，它是人向自身、也就是向社会的即合乎人性的人的复归，这种复归是完全的复归，是自觉实现并在以往发展的全部财富的范围内实现的复归。这种共产主义，作为完成了的自然主义，等于人道主义，而作为完成了的人道主义，等于自然主义，它是人和自然界之间、人和人之间的矛盾的真正解决，是存在和本质、对象化和自我确证、自由和必然、个体和类之间的斗争的真正解决。它是历史之谜的解答，而且知道自己就是这种解答。

［Ⅴ］因此，历史的全部运动，既是这种共产主义的现实的产生活动，即它的经验存在的诞生活动，同时，对它的思维着的意识来说，又是它的被理解和被认识到的生成运动；而上述尚未完成的共产主义则从个别的与私有财产相对立的历史形态中为自己寻找历史的证明，在现存的事物中寻找证明，它从运动中抽出个别环节（卡贝、维尔加德尔等人尤其喜欢卖弄这一套），把它们作为自己是历史的纯种的证明固定下来；但是，它这样做恰好说明：历史运动的绝大部分是同它的论断相矛盾的，如果它曾经存在过，那么它的这种过去的存在恰恰反驳了对本质的奢求。

不难看到，整个革命运动必然在私有财产的运动中，即在经济的运动中，为自己既找到经验的基础，也找到理论的基础。

这种物质的、直接感性的私有财产，是异化了的人的生命的物质的、感性的表现。私有财产的运动——生产和消费——是迄今为止全部生产的运动的感性展现，就是说，是人的实现或人的现实。宗教、家庭、国家、法、道德、科学、艺术等等，都不过是生产的一些特殊的方式，并且受生产的普遍规律的支配。因此，对私有财产的积极的扬弃，作为对人的生命的占有，是对一切异化的积极的扬弃，从而是人从宗教、家庭、国家等等向自己的合乎人性的存在即社会的存在的复归。宗教的异化本身只是发生在意识领域、人的内心领域，而经济的异化是现实生活的异化，——因此对异化的扬弃包括两个方面。不言而喻，在不同的民族那里，运动从哪个领域开始，这要看一个民族的真正的、公认的生活主要是在意识领域还是在外部世界进行，这种生活更多地是观念的生活还是现实的生活。共产主义是径直从无神论开始的（欧文），而无神论最初还根本不是共产主义；那种无神论主要还是一个抽象。——因此，无神论的博爱最初还只是哲学的、抽象的博爱，而共产主义的博爱则径直是现实的和直接追求实效的。——

我们已经看到，在被积极扬弃的私有财产的前提下，人如何生产人——他自己和别人；直接体现他的个性的对象如何是他自己为别人的存在，同时是这个别人的存在，而且也是这个别人为他的存在。但是，同样，无论是劳动的材料还是作为主体的人，都既是运动的结果，又是运动的出发点（并且二者必须是这个出发点，私有财产的历史必然性就在于此）。因此，社会性质是整个运动的普遍性质；正像社会本身生产作为人的人一样，社会也是由人生产的。活动和享受，无论就其内容或就其存在方式来说，都是社会的活动和社会的享受。自然界的人的本质只有对社会的人来说才是存在的；因为只有在社会中，自然界对人来说才是人与人联系的纽带，才是他为别人的存在和别人为他的存在，只有在社会中，自然界才是人自己的合乎人性的存在的基础，才是人的现实的生活要素。只有在社会中，人的自然的存在对他来说才是人的合乎人性的存在，并且自然界对他来说才成为人。因此，社会是人同自然界的完成了的本质的统一，是自然界的真正复活，是人的实现了的自然主义和自然界的实现了的人道主义。

[VI] 社会的活动和社会的享受决不仅仅存在于直接共同的活动和直接共同的享受这种形式中，虽然共同的活动和共同的享受，即直接通过同别人的实际交往表现出来和得到确证的那种活动和享受，在社会性的上述直接表现以这种活动的内容的本质为根据并且符合这种

享受的本性的地方都会出现。

　　甚至当我从事科学之类的活动，即从事一种我只在很少情况下才能同别人进行直接联系的活动的时候，我也是社会的，因为我是作为人活动的。不仅我的活动所需的材料——甚至思想家用来进行活动的语言——是作为社会的产品给予我的，而且我本身的存在就是社会的活动；因此，我从自身所做出的东西，是我从自身为社会做出的，并且意识到我自己是社会存在物。

　　我的普遍意识不过是以现实共同体、社会存在物为生动形态的那个东西的理论形态，而在今天，普遍意识是现实生活的抽象，并且作为这样的抽象是与现实生活相敌对的。因此，我的普遍意识的活动——作为一种活动——也是我作为社会存在物的理论存在。

　　首先应当避免重新把"社会"当做抽象的东西同个体对立起来。个体是社会存在物。因此，他的生命表现，即使不采取共同的、同他人一起完成的生命表现这种直接形式，也是社会生活的表现和确证。人的个体生活和类生活不是各不相同的，尽管个体生活的存在方式是——必然是——类生活的较为特殊的或者较为普遍的方式，而类生活是较为特殊的或者较为普遍的个体生活。

　　作为类意识，人确证自己的现实的社会生活，并且只是在思维中复现自己的现实存在；反之，类存在则在类意识中确证自己，并且在自己的普遍性中作为思维着的存在物自为地存在着。

　　因此，人是特殊的个体，并且正是人的特殊性使人成为个体，成为现实的、单个的社会存在物，同样，人也是总体，是观念的总体，是被思考和被感知的社会的自为的主体存在，正如人在现实中既作为对社会存在的直观和现实享受而存在，又作为人的生命表现的总体而存在一样。

　　可见，思维和存在虽有区别，但同时彼此又处于统一中。

　　死似乎是类对特定的个体的冷酷的胜利，并且似乎是同类的统一相矛盾的；但是，特定的个体不过是一个特定的类存在物，而作为这样的存在物是迟早要死的。

//（4）私有财产不过是下述情况的感性表现：人变成对自己来说是对象性的，同时，确切地说，变成异己的和非人的对象；他的生命表现就是他的生命的外化，他的现实化就是他的非现实化，就是异己的现实。同样，对私有财产的积极的扬弃，就是说，为了人并且通过人对人的本质和人的生命，对象性的人和人的产品的感性的占有，不应当仅仅被理解为直接的、片面的享受，不应当仅仅被理解为占有、拥有。人以一种全面的方式，就是说，作为一个完整的人，占有自己的全面的本质。人对世界的任何一种人的关系——视觉、听觉、嗅觉、味觉、触觉、思维、直观、情感、愿望、活动、爱，——总之，他的个体的一切器官，正像在形式上直接是社会的器官的那些器官一样，［VII］是通过自己的对象性关系，即通过自己同对象的关系而对对象的占有，对人的现实的占有；这些器官同对象的关系，是人的现实的实现（因此，正像人的本质规定和活动是多种多样的一样，人的现实也是多种多样的），是人的能动和人的受动，因为按人的方式来理解的受动，是人的一种自我享受。//

//私有制使我们变得如此愚蠢而片面，以致一个对象，只有当它为我们所拥有的时候，就是说，当它对我们来说作为资本而存在，或者它被我们直接占有，被我们吃、喝、穿、住等等的时候，简言之，在它被我们使用的时候，才是我们的。尽管私有制本身也把占有的这一切直接实现仅仅看做生活手段，而它们作为手段为之服务的那种生活，是私有制的生活——劳动和资本化。//

//因此，一切肉体的和精神的感觉都被这一切感觉的单纯异化即拥有的感觉所代替。人的本质只能被归结为这种绝对的贫困，这样它才能够从自身产生出它的内在丰富性。（关于拥有这个范畴，见《二十一印张》文集中赫斯的论文。）//

//因此，对私有财产的扬弃，是人的一切感觉和特性的彻底解放；但这种扬弃之所以是这种解放，正是因为这些感觉和特性无论在主体上还是在客体上都成为人的。眼睛成为人的眼睛，正像眼睛的对象成为社会的、人的、由人并为了人创造出来的对象一样。因此，感党在自己的实践中直接成为理论家。感觉为了物而同物发生关系，但物本身是对自身和对人的一种对象性的、人的关系，反过来也是这样。//// 当物按人的方式同人发生关系时，我才能在实践上按人的方式同物发生关系。因此，需要和享受失去了自己的利己主义性质，而自然界失去了自己的纯粹的有用性，因为效用成了人的效用。

……

二　卡·马克思和弗·恩格斯《共产党宣言》（节选）

二、无产者和共产党人

共产党人同全体无产者的关系是怎样的呢？

共产党人不是同其他工人政党相对立的特殊政党。

他们没有任何同整个无产阶级的利益不同的利益。

他们不提出任何特殊的原则，用以塑造无产阶级的运动。

共产党人同其他无产阶级政党不同的地方只是：一方面，在无产者不同的民族的斗争中，共产党人强调和坚持整个无产阶级共同的不分民族的利益；另一方面，在无产阶级和资产阶级的斗争所经历的各个发展阶段上，共产党人始终代表整个运动的利益。

因此，在实践方面，共产党人是各国工人政党中最坚决的、始终起推动作用的部分；在理论方面，他们胜过其余无产阶级群众的地方在于他们了解无产阶级运动的条件、进程和一般结果。

共产党人的最近目的是和其他一切无产阶级政党的最近目的一样的：使无产阶级形成为阶级，推翻资产阶级的统治，由无产阶级夺取政权。

共产党人的理论原理，决不是以这个或那个世界改革家所发明或发现的思想、原则为根据的。

这些原理不过是现存的阶级斗争、我们眼前的历史运动的真实关系的一般表述。废除先前存在的所有制关系，并不是共产主义所独具的特征。

一切所有制关系都经历了经常的历史更替、经常的历史变更。

例如，法国革命废除了封建的所有制，代之以资产阶级的所有制。

共产主义的特征并不是要废除一般的所有制，而是要废除资产阶级的所有制。

但是，现代的资产阶级私有制是建立在阶级对立上面、建立在一些人对另一些人的剥削上面的产品生产和占有的最后而又最完备的表现。

从这个意义上说，共产党人可以把自己的理论概括为一句话：消灭私有制。

有人责备我们共产党人，说我们要消灭个人挣得的、自己劳动得来的财产，要消灭构成个人的一切自由、活动和独立的基础的财产。

好一个劳动得来的、自己挣得的、自己赚来的财产！你们说的是资产阶级财产出现以前的那种小资产阶级的、小农的财产吗？那种财产用不着我们去消灭，工业的发展已经把它消灭了，而且每天都在消灭它。

或者，你们说的是现代的资产阶级的私有财产吧？

但是，难道雇佣劳动、无产者的劳动，会给无产者创造出财产来吗？没有的事。这种劳动所创造的是资本，即剥削雇佣劳动的财产，只有在不断产生出新的雇佣劳动来重新加以剥削的条件下才能增殖的财产。现今的这种财产是在资本和雇佣劳动的对立中运动的。让我们来看看这种对立的两个方面吧。

做一个资本家，这就是说，他在生产中不仅占有一种纯粹个人的地位，而且占有一种社会的地位。资本是集体的产物，它只有通过社会许多成员的共同活动，而且归根到底只有通过社会全体成员的共同活动，才能运动起来。

因此，资本不是一种个人力量，而是一种社会力量。

因此，把资本变为公共的、属于社会全体成员的财产，这并不是把个人财产变为社会财产。这里所改变的只是财产的社会性质。它将失掉它的阶级性质。

现在，我们来看看雇佣劳动。

雇佣劳动的平均价格是最低限度的工资，即工人为维持其工人的生活所必需的生活资料的数额。因此，雇佣工人靠自己的劳动所占有的东西，只够勉强维持他的生命的再生产。我们决不打算消灭这种供直接生命再生产用的劳动产品的个人占有，这种占有并不会留下任何剩余的东西使人们有可能支配别人的劳动。我们要消灭的只是这种占有的可怜的性质，在这种占有下，工人仅仅为增殖资本而活着，只有在统治阶级的利益需要他活着的时候才能活着。

在资产阶级社会里，活的劳动只是增殖已经积累起来的劳动的一种手段。在共产主义社会里，已经积累起来的劳动只是扩大、丰富和提高工人的生活的一种手段。

因此，在资产阶级社会里是过去支配现在，在共产主义社会里是现在支配过去。在资产阶级社会里，资本具有独立性和个性，而活动着的个人却没有独立性和个性。

而资产阶级却把消灭这种关系说成是消灭个性和自由！说对了。的确，正是要消灭资产者的个性、独立性和自由。

在现今的资产阶级生产关系的范围内，所谓自由就是自由贸易、自由买卖。

但是，买卖一消失，自由买卖也就会消失。关于自由买卖的言论，也像我们的资产者的其他一切关于自由的大话一样，仅仅对于不自由的买卖来说，对于中世纪被奴役的市民来说，才是有意义的，而对于共产主义要消灭买卖、消灭资产阶级生产关系和资产阶级本身这一点来说，却是毫无意义的。

我们要消灭私有制，你们就惊慌起来。但是，在你们的现存社会里，私有财产对十分之九的成员来说已经被消灭了；这种私有制之所以存在，正是因为私有财产对十分之九的成员来说已经不存在。可见，你们责备我们，是说我们要消灭那种以社会上的绝大多数人没有财产为必要条件的所有制。

总而言之，你们责备我们，是说我们要消灭你们的那种所有制。

的确，我们是要这样做的。

从劳动不再能变为资本、货币、地租，一句话，不再能变为可以垄断的社会力量的时候起，就是说，从个人财产不再能变为资产阶级财产的时候起，你们说，个性被消灭了。

由此可见，你们是承认，你们所理解的个性，不外是资产者、资产阶级私有者。这样的个性确实应当被消灭。

共产主义并不剥夺任何人占有社会产品的权力，它只剥夺利用这种占有去奴役他人劳动的权力。

有人反驳说，私有制一消灭，一切活动就会停止，懒惰之风就会兴起。

这样说来，资产阶级社会早就应该因懒惰而灭亡了，因为在这个社会里劳者不获，获者不劳。所有这些顾虑，都可以归结为这样一个同义反复：一旦没有资本，也就不再有雇佣劳动了。

所有这些对共产主义的物质产品的占有方式和生产方式的责备，也被扩展到精神产品的占有和生产方面。正如阶级的所有制的终止在资产者看来是生产本身的终止一样，阶级的教育的终止在他们看来就等于一切教育的终止。

资产者唯恐失去的那种教育，对绝大多数人来说是把人训练成机器。

但是，你们既然用你们资产阶级关于自由、教育、法等等的观念来衡量废除资产阶级所有制的主张，那就请你们不要同我们争论了。你们的观念本身是资产阶级的生产关系和所有制关系的产物，正像你们的法不过是被奉为法律的你们这个阶级的意志一样，而这种意志的内容是由你们这个阶级的物质生活条件来决定的。

你们的利己观念使你们把自己的生产关系和所有制关系从历史的、在生产过程中是暂时的关系变成永恒的自然规律和理性规律，这种利己观念是你们和一切灭亡了的统治阶级所共有的。谈到古代所有制的时候你们所能理解的，谈到封建所有制的时候你们所能理解的，一谈到资产阶级所有制你们就再也不能理解了。

消灭家庭！连极端的激进派也对共产党人的这种可耻的意图表示愤慨。

现代的、资产阶级的家庭是建立在什么基础上的呢？是建立在资本上面，建立在私人发财上面的。这种家庭只是在资产阶级那里才以充分发展的形式存在着，而无产者的被迫独居和公开的卖淫则是它的补充。

资产者的家庭自然会随着它的这种补充的消失而消失，两者都要随着资本的消失而消失。

你们是责备我们要消灭父母对子女的剥削吗？我们承认这种罪状。

但是，你们说，我们用社会教育代替家庭教育，就是要消灭人们最亲密的关系。

而你们的教育不也是由社会决定的吗？不也是由你们进行教育时所处的那种社会关系决定的吗？不也是由社会通过学校等等进行的直接的或间接的干涉决定的吗？共产党人并没有发明社会对教育的作用；他们仅仅是要改变这种作用的性质，要使教育摆脱统治阶级的影响。

无产者的一切家庭联系越是由于大工业的发展而被破坏，他们的子女越是由于这种发展而被变成单纯的商品和劳动工具，资产阶级关于家庭和教育、关于父母和子女的亲密关系的空话就越是令人作呕。

但是，你们共产党人是要实行公妻制的啊。整个资产阶级异口同声地向我们这样叫喊。

资产者是把自己的妻子看做单纯的生产工具的。他们听说生产工具将要公共使用，自然就不能不想到妇女也会遭到同样的命运。

他们想也没有想到，问题正在于使妇女不再处于单纯生产工具的地位。

其实，我们的资产者装得道貌岸然，对所谓的共产党人的正式公妻制表示惊讶，那是再可笑不过了。公妻制无需共产党人来实行，它差不多是一向就有的。

　　我们的资产者不以他们的无产者的妻子和女儿受他们支配为满足，正式的卖淫更不必说了，他们还以互相诱奸妻子为最大的享乐。

　　资产阶级的婚姻实际上是公妻制。人们至多只能责备共产党人，说他们想用正式的、公开的公妻制来代替伪善地掩蔽着的公妻制。其实，不言而喻，随着现在的生产关系的消灭，从这种关系中产生的公妻制，即正式的和非正式的卖淫，也就消失了。

　　有人还责备共产党人，说他们要取消祖国，取消民族。

　　工人没有祖国。决不能剥夺他们所没有的东西。因为无产阶级首先必须取得政治统治，上升为民族的阶级，把自身组织成为民族，所以它本身还是民族的，虽然完全不是资产阶级所理解的那种意思。

　　随着资产阶级的发展，随着贸易自由的实现和世界市场的建立，随着工业生产以及与之相适应的生活条件的趋于一致，各国人民之间的民族分隔和对立日益消失。

　　无产阶级的统治将使它们更快地消失。联合的行动，至少是各文明国家的联合的行动，是无产阶级获得解放的首要条件之一。

　　人对人的剥削一消灭，民族对民族的剥削就会随之消灭。

　　民族内部的阶级对立一消失，民族之间的敌对关系就会随之消失。

　　从宗教的、哲学的和一切意识形态的观点对共产主义提出的种种责难，都不值得详细讨论了。

　　人们的观念、观点和概念，一句话，人们的意识，随着人们的生活条件、人们的社会关系、人们的社会存在的改变而改变，这难道需要经过深思才能了解吗？

　　思想的历史除了证明精神生产随着物质生产的改造而改造，还证明了什么呢？任何一个时代的统治思想始终都不过是统治阶级的思想。

　　当人们谈到使整个社会革命化的思想时，他们只是表明了一个事实：在旧社会内部已经形成了新社会的因素，旧思想的瓦解是同旧生活条件的瓦解步调一致的。

当古代世界走向灭亡的时候，古代的各种宗教就被基督教战胜了。当基督教思想在 18 世纪被启蒙思想击败的时候，封建社会正在同当时革命的资产阶级进行殊死的斗争。信仰自由和宗教自由的思想，不过表明自由竞争在信仰领域里占统治地位罢了。

"但是"，有人会说，"宗教的、道德的、哲学的、政治的、法的观念等等在历史发展的进程中固然是不断改变的，而宗教、道德、哲学、政治和法在这种变化中却始终保存着。

此外，还存在着一切社会状态所共有的永恒真理，如自由、正义等等。但是共产主义要废除永恒真理，它要废除宗教、道德，而不是加以革新，所以共产主义是同至今的全部历史发展相矛盾的。"

这种责难归结为什么呢？至今的一切社会的历史都是在阶级对立中运动的，而这种对立在不同的时代具有不同的形式。

但是，不管阶级对立具有什么样的形式，社会上一部分人对另一部分人的剥削却是过去各个世纪所共有的事实。因此，毫不奇怪，各个世纪的社会意识，尽管形形色色、千差万别，总是在某些共同的形式中运动的，这些形式，这些意识形式，只有当阶级对立完全消失的时候才会完全消失。

共产主义革命就是同传统的所有制关系实行最彻底的决裂；毫不奇怪，它在自己的发展进程中要同传统的观念实行最彻底的决裂。

不过，我们还是把资产阶级对共产主义的种种责难撇开吧。

前面我们已经看到，工人革命的第一步就是使无产阶级上升为统治阶级，争得民主。

无产阶级将利用自己的政治统治，一步一步地夺取资产阶级的全部资本，把一切生产工具集中在国家即组织成为统治阶级的无产阶级手里，并且尽可能快地增加生产力的总量。

要做到这一点，当然首先必须对所有权和资产阶级生产关系实行强制性的干涉，也就是采取这样一些措施，这些措施在经济上似乎是不够充分的和无法持续的，但是在运动进程中它们会越出本身，而且作为变革全部生产方式的手段是必不可少的。

这些措施在不同的国家里当然会是不同的。

但是，最先进的国家几乎都可以采取下面的措施：

1. 剥夺地产，把地租用于国家支出。

2. 征收高额累进税。

3. 废除继承权。

4. 没收一切流亡分子和叛乱分子的财产。

5. 通过拥有国家资本和独享垄断权的国家银行，把信贷集中在国家手里。

6. 把全部运输业集中在国家手里。

7. 按照共同的计划增加国家工厂和生产工具，开垦荒地和改良土壤。

8. 实行普遍劳动义务制，成立产业军，特别是在农业方面。

9. 把农业和工业结合起来，促使城乡对立逐步消灭。

10. 对所有儿童实行公共的和免费的教育。取消现在这种形式的儿童的工厂劳动。把教育同物质生产结合起来，等等。

当阶级差别在发展进程中已经消失而全部生产集中在联合起来的个人的手里的时候，公共权力就失去政治性质。原来意义上的政治权力，是一个阶级用以压迫另一个阶级的有组织的暴力。如果说无产阶级在反对资产阶级的斗争中一定要联合为阶级，通过革命使自己成为统治阶级，并以统治阶级的资格用暴力消灭旧的生产关系，那么它在消灭这种生产关系的同时，也就消灭了阶级对立的存在条件，消灭了阶级本身的存在条件，从而消灭了它自己这个阶级的统治。

代替那存在着阶级和阶级对立的资产阶级旧社会的，将是这样一个联合体，在那里，每个人的自由发展是一切人的自由发展的条件。

三　卡·马克思　《论土地国有化》

地产，即一切财富的原始源泉，现在成了一个大问题，工人阶级的未来将取决于这个问题的解决。

我不想在这里讨论那些主张土地私有的人，那些法学家、哲学家、政治经济学家所提出的全部论据，我只想首先指出，他们曾千方百计地用"天然权利"来掩盖掠夺这一原始事实。如果说掠夺曾使少数人获得天然权利，那么多数人只须聚集足够的力量，便能获得把失去的一切重新夺回的天然权利。

在历史进程中，掠夺者都认为，最好是利用他们硬性规定的法律，使他们凭暴力得到的那些原始权利获得某种社会稳定性。

最后，哲学家出面论证，说这些法律已得到人类的公认。如果土地私有确实以这种公认为依据，那么，一旦它得不到社会中大多数人的认可，显然就应当被取消。

然而，姑且不谈所谓的所有"权"，我确信，社会的经济发展，人口的增长和集中，迫使资本主义农场主在农业中采用集体的和有组织的劳动以及利用机器和其他发明的种种情况，将使土地国有化越来越成为一种"社会必然"，这是关于所有权的任何言论都阻挡不了的。社会的迫切需要将会而且一定会得到满足，社会必然性所要求的变化一定会进行下去，迟早总会使立法适应这些变化的要求。

我们需要的是日益增长的生产，要是让一小撮人随心所欲地按照他们的私人利益来调节生产，或者无知地消耗地力，就无法满足生产增长的各种需要。一切现代方法，如灌溉、排水、蒸汽犁、化学处理等等，应当在农业中广泛采用。但是，我们所具有的科学知识，我们所拥有的耕作技术手段，如机器等，如果不实行大规模的耕作，就不能有效地加以利用。

大规模的耕作（即使在目前这种使耕作者本身沦为役畜的资本主义形式下），从经济的观点来看，既然证明比小块的和分散的土地耕作远为优越，那么，要是采用全国规模的耕作，难道不会更有力地推动生产吗？

一方面，居民的需要在不断增长，另一方面，农产品的价格不断上涨，这就不容争辩地证明，土地国有化已成为一种社会必然。

一旦土地的耕作由国家控制，为国家谋利益，农产品自然就不可能因个别人滥用地力而减少。

今天在辩论这个问题时，我在这里听到，所有的公民都主张土地国有化，但是观点各不相同。

人们经常提到法国，但是法国的农民所有制，比起英国的地主所有制离土地国有化要远得多。的确，在法国凡是买得起土地的人都可以获得土地，但是，正因为如此，土地便分成许多小块，耕种土地的人资金很少，主要依靠本人及其家属的劳动。这种土地所有制形式以及它所要求的小地块耕作的方式，不仅不能采用现代农业的各种改良措施，反而把耕作者本人变成顽固反对社会进步，尤其是反对土地国有化的人。他被束缚在土地上，必须投入全部精力才能获得相当少的回报；他不得不把大部分产品以赋税的形式交给国家，以诉讼费的形式交给讼棍，以利息的形式交给高利贷者；除了他活动的那块小天地，他对社会运动一无所知；他一直痴情地迷恋着他那一小块土地，迷恋着他的纯粹名义上的占有权。于是法国农民就陷入同产业工人阶级相对立的极可悲的境地。

农民所有制既然是土地国有化的最大障碍，所以在目前情况下，法国无疑不是我们应当寻求解决这个重大问题的办法的地方。

在一个资产阶级的政权下，实行土地国有化，并把土地分成小块租给个人或工人合作社，这只会造成他们之间的残酷竞争，促使"地租"逐渐上涨，反而为土地占有者提供了新的便利条件，靠生产者来养活自己。

1868 年，在国际布鲁塞尔代表大会上，我们的一位朋友曾说：

"科学已判决小土地私有制必定灭亡，正义则判决大土地所有制必定灭亡。因此，二者必居其一：土地要么必须成为农业联合体的财产，要么必须成为整个国家的财产。未来将决定这个问题。"

相反，我却认为，社会运动将作出决定：土地只能是国家的财产。把土地交给联合起来的农业劳动者，就等于使整个社会只听从一个生产者阶级摆布。

土地国有化将彻底改变劳动和资本的关系，并最终消灭工业和农业中的资本主义生产方式。只有到那时，阶级差别和各种特权才会随着它们赖以存在的经济基础一同消失。靠他人的劳动而生活将成为往事。与社会相对立的政府或国家政权将不复存在！农业、矿业、工业，总之，一切生产部门将用最合理的方式逐渐组织起来。生产资料的全国性的集中将成为由自由平等的生产者的各联合体所构成的社会的全国性的基础，这些生产者将按照共同的合理的计划进行社会劳动。这就是 19 世纪的伟大经济运动所追求的人道目标。

四　卡·马克思《哥达纲领批判》（节选）

一

1. "劳动是一切财富和一切文化的源泉，而因为有益的劳动只有在社会中和通过社会才是可能的，所以劳动所得应当不折不扣和按照平等的权利属于社会一切成员。"

本段第一部分："劳动是一切财富和一切文化的源泉。"

劳动不是一切财富的源泉。自然界同劳动一样也是使用价值（而物质财富就是由使用价值构成的！）的源泉，劳动本身不过是一种自然力即人的劳动力的表现。上面那句话在一切儿童识字课本里都可以找到，并且在劳动具备相应的对象和资料的前提下是正确的。可是，一个社会主义的纲领不应当容许这种资产阶级的说法回避那些唯一使这种说法具有意义的条件。只有一个人一开始就以所有者的身份来对待自然界这个一切劳动资料和劳动对象的第一源泉，把自然界当做属于他的东西来处置，他的劳动才成为使用价值的源泉，因而也成为财富的源泉。资产者有很充分的理由硬给劳动加上一种超自然的创造力，因为正是由于劳动的自然制约性产生出如下的情况：一个除自己的劳动力以外没有任何其他财产的人，在任何社会的和文化的状态中，都不得不为另一些已经成了劳动的物质条件的所有者的人做奴隶。他只有得到他们的允许才能劳动，因而只有得到他们的允许才能生存。

现在不管这句话有什么毛病，我们且把它放在一边。那么结论应当怎样呢？显然应当是：

"因为劳动是一切财富的源泉，所以社会中的任何人不占有劳动产品就不能占有财富。因此，如果他自己不劳动，他就是靠别人的劳动生活，而且也是靠别人的劳动获得自己的文化。"

可是并没有这样做，反而借助于"而因为"这样的字眼硬接上第二句话，以便从第二句，而不是从第一句作出结论来。

本段第二部分："有益的劳动只有在社会中和通过社会才是可能的。"

按照第一句话，劳动是一切财富和一切文化的源泉，就是说，任何社会都不能离开劳动。相反，我们现在却看到，任何"有益的"劳动都不能离开社会。

那么同样可以说，只有在社会中，无益的、甚至有损公益的劳动才能成为一种行业，只有在社会中才能游手好闲过日子，如此等等，——一句话，可以抄袭卢梭的全部著作了。

而什么是"有益的"劳动呢？那只能是产生预期的有益结果的劳动。一个蒙昧人（而人在他已不再是猿以后就是蒙昧人）用石头击毙野兽、采集果实等等，就是进行"有益的"劳动。

第三，结论："而因为有益的劳动只有在社会中和通过社会才是可能的，所以劳动所得应当不折不扣和按照平等的权利属于社会一切成员。"

多妙的结论！既然有益的劳动只有在社会中和通过社会才是可能的，劳动所得就应当属于社会，其中只有不必用来维持劳动"条件"即维持社会的那一部分，才归各个劳动者所得。

事实上，这个论点在一切时代都被当时的社会制度的先驱提出过。首先要满足政府以及依附于它的各个方面的要求，因为政府是维持社会秩序的社会机关；其次要满足各种私有者的要求，因为各种私有财产是社会的基础，如此等等。你们看，这些空洞的词句是随便怎么摆弄都可以的。

本段第一和第二两部分只有像下面这样说才能有些合乎情理的联系：

"劳动只有作为社会的劳动"，或者换个说法，"只有在社会中和通过社会"，"才能成为财富和文化的源泉"。

这个论点无可争辩地是正确的，因为孤立的劳动（假定它的物质条件是具备的）即使能创造使用价值，也既不能创造财富，又不能创造文化。

但是另一个论点也是同样无可争辩的：

"随着劳动的社会性的发展，以及由此而来的劳动之成为财富和文化的源泉，劳动者方面的贫穷和愚昧、非劳动者方面的财富和文化也发展起来。"

这是直到目前的全部历史的规律。因此，不应当泛泛地谈论"劳动"和"社会"，而应当在这里清楚地证明，在现今的资本主义社会中怎样最终创造了物质的和其他的条件，使工人能够并且不得不铲除这个历史祸害。

实际上，把这整个行文和内容都不妥当的条文放在这里，只不过是为了把拉萨尔的"不折不扣的劳动所得"作为首要口号写在党的旗帜上。以后我还要回过来谈"劳动所得"、"平等的权利"等等，因为同样的东西在下面又以稍微不同的形式重复出现。

2. "在现代社会，劳动资料为资本家阶级所垄断；由此造成的工人阶级的依附性是一切形式的贫困和奴役的原因。"

这段从国际章程中抄来的话，经过这番"修订"就变成错误的了。

在现代社会，劳动资料为土地所有者和资本家所垄断（地产的垄断甚至是资本垄断的基础）。无论是前一个或者后一个垄断者阶级，国际章程在有关条文中都没有指名。它谈到的是"劳动资料即生活源泉的垄断"。"生活源泉"这一补充语充分表明，劳动资料也包括土地。

作这种修订，是因为拉萨尔由于现在大家都知道的原因仅仅攻击资本家阶级，而不攻击土地所有者。在英国，资本家甚至多半不是他的工厂所在的那块土地的所有者。

3. "劳动的解放要求把劳动资料提高为社会的公共财产，要求集体调节总劳动并公平分配劳动所得。"

"把劳动资料提高为公共财产"！应当是说把它们"变为公共财产"。这不过是顺便提一句罢了。

什么是"劳动所得"呢？是劳动的产品呢，还是产品的价值？如果是后者，那么，是产品的总价值呢，或者只是劳动新加在消耗掉的生产资料的价值上的那部分价值？

"劳动所得"是拉萨尔为了代替明确的经济学概念而提出的一个模糊观念。

什么是"公平的"分配呢？

难道资产者不是断言今天的分配是"公平的"吗？难道它事实上不是在现今的生产方式基础上唯一"公平的"分配吗？难道经济关系是由法的概念来调节，而不是相反，从经济关系中产生出法的关系吗？难道各种社会主义宗派分子关于"公平的"分配不是也有各种极不相同的观念吗？

为了弄清楚"公平的分配"一语在这里是什么意思，我们必须把第一段和本段对照一下。本段设想的是这样一个社会，在那里"劳动资料是公共财产，总劳动是由集体调节的"，而在第一段我们则看到，"劳动所得应当不折不扣和按照平等的权利属于社会一切成员"。

"属于社会一切成员"？也属于不劳动的成员吗？那么"不折不扣的劳动所得"又在哪里呢？只属于社会中劳动的成员吗？那么社会一切成员的"平等的权利"又在哪里呢？

"社会一切成员"和"平等的权利"显然只是些空话。问题的实质在于：在这个共产主义社会中，每个劳动者都应当得到拉萨尔的"不折不扣的劳动所得"。

如果我们把"劳动所得"这个用语首先理解为劳动的产品，那么集体的劳动所得就是社会总产品。

现在从它里面应当扣除：

第一，用来补偿消耗掉的生产资料的部分。

第二，用来扩大生产的追加部分。

第三，用来应付不幸事故、自然灾害等的后备基金或保险基金。

从"不折不扣的劳动所得"中扣除这些部分，在经济上是必要的，至于扣除多少，应当根据现有的物资和力量来确定，部分地应当根据概率计算来确定，但是这些扣除无论如何根据公平原则是无法计算的。

剩下的总产品中的另一部分是用来作为消费资料的。

在把这部分进行个人分配之前，还得从里面扣除：

第一，同生产没有直接关系的一般管理费用。

同现代社会比起来，这一部分一开始就会极为显著地缩减，并随着新社会的发展而日益减少。

第二，用来满足共同需要的部分，如学校、保健设施等。

同现代社会比起来，这一部分一开始就会显著地增加，并随着新社会的发展而日益增长。

第三，为丧失劳动能力的人等等设立的基金，总之，就是现在属于所谓官办济贫事业的部分。

只有现在才谈得上纲领在拉萨尔的影响下狭隘地专门注意的那种"分配"，就是说，才谈得上在集体中的各个生产者之间进行分配的那部分消费资料。

"不折不扣的劳动所得"已经不知不觉地变成"有折有扣的"了，虽然从一个处于私人地位的生产者身上扣除的一切，又会直接或间接地用来为处于社会成员地位的这个生产者谋利益。

正如"不折不扣的劳动所得"一语消失了一样，现在，"劳动所得"一语本身也在消失。

在一个集体的、以生产资料公有为基础的社会中，生产者不交换自己的产品；用在产品上的劳动，在这里也不表现为这些产品的价值，不表现为这些产品所具有的某种物的属性，因为这时，同资本主义社会相反，个人的劳动不再经过迂回曲折的道路，而是直接作为总劳动的组成部分存在着。于是，"劳动所得"这个由于含义模糊就是现在也不能接受的用语，便失去了任何意义。

我们这里所说的是这样的共产主义社会，它不是在它自身基础上已经发展了的，恰好相反，是刚刚从资本主义社会中产生出来的，因此它在各方面，在经济、道德和精神方面都还带着它脱胎出来的那个旧社会的痕迹。所以，每一个生产者，在作了各项扣除以后，从社会领回的，正好是他给予社会的。他给予社会的，就是他个人的劳动量。例如，社会劳动日是由全部个人劳动小时构成的；各个生产者的个人劳动时间就是社会劳动日中他所提供的部分，就是社会劳动日中他的一份。他从社会领得一张凭证，证明他提供了多少劳动（扣除他为公共基金而进行的劳动），他根据这张凭证从社会储存中领得一份耗费同等劳动量的消费资料。他以一种形式给予社会的劳动量，又以另一种形式领回来。

显然，这里通行的是调节商品交换（就它是等价的交换而言）的同一原则。内容和形式都改变了，因为在改变了的情况下，除了自己的劳动，谁都不能提供其他任何东西，另一方面，除了个人的消费资料，没有任何东西可以转为个人的财产。至于消费资料在各个生产者中间的分配，那么这里通行的是商品等价物的交换中通行的同一原则，即一种形式的一定量劳动同另一种形式的同量劳动相交换。

所以，在这里平等的权利按照原则仍然是资产阶级权利，虽然原则和实践在这里已不再互相矛盾，而在商品交换中，等价物的交换只是平均来说才存在，不是存在于每个个别场合。

虽然有这种进步，但这个平等的权利总还是被限制在一个资产阶级的框框里。生产者的权利是同他们提供的劳动成比例的；平等就在于以同一尺度——劳动——来计量。但是，一个人在体力或智力上胜过另一个人，因此在同一时间内提供较多的劳动，或者能够劳动较长的时间；而劳动，要当做尺度来用，就必须按照它的时间或强度来确定，不然它就不成其为尺度了。这种平等的权利，对不同等的劳动来说是不平等的权利。它不承认任何阶级差别，因为每个人都像其他人一样只是劳动者；但是它默认，劳动者的不同等的个人天赋，从而不同等的工作能力，是天然特权。所以就它的内容来讲，它像一切权利一样是一种不平等的权利。权利，就它的本性来讲，只在于使用同一尺度；但是不同等的个人（而如果他们不是不同等的，他们就不成其为不同的个人）要用同一尺度去计量，就只有从同一个角度去看待他们，从一个特定的方面去对待他们，例如在现在所讲的这个场合，把他们只当做劳动者，再不把他们看做别的什么，把其他一切都撇开了。其次，一个劳动者已经结婚，另一个则没有；一个劳动者的子女较多，另一个的子女较少，如此等等。因此，在提供的劳动相同，从而由社会消费基金中分得的份额相同的条件下，某一个人事实上所得到的比另一个人多些，也就比另一个人富些，如此等等。要避免所有这些弊病，权利就不应当是平等的，而应当是不平等的。

但是这些弊病，在经过长久阵痛刚刚从资本主义社会产生出来的共产主义社会第一阶段，是不可避免的。权利决不能超出社会的经济结构以及由经济结构制约的社会的文化发展。

在共产主义社会高级阶段，在迫使个人奴隶般地服从分工的情形已经消失，从而脑力劳动和体力劳动的对立也随之消失之后；在劳动已经不仅仅是谋生的手段，而且本身成了生活的第一需要之后；在随着个人的全面发展，他们的生产力也增长起来，而集体财富的一切源泉都充分涌流之后，——只有在那个时候，才能完全超出资产阶级权利的狭隘眼界，社会才能在自己的旗帜上写上：各尽所能，按需分配！

我较为详细地一方面谈到"不折不扣的劳动所得"，另一方面谈到"平等的权利"和"公平的分配"，是为了指出这些人犯了多么大的罪，他们一方面企图把那些在某个时期曾经有一些意义，而现在已变成陈词滥调的见解作为教条重新强加于我们党，另一方面又用民主

主义者和法国社会主义者所惯用的、凭空想象的关于权利等等的废
话，来歪曲那些花费了很大力量才灌输给党而现在已在党内扎了根的
现实主义观点。

　　除了上述一切之外，在所谓分配问题上大做文章并把重点放在它
上面，那也是根本错误的。

　　消费资料的任何一种分配，都不过是生产条件本身分配的结果；
而生产条件的分配，则表现生产方式本身的性质。例如，资本主义生
产方式的基础是：生产的物质条件以资本和地产的形式掌握在非劳动
者手中，而人民大众所有的只是生产的人身条件，即劳动力。既然生
产的要素是这样分配的，那么自然就产生现在这样的消费资料的分
配。如果生产的物质条件是劳动者自己的集体财产，那么同样要产生
一种和现在不同的消费资料的分配。庸俗的社会主义仿效资产阶级经
济学家（一部分民主派又仿效庸俗社会主义）把分配看成并解释成
一种不依赖于生产方式的东西，从而把社会主义描写为主要是围绕着
分配兜圈子。既然真实的关系早已弄清楚了，为什么又要开倒车呢？

　　4. "劳动的解放应当是工人阶级的事情，对它说来，其他一切阶
级只是反动的一帮。"

　　前一句是从国际章程的导言中抄来的，但是经过了"修订"。那
里写道："工人阶级的解放应当是工人自己的事情"；这里却说"工
人阶级"应当解放——解放什么？——"劳动"。谁能理解，就让他
去理解吧。

　　另一方面，作为补偿，后一句引用了地道的拉萨尔的话："对它
（工人阶级）说来，其他一切阶级只组成反动的一帮。"

　　在《共产主义宣言》中写道："在当前同资产阶级对立的一切阶
级中，只有无产阶级是真正革命的阶级。其余的阶级都随着大工业的
发展而日趋没落和灭亡，无产阶级却是大工业本身的产物。"

　　资产阶级，作为大工业的体现者，对封建主和中间等级说来，在
这里是被当做革命阶级看待的，而封建主和中间等级力求保持过时的
生产方式所创造的一切社会阵地。所以他们并不是同资产阶级一起只

组成反动的一帮。

另一方面，无产阶级对资产阶级说来是革命的，因为无产阶级本身是在大工业基地上成长起来的，它力求使生产摆脱资产阶级企图永远保存的资本主义性质。但是，《宣言》又补充说："中间等级……是革命的，那是鉴于他们行将转入无产阶级的队伍。"

所以，从这个观点看来，说什么对工人阶级说来，中间等级"同资产阶级一起"并且加上封建主"只组成反动的一帮"，这也是荒谬的。

难道在最近这次选举中有人向手工业者、小工业家等等以及农民说过：对我们说来，你们同资产者和封建主一起只组成反动的一帮吗？

拉萨尔熟知《共产主义宣言》，就像他的信徒熟知他写的福音书一样。他这样粗暴地歪曲《宣言》，不过是为了粉饰他同专制主义者和封建主义者这些敌人结成的反资产阶级联盟。

此外，在上面这一段，他的格言是勉强塞进去的，它同那句从国际章程中摘来但被歪曲了的引语毫不相干。这纯粹是一种狂妄无耻的做法，而且绝对不是俾斯麦先生所不喜欢的，这是柏林的马拉所干的廉价的蛮横行径之一。

5. "工人阶级为了本身的解放，首先是在现代民族国家的范围内进行活动，同时意识到，它的为一切文明国家的工人所共有的那种努力必然产生的结果，将是各民族的国际的兄弟联合。"

同《共产主义宣言》和先前的一切社会主义相反，拉萨尔从最狭隘的民族观点来理解工人运动。有人竟在这方面追随他，而且这是在国际进行活动以后！

不言而喻，为了能够进行斗争，工人阶级必须在国内作为阶级组织起来，而且它的直接的斗争舞台就是本国。所以，它的阶级斗争不就内容来说，而像《共产主义宣言》所指出的"就形式来说"，是本国范围内的斗争。但是，"现代民族国家的范围"，例如德意志帝国，本身又在经济上"处在世界市场的范围内"，在政治上"处在国家体系的范围内"。任何一个商人都知道德国的贸易同时就是对外贸易，而俾斯麦先生的伟大恰好在于他实行一种国际的政策。

而德国工人党把自己的国际主义归结为什么呢？就是意识到它的努力所产生的结果"将是各民族的国际的兄弟联合"。这句从资产阶级的和平和自由同盟那里抄来的话，是要用来代替各国工人阶级在反对各国统治阶级及其政府的共同斗争中的国际兄弟联合的。这样，关于德国工人阶级的国际职责竟一字不提！德国工人阶级竟然应当这样去对付为反对它而已经同其他一切国家的资产者实现兄弟联合的本国资产阶级，对付俾斯麦先生的国际阴谋政策！

实际上，这个纲领的国际信念，比自由贸易派的国际信念还差得难以估量。自由贸易派也说，它的努力所产生的结果是"各民族的国际的兄弟联合"。但是它还做一些事使贸易成为国际性的，而决不满足于意识到一切民族只在本国从事贸易。

各国工人阶级的国际活动绝对不依赖于"国际工人协会"的存在。"国际工人协会"只是为这种活动创立一个中央机关的第一个尝试；这种尝试由于它所产生的推动力而留下了不可磨灭的成绩，但是在巴黎公社失败之后，已经不能再以它的第一个历史形态继续下去了。

俾斯麦的《北德报》为了使其主子满意，宣称德国工人党在新纲领中放弃了国际主义，这倒是完全说对了。

……

五　卡·马克思《资本论（第一卷）》（节选）

7. 资本主义积累的历史趋势

资本的原始积累，即资本的历史起源，究竟是指什么呢？既然它不是奴隶和农奴直接转化为雇佣工人，因而不是单纯的形式变换，那么它就只是意味着直接生产者的被剥夺，即以自己劳动为基础的私有制的解体。

私有制作为社会的、集体的所有制的对立物，只是在劳动资料和劳动的外部条件属于私人的地方才存在。但是私有制的性质，却依这些私人是劳动者还是非劳动者而有所不同。私有制在最初看来所表现出的无数色层，只不过反映了这两极间的各种中间状态。

劳动者对他的生产资料的私有权是小生产的基础，而小生产又是发展社会生产和劳动者本人的自由个性的必要条件。诚然，这种生产方式在奴隶制度、农奴制度以及其他从属关系中也是存在的。但是，只有在劳动者是自己使用的劳动条件的自由私有者，农民是自己耕种的土地的自由私有者，手工业者是自己运用自如的工具的自由私有者的地方，它才得到充分发展，才显示出它的全部力量，才获得适当的典型的形式。

这种生产方式是以土地和其他生产资料的分散为前提的。它既排斥生产资料的积聚，也排斥协作，排斥同一生产过程内部的分工，排斥对自然的社会统治和社会调节，排斥社会生产力的自由发展。它只同生产和社会的狭隘的自然产生的界限相容。要使它永远存在下去，那就像贝魁尔公正地指出的那样，等于"下令实行普遍的中庸"。它发展到一定的程度，就产生出消灭它自身的物质手段。从这时起，社会内部感到受它束缚的力量和激情就活动起来。这种生产方式必然要被消灭，而且已经在消灭。它的消灭，个人的分散的生产资料转化为社会的积聚的生产资料，从而多数人的小财产转化为少数人的大财产，广大人民群众被剥夺土地、生活资料、劳动工具，——人民群众遭受的这种可怕的残酷的剥夺，形成资本的前史。这种剥夺包含一系列的暴力方法，其中我们只考察了那些具有划时代意义的资本原始积累的方法。对直接生产者的剥夺，是用最残酷无情的野蛮手段，在最下流、最龌龊、最卑鄙和最可恶的贪欲的驱使下完成的。靠自己劳动挣得的私有制，即以各个独立劳动者与其劳动条件相结合为基础的私有制，被资本主义私有制，即以剥削他人的但形式上是自由的劳动为基础的私有制所排挤。

一旦这一转化过程使旧社会在深度和广度上充分瓦解，一旦劳动者转化为无产者，他们的劳动条件转化为资本，一旦资本主义生产方式站稳脚跟，劳动的进一步社会化，土地和其他生产资料的进一步转化为社会地使用的即公共的生产资料，从而对私有者的进一步剥夺，就会采取新的形式。现在要剥夺的已经不再是独立经营的劳动者，而是剥削许多工人的资本家了。

这种剥夺是通过资本主义生产本身的内在规律的作用，即通过资本的集中进行的。一个资本家打倒许多资本家。随着这种集中或少数资本家对多数资本家的剥夺，规模不断扩大的劳动过程的协作形式日益发展，科学日益被自觉地应用于技术方面，土地日益被有计划地利用，劳动资料日益转化为只能共同使用的劳动资料，一切生产资料因作为结合的、社会的劳动的生产资料使用而日益节省，各国人民日益被卷入世界市场网，从而资本主义制度日益具有国际的性质。随着那些掠夺和垄断这一转化过程的全部利益的资本巨头不断减少，贫困、压迫、奴役、退化和剥削的程度不断加深，而日益壮大的、由资本主义生产过程本身的机制所训练、联合和组织起来的工人阶级的反抗也不断增长。资本的垄断成了与这种垄断一起并在这种垄断之下繁盛起来的生产方式的桎梏。生产资料的集中和劳动的社会化，达到了同它们的资本主义外壳不能相容的地步。这个外壳就要炸毁了。资本主义私有制的丧钟就要响了。剥夺者就要被剥夺了。

从资本主义生产方式产生的资本主义占有方式，从而资本主义的私有制，是对个人的、以自己劳动为基础的私有制的第一个否定。但资本主义生产由于自然过程的必然性，造成了对自身的否定。这是否定的否定。这种否定不是重新建立私有制，而是在资本主义时代的成就的基础上，也就是说，在协作和对土地及靠劳动本身生产的生产资料的共同占有的基础上，重新建立个人所有制。

以个人自己劳动为基础的分散的私有制转化为资本主义私有制，同事实上已经以社会的生产经营为基础的资本主义所有制转化为社会所有制比较起来，自然是一个长久得多、艰苦得多、困难得多的过程。前者是少数掠夺者剥夺人民群众，后者是人民群众剥夺少数掠夺者。

附录二

宪法条文选编

一 1789 年人权宣言（暨人权和公民权利宣言）①

组成国民议会的法国人民的代表认为，忽视、遗忘或蔑视人权是公共灾难和政府腐败的唯一原因，特决定把人的自然的、不可剥夺的和神圣的权利阐明于庄严的宣言之中，以使本宣言可以经常地展示给社会团体的各个成员，以不断地提醒他们的权利和义务；以便立法权的行为和行政权的行为能够时刻与每个政治机构的目标相比较，从而使其更加受到尊重；以使公民们从此根据简单而无可置疑的原则关注维护宪法与所有人的幸福。

因此，国民议会，面对上帝并在上帝的庇护下，确认并宣布人权与公民权利如下：

第 1 条 人生而自由平等，终其一生。社会区别仅基于公益之考量。

第 2 条 任何政治结社的目的都在于保护人的自然的和永存的权利，这些权利即自由、财产、安全及反抗压迫。

第 3 条 所有主权的根源本质上属于国民。任何的团体、个人都不得行使其未明确授予的权力。

第 4 条 自由即有权做一切无害于其他人的行为。每个人自然权利的行使只有在为保障社会的其他成员享受同样的权利才可以施以限制。此等限制只能以法律加以规定。

---

① 选自李晓兵：《法国第五共和宪法与宪法委员会》，知识产权出版社 2008 年版。

第5条　法律只能禁止危害社会的行为。未经法律禁止的行为都不得被阻止，任何人都不得被强迫做法律未强制规定的事情。

第6条　法律是公意的表达。所有的公民都有权通过其个人与或由其代表参与法律的制定。法律对于所有人具有同样的效力，无论是提供保护还是施以惩罚。公民在法律面前一律平等，并能平等地根据其能力担任一切要职、公共职位和工作，除非品德和才能的区分之外，不得有任何其他的差别。

第7条　非依法律的规定，并按照法定的程序，任何人不得被控告、逮捕或拘留。凡是动议、发布、执行或令人执行专断的命令者应当受到惩罚，但是任何的公民依法被传唤或扣押，应当立即服从，抗拒者构成犯罪。

第8条　法律只应严格地规定明显而必需的惩罚。非经合法适用犯罪前已经制定并公布的法律，任何人不得被施以惩罚。

第9条　任何人在未被宣告为犯罪之前都应该被推定为无罪。如果认为必须逮捕，则任何不必要的确保其人质的严酷行为都应当受到法律的严厉的制裁。

第10条　任何人不得因为其观点甚至宗教而受到追究，只要这种观点的表达不扰乱法律所保障的公共秩序。

第11条　自由的交流思想和观点是人类最宝贵的权利之一。所有的公民都有言论、著述和出版的自由，但应该依法对滥用此项自由权利承担责任。

第12条　对于人权和公民权利的保障需要武装力量，组建此武装力量是为了所有人的利益，而不是为了它所委托的人的特殊利益。

第13条　为了维持武装力量和行政管理的开支，公共赋税是必要的，应该根据所有公民的能力来予以分担。

第14条　所有的公民都有权通过其个人或由其代表来确定公共赋税的必要性，自由地同意并关注其适用，并决定税额、税基、征收方式和期限。

第15条　社会有权要求公共机构对其行政管理进行说明。

第 16 条　凡个人权利没有保障分权未确立的社会就没有宪法。

第 17 条　财产权神圣不可侵犯，任何人的财产，除非在公共需要时，经合法确定，符合明显的需要，并要事先给予公平的补偿，不得被剥夺。

二　魏玛宪法（1919 年 8 月 11 日）（节选）①

德意志国民团结其种族，一德一心共期改造邦家，永存于自由正义之境，维持国内国外之和平，促进社会之进化，爰制兹宪法。

……

第五章　经济生活

第一五一条　经济生活之组织，应与公平之原则及人类生存维持之目的相适应。在此范围内，各人之经济自由，应予保障。

法律强制，仅得行使于恢复受害者之权利及维持公共幸福之紧急需要。

工商业之自由，应依联邦法律之规定，予以保障。

第一五二条　经济关系，应依照法律规定，为契约自由之原则所支配。

重利，应禁止之。法律行为之违反善良风俗者，视为无效。

第一五三条　所有权，受宪法之保障。其内容及限制，以法律规定之。

公用征收，仅限于裨益公共福利及有法律根据时，始得行之。公用征收，除联邦法律有特别规定外，应予相当赔偿。赔偿之多寡，如有争执时，除联邦宪法有特别规定外，准其在普通法院提起诉讼。联邦对于各邦自治区及公益团体行使公用征收权时，应给予赔偿。

所有权为义务，其使用应同时为公共福利之役务。

第一五四条　继承权，应依照民法之规定受保障。国家对于继承

---

①　选自肖蔚云等编：《宪法学参考资料》（下册），北京大学出版社 2003 年版。

财产所应征收之部分，以法律定之。

第一五五条　土地之分配及利用，应由联邦监督，以防不当之使用，并加以监督，以期德国人均受保障，并有康健之住宅，及德国家庭尤其生齿繁多之家庭，得有家产住宅及业务之所需规定章则时，尤应特别注意参战人员。

因应住宅之需要，奖励拓殖开垦或发展农业，土地所有权得征收之。家族内之土地财产（或译作个人赠遗）应废止之。

土地之耕种及开拓，为土地所有者对于社会之义务。土地价值之增加非由投资或人工而来者，其福利归应社会。

土地宝藏及经济上可以利用之天然力，均在国家监督之下。私人特权，得以法律转移于国家。

第一五六条　联邦得依据法律，照公用征收之规定，将私人经济企业之适合于社会化者，予以赔偿收归公有。各邦或自治区得参与此类经济企业或组合之管理，或以其他方法，保持其一定之势力。

联邦得于紧急需要时，为公共经济计，依照法律，使经济企业及组合相结合，立于自治基础之上，俾得保持一切生利之阶级共同协力。雇主及劳工参加管理经济财务之生产、制造、分配、消费、定价、输出、输入，依公共经济原则规定。生产组合、经济组合及其联合邦团体，如其自行提出要求时，得审查其组织及其特质，使并入于公共经济中。

第一五七条　劳力，受国家特别保护。

联邦应制定划一之劳工法。

第一五八条　智识上之工作，著作权，发明权，美术权，同享受国家之扶持扶助。

德国科学上、美术上、技术上之创作品，应依照国际条约，使其在国外亦享受保护。

第一五九条　为保护及增进劳工条件及经济条件之结社自由，无论何人及何种职业，均应予以保障。

规定及契约之足以限制或妨碍此项自由者，均属违法。

第一六〇条 无论何人，或为雇员，或为劳工，在服务或劳动中，应有尽公民义务之余暇。如职务不受重大妨害时，并应有余暇尽名誉公职。

所受之赔偿及报酬，以法律规定之。

第一六一条 为保持康健及工作能力，保护产妇及预防因老病衰弱之生活经济不生影响起见，联邦应制定概括之保险制度，且使被保险者与闻其事。

第一六二条 关于工作条件之国际法规，其足使世界全体劳动阶级得最低限度之社会权利者，联邦应赞助之。

第一六三条 德国人民，不妨害其人身自由时，应公共福利之需要，应照精神上、体力上之能力，尽道德上之义务。德国人民应有可能之机会，从事经济劳动，以维持生计。无相当劳动机会时，其必需生活应筹划及之。其详细，另以联邦单行法律规定之。

第一六四条 农工商业之独立中流社会，应由立法行政机关设法发展及保护之，使不负担过重及被吞并。

第一六五条 劳动者及受雇者，得以同等权利会同企业家制定工金劳动条件及生产力上之全部经济发展之规章。双方所组织之团体及其协定，均受认可。

劳动者，受雇者，为保持其社会上及经济上之利益起见，得在企业工会及按照经济区域组织之区工会与联邦工会，有法律上之代表。

区工会联邦工会，为履行其全部之经济任务及为执行社会化法律之协助起见，得与企业家代表及其余有关系之人民各界代表集会于区经济会议及联邦经济会议。区经济会议及联邦经济会议之组织，应使全国之重要职业团体，视其经济上、社会上之重要关系，派选代表出席。

关系重大之社会或经济法律草案，应由联邦政府于未提出议会前，提交联邦经济会议审核之。联邦经济会议亦有自行提议此项法律之权。联邦政府不同意时，联邦经济会议得说明其立场，提出于联邦国会。联邦经济会议得派会员一人，代表出席联邦国会。

劳动会议及经济会议，在该管辖范围内，有监督及管理之权。

关于劳动会议及联邦会议之组织及任务，及其对于他项自治团体之关系，专由联邦规定之。

……

三　德意志联邦共和国基本法（节选）①

（1949 年 5 月 23 日由国会颁布并生效）

序　言

德意志人民意识到自己对上帝和人类的责任，本着作为一个联合的欧洲中的一平等成员为世界和平作贡献的意愿，基于其制宪权制定此基本法。

巴登—符腾堡（Baden – Württemberg）、巴伐利亚（Bayern）、柏林（Berlin）、勃兰登堡（Brandenburg）、不来梅（Bremen）、汉堡（Hamburg）、黑森（Hessen）、梅克伦堡—前波莫瑞（Mecklenburg – Vorpommern）、下萨克森（Niedersachsen）、北莱茵—威斯特法伦（Nordrhein – Westfalen）、莱茵兰—普法尔茨（Rheinland – Pfalz）、萨尔（Saarland）、萨克森（Sachsen）、萨克森—安哈特（Sachsen – Anhalt）、石勒苏益格—荷尔斯泰因（Schleswig – Holstein）及图林根（Thüringen）州的德意志人依自由决定完成了德国的统一与自由。因此，本基本法适用于全体德意志人民。

第一章　基本权利

第 1 条

1. 人的尊严不可侵犯。尊重和保护人的尊严是一切国家权力的义务。

2. 为此，德国人民信奉不可侵犯和不可转让的人权是所有人类

---

① 选自孙谦、韩大元主编《欧洲十国宪法》，中国检察出版社 2013 年版。

社会以及世界和平与正义的基础。

3. 下列基本权利作为直接适用的权利，约束立法、行政和司法。

第 2 条

1. 在不侵害他人权利，不违背宪法秩序和道德规范的前提下，人人享有自由施展其人格的权利。

2. 人人享有生命和身体不受侵犯的权利。人身自由不可侵犯。只有依据法律才能介入此类权利。

第 3 条

1. 法律面前人人平等。

2. 男女平等。国家促进男女事实平等的实现，并致力于消除现存不足。

3. 任何人不得因其性别、血统、种族、语言、出生地和出身、信仰、宗教或政治观点而受歧视或优待。任何人不得因残障而受歧视。

第 4 条

1. 信仰和良心的自由以及信奉宗教和世界观的自由不可侵犯。

2. 不受干扰地从事宗教活动受到保障。

3. 任何人不得被迫违背其良心携带武器服兵役。具体细则由联邦法律予以规定。

第 5 条

1. 人人享有以语言、文字和图画自由发表和传播观点以及不受阻挠地从普遍公开的来源中获取信息的权利。出版自由以及广播和电影的报道自由受到保障。对此不得进行审查。

2. 一般法律的规定、有关青少年保护的法律规定以及个人名誉权构成上述权利的界限。

3. 艺术和科学以及研究和教学是自由的。教学自由不得脱离对宪法的忠诚。

第 6 条

1. 婚姻和家庭受国家秩序的特别保护。

2. 抚养和教育子女是父母的天然权利，也是其首先须承担的义务。国家机构对此类行为予以监督。

3. 在违背教育权利人意愿的情况下，仅当教育权利人不能履行义务或子女出于其他原因面临无人照顾的危险时，才可依据法律将子女与家庭分离。

4. 所有母亲均有请求社会保护和照顾的权利。

5. 立法为非婚生子女创造与婚生子女同等的身心成长条件和社会地位。

第 7 条

1. 全部学校教育事业受到国家监督。

2. 教育权利人对于子女是否参加宗教课程享有决定权。

3. 除与宗教无关的学校外，宗教课程在公立学校是一门正式教学科目。在不违背国家监督权的情况下，宗教课程根据宗教团体的原则进行。不得违背教师的意愿分派宗教课程。

4. 开设私立学校的权利受到保障。开设私立学校以代替公立学校须经国家批准并遵守各州法律。如私立学校的教学目的、教学设备和教师的受教育程度不滞后于公立学校且未鼓励根据父母财产情况区别对待学生，则予以批准。如教师的经济和法律地位未得到充分的保障，则不予批准。

5. 仅当课程管理机关认可存在特殊教育利益或应教育权利人的申请，国民学校作为综合学校、宗教学校或培养特定世界观的学校而设立且当地又无此类公立国民学校时，才可允许设立私立国民学校。

6. 仍不得开办预备学校。

第 8 条

1. 所有德国人均享有不携带武器进行和平集会的权利，集会无须事先通告或许可。

2. 对于露天集会的权利，可通过法律或依据法律予以限制。

第 9 条

1. 所有德国人均享有结社的权利。

2. 如社团的宗旨和活动违反刑法、宪法秩序或国际民族谅解精神，则予以禁止。

3. 保障所有人和所有职业为维护和改善劳动和经济条件而结社的权利。企图限制或妨碍此项权利的协议无效，为此采取的措施均属违法。对于第 1 句所指社团为维护和改善劳动和经济条件而进行的劳资斗争，不得采取第 12a 条、第 35 条第 2 款和第 3 款、第 87a 条第 4 款和第 91 条所指措施。

第 10 条

1. 通信秘密以及邮政、电信秘密不可侵犯。

2. 此项权利只能依据法律予以限制。如此种限制有利于保护联邦和州的自由民主基本秩序或保护联邦和州的生存或安全，法律可规定受限制人不被告知且由代议机关指定的机构和辅助机构替代法律诉讼对有关情况进行审查。

第 11 条

1. 所有德国人均享有在整个联邦境内自由迁徙的权利。

2. 在缺乏足够的生活基础且会给公众带来特别负担时，或在联邦或州的生存或自由民主的基本秩序面临危险而需要进行防御时，为抵抗瘟疫的危害、自然灾害或特别重大事故，为防止青少年陷入无人照顾的境地或为预防犯罪行为而具有必要性时，可通过法律或依据法律对迁徙自由权予以限制。

第 12 条

1. 所有德国人均享有自由选择职业、工作岗位和培训场所的权利。从事职业可通过法律或依据法律予以规定。

2. 除针对所有人均相同的传统的一般公共服务义务，任何人均不得被迫从事特定的劳动。

3. 仅在法院判决剥夺自由时，才可允许实施强制劳动。

第 12a 条

1. 男子年满 18 周岁的，可课以在武装部队、联邦边防部队或民防组织中服役的义务。

2. 对于出于良心方面的理由拒绝携带武器服兵役的，可课以替代役义务。替代役的期限不得超过服兵役的期限。具体细则由法律予以规定，但此法律不得限制良心决定自由，必须规定替代役的可能，且替代役与武装部队或联邦边防部队的组织无关联。

3. 对于未根据第 1 款或第 2 款应征服役的服役义务人，可通过法律或依据法律课以在防御状态下包括民防在内的防御性民事役义务并订立劳动关系。仅在执行警察事务或此类只可通过订立公法服役关系才可执行的公共行政主权任务时，才可课以公法服役义务；可在武装部队的后勤或公共行政中建立第 1 句所指的劳动关系；仅在满足生活必需品供应或保障安全时，才可准许在民事后勤领域课以劳动关系义务。

4. 在防御状态下，如自愿参加民役的人员不能满足民事卫生救护以及固定地点的军事救护组织的需要，可通过法律或依据法律规定 18 周岁至 55 周岁的妇女参加此类民役。妇女在任何情况下均不负有携带武器服役的义务。

5. 防御状态之前的阶段，第 3 款所指义务只能根据第 80a 条第 1 款的规定予以设立。如第 3 款规定的服役需要专门知识和技能，为准备此服役，可通过法律或根据法律课以参加培训活动的义务。此种情形下，第 1 句的规定不予适用。

6. 防御状态下，第 3 款第 2 句所指范围内自愿服役的劳力不能满足需要时，可以以保障这一需求为目的通过法律或根据法律限制德国人放弃从事某项职业或工作岗位的自由。进入防御状态之前，第 5 款第 1 句的规定相应适用。

第 13 条

1. 住宅不受侵犯。

2. 只有在法官发布命令后，才可按照法定形式对住宅进行搜查，对于延误有危险的，也可依据法律规定由其他机构发布搜查令且搜查只得以法律规定的形式进行。

3. 如依据有关事实怀疑某人犯有法律规定的某项特别严重的罪

行，且以其他手段对案情进行调查格外困难或无望，可依据法官的命令对犯罪嫌疑人可能停留的住宅采用技术手段进行紧急监控以侦查案情。监控措施应有期限。有关监控命令由 3 名法官组成的审判组织作出。延误有危险时，监控命令亦可由 1 名法官作出。

4. 为防止紧急危害公共安全，特别是为防止公共危险或生命危险，只有依据法官命令才可对住宅采用技术手段进行监控。如存在延误危险，亦可由法律指定的其他机构颁布命令；此种情况下应立即补全法官裁判。

5. 如使用技术手段仅对监控时在住宅中活动的人员进行保护，则可由法律指定的机构命令采取有关措施。只有出于侦查犯罪事实或排除危险的目的，且法官事先对有关措施的合法性确认过时，才可对所获取的情况作其他方面的使用；有延误危险时，应立即补全法官的裁判。

6. 对于依据第 3 款和第 4 款联邦主管范围内所采取的技术手段，以及在法官有必要进行审查的情况下依据第 5 款所采取的技术手段，联邦政府每年向联邦议院报告情况。联邦议院选举产生的委员会依据此项报告实施议会监督。各州保障同样程度的议会监督。

7. 此外，只有在为防止公共危险或个人生命危险，以及依据法律防止紧急危害公共安全和秩序时，特别是在为解决住宿紧缺、对抗瘟疫危害或为保护受到危害的青年时，才可对此进行干预和限制。

第 14 条

1. 财产权和继承权受到保障。内容和限制由法律予以规定。

2. 财产权负有义务。其行使应同时有利于公共福祉。

3. 只有为实现公共福祉才可允许剥夺财产权。对财产权的剥夺只能通过和依据规定了财产补偿方式和程度的法律进行。确定补偿时要公正权衡社会公共利益和相关人的利益。对于补偿额有争议的，可向普通法院提起诉讼。

第 15 条

以社会化为目的，土地、自然资源和生产资料可以依据规定了补偿方式和程度的法律转为公有财产或其他形式的公有经济。对于补偿，第 14 条第 3 款第 3 句和第 4 句相应适用。

第 16 条

1. 德国国籍不容剥夺。国籍的丧失只能依据法律进行，如违反当事人意愿，当事人不得因此成为无国籍人。

2. 任何德国人均不得被引渡到国外。对向欧洲联盟某一成员国或某一国际法院的引渡，在遵守法治国家各项原则的前提下可通过法律作出不同规定。

第 16a 条

1. 遭受政治迫害的人享有避难权。

2. 来自欧洲共同体成员国的公民，或来自其他"难民法律地位条约"和"保障公民人权和基本自由公约"得以适用的国家的公民，不得主张第 1 款所规定的权利。对于满足第 1 句前提条件的欧洲共同体以外的国家，由须经联邦参议院批准的法律予以确定。在第 1 句所指情形中，可不考虑对此提起的法律救济而执行结束居留权的措施。

3. 法律可确定某些国家的法制状况、法律实施和一般政治条件显示在该国家既不存在政治迫害也不存在非人道的或歧视性的处罚待遇现象，但此法须经联邦参议院的批准。如来自此类国家的外国人未陈述有关事实证明其受到政治迫害，则认定其没有遭受迫害。

4. 在第 3 款的情形中和其他明显无理由或明显不能被视为有理由的情形中，只有对结束居留措施的合法性存有严重怀疑时，才可由法院决定暂停执行；对有关审查范围可予以限制，对未按时提交的有关理由可不予考虑。具体细则由法律予以规定。

5. "难民法律地位条约"和"保障公民人权和基本自由公约"在缔约国须予以保障实施，就难民申请的审查，包括相互承认难民申请决定，以及就欧洲共同体成员国遵守上述条约和公约的义务，成员国之间签订的或与第三国签订的国际法协议不与第 1 款至第 4 款发生冲突。

第 17 条

所有人均有以个人方式或与他人共同的方式书面向主管机构和代议机关提出请求和申诉的权利。

第 17a 条

1. 有关兵役和替代役的法律可以规定，在服兵役或替代役期间，对武装部队成员和替代役人员以语言、文字和图画自由发表和传播观点的基本权利（第 5 条第 1 款第 1 句前半句）、集会自由的基本权利（第 8 条）以及法律准许可同他人共同提出请求和申诉的请愿权（第 17 条）予以限制。

2. 为包括民防在内的防御而制定的法律可规定对迁徙自由（第 11 条）和住宅不受侵犯的基本权利（第 13 条）予以限制。

第 18 条

滥用观点表达自由，特别是出版自由（第 5 条第 1 款）以及滥用教学自由（第 5 条第 3 款），集会自由（第 8 条），结社自由（第 9 条），通信、邮政和电信秘密（第 10 条），财产权（第 14 条）和避难权（第 16a 条）来攻击自由民主的基本秩序的人，丧失相应的基本权利。基本权利的丧失和丧失程度由联邦宪法法院宣布。

第 19 条

1. 依据本基本法规定，如某项基本权利可通过法律或依据法律予以限制，该法律须具有普遍适用效力，而不得仅针对个别情况。此外，该法律须指明引用有关基本权利的具体条款。

2. 任何情况下均不得触及基本权利的实质内涵。

3. 如基本权利依其性质也可适用于法人，则适用于国内法人。

4. 无论何人的权利受到公权力的侵害，均可提起诉讼。如无其他主管法院，可向普通法院提起诉讼。第 10 条第 2 款第 2 句的规定不受影响。

……

四　俄罗斯联邦宪法（节选）①

（1993 年 12 月 12 日以全民公决形式通过，

---

①　选自孙谦、韩大元主编《欧洲十国宪法》，中国检察出版社 2013 年版。

1993 年 12 月 25 日公布并生效）

……

第二章　人和公民的权利与自由

第 17 条

1. 俄罗斯联邦根据公认的国际法原则和准则，并依照本宪法的规定，承认和保障人和公民的权利与自由。

2. 人的基本权利和自由是不可让与的，是每个人生来就有的。

3. 人和公民权利与自由的行使，不得损害他人的权利与自由。

第 18 条

人和公民的权利与自由是直接有效的。它们决定着法律的目的、内容和适用，决定着立法权、执行权以及地方自治的活动，并受到司法的保障。

第 19 条

1. 所有人在法律和法庭面前一律平等。

2. 国家保障人和公民不分性别、种族、民族、语言、家庭出身、财产和职务状况、居住地点、宗教信仰、政治信仰、所属的社会联合组织以及其他情况，权利与自由一律平等。禁止按照公民的社会属性、种族属性、民族属性、语言属性或宗教属性，对其权利作出任何形式的限制。

3. 男女享有平等的权利和自由，并享有实现其权利和自由的同等机会。

第 20 条

1. 每个人都有生命权。

2. 在死刑废除之前，死刑可以由联邦法律作为对危及生命的特别严重犯罪的极刑予以规定。但是，应当赋予被告人要求由有陪审团参加的法庭审理其案件的权利。

第 21 条

1. 人的尊严受国家保护。不得以任何理由诋毁人的尊严。

2. 任何人都不应当遭受刑讯、拷打，不应当遭受其他残忍的或有损人格的虐待或惩罚。非经本人同意，任何人都不应当被用于进行医学试验、科学试验或其他试验。

第 22 条

1. 每个人都有自由和人身不受侵犯的权利。

2. 只有根据法院的裁决，才能实施拘留、监禁和羁押。在法院作出裁定之前，任何人都不得被羁押 48 小时以上。

第 23 条

1. 每个人都有私生活不受侵犯的权利，个人秘密和家庭秘密不受侵犯的权利，有维护自己荣誉和名誉的权利。

2. 每个人都有通信秘密、通话秘密、邮件秘密、电报秘密和其他通讯秘密的权利。

只有根据法院的裁决，才能对上述权利予以限制。

第 24 条

1. 未经本人同意，不得收集、保存、利用和传播与其私生活相关的信息。

2. 国家权力机关、地方自治机关及其公职人员必须保证每个人都有了解与其权利和自由直接相关的文件和材料的可能性。但是，法律另有规定的除外。

第 25 条

住宅不受侵犯。任何人均无权违背居住者的意愿侵入其住宅。但是，在联邦法律另有规定的情况下，或者根据法院的裁定进入住宅的除外。

第 26 条

1. 每个人均有权确定和表明自己的民族属性。任何人均不得被强制确定和表明自己的民族属性。

2. 每个人都有使用本民族语言的权利，有自由选择交际用语、教育用语、学习用语和创作用语的权利。

第 27 条

1. 在俄罗斯联邦境内合法居住的每个人，都有自由迁移、选择居留地和居住地的权利。

2. 每个人都可以从俄罗斯联邦自由地出境。俄罗斯联邦公民有自由地返回俄罗斯联邦的权利。

第 28 条

保障每个人都有信仰自由和宗教自由。其中，包括保障每个人有单独地或与他人共同地信仰任何宗教或不信仰任何宗教，自由地选择、拥有和传播宗教信仰或其他信仰的权利，以及遵循上述信仰开展活动的权利。

第 29 条

1. 保障每个人有思想和言论的自由。

2. 禁止从事有可能挑起社会的、种族的、民族的或宗教的仇恨和敌视的宣传与鼓动。禁止宣传某种社会的优越论，禁止宣传某个种族的、民族的、宗教的优越论或语言的优越论。

3. 任何人均不得被强制表达自己的主张和信仰，或者被强制放弃自己的主张和信仰。

4. 任何人都有以任何合法方式自由地收集、获取、传递、编辑和传播信息的权利。属于国家秘密的信息清单，由联邦法律予以规定。

5. 保障大众新闻媒体的自由。禁止新闻检查。

第 30 条

1. 每个人都有结社权，其中包括有成立工会联合会以维护自身利益的权利。保障社会联合组织活动的自由。

2. 任何人均不得被强制加入某个联合组织，或者被强制留在某个联合组织中。

第 31 条

俄罗斯联邦公民有不携带武器地进行和平聚会，召开大会、群众集会以及组织示威游行并设立纠察线的权利。

第 32 条

1. 俄罗斯联邦公民有直接地或者通过自己的代表参加管理国家事务的权利。

2. 俄罗斯联邦公民有选举和被选入国家权力机关和地方自治机关的权利，并有参加全民公决的权利。

3. 被法院认定为无行为能力的公民，以及依据法院判决被羁押在剥夺自由场所里的公民，没有选举权和被选举权。

4. 俄罗斯联邦公民有担任国家公务的同等机会。

5. 俄罗斯联邦公民有参与行使司法权的权利。

第 33 条

俄罗斯联邦公民有权亲自向国家机关和地方自治机关提出诉愿，也有权致函国家机关和地方自治机关提出个人诉愿或者集体诉愿。

第 34 条

1. 每个人都有自由利用其能力和财产以从事企业家活动和未被法律禁止的其他经济活动的权利。

2. 禁止从事以垄断和不正当竞争为目的的经济活动。

第 35 条

1. 私有财产权受法律保护。

2. 每个人都有权拥有私有财产，有权单独地或与他人共同地占有、使用和支配这些财产。

3. 非依据法院的判决，任何人都不得被剥夺其财产。只有为了国家的需要，并且在预先作出等价补偿的条件下，才能对私有财产进行征收。

4. 国家保障继承权。

第 36 条

1. 公民及其联合组织有权拥有作为私有财产的土地。

2. 土地和其他自然资源的所有者，有权自由地占有、使用和支配其土地和其他自然资源。但是，破坏环境和损害他人权利与合法利益的情况除外。

3. 土地利用的条件和程序，根据联邦法律予以规定。

第 37 条

1. 劳动自由。每个人都有自由支配其劳动能力、选择工种和职业的权利。

2. 禁止强制性劳动。

3. 每个人都有在符合安全和卫生要求的条件下从事劳动，不受任何歧视地获得劳动报酬以及所获得的劳动报酬不低于联邦法律规定的最低劳动报酬额的权利。同时，每个人还有免于失业的权利。

4. 国家承认每个人都有利用联邦法律规定的解决劳动争议的方式解决个人和集体劳动争议的权利，其中包括罢工的权利。

5. 每个人都有休息的权利。保障根据劳动合同工作的人享有联邦法律规定的工作时间、休息日、节假日和每年一次的带薪休假。

第 38 条

1. 母亲、儿童和家庭受国家保护。

2. 关心和培养子女是父母同等的权利和义务。

3. 年满 18 岁且有劳动能力的子女，应当关怀丧失劳动能力的父母。

第 39 条

1. 保证每个人在患病、致残、失去供养人的情况下，以及为培育儿童和在法律规定的其他情况下，按照年龄享受社会保障。

2. 国家退休金和社会救济金由法律予以规定。

3. 鼓励自愿参加社会保险，鼓励建立其他的社会保障形式，鼓励创办慈善事业。

第 40 条

1. 每个人都有住宅权。任何人都不得被任意剥夺住宅。

2. 国家权力机关和地方自治机关鼓励住宅建设，创造实现住宅权的条件。

3. 对于生活困难的公民以及法律规定的其他需要住宅的公民，国家应当依照法定标准为其无偿地提供住宅，或者从国家的、地方的和其他的住宅基金中为其提供足够的资金。

第 41 条

1. 每个人都有获得健康保护和医疗帮助的权利。国家和地方的医疗保健机构应当依靠相应的预算资金、医疗保险费及其他收入，无偿地为公民提供医疗帮助。

2. 俄罗斯联邦对保护和增强居民健康的联邦规划提供财政保障，采取措施以发展国家的、地方的和私人的医疗保健体系，鼓励开展各种活动以增强人的身体健康、发展体育运动、保护生态和提高卫生防疫的效果。

3. 公职人员隐瞒足以对人们的生命和健康造成威胁的事实和情况的，应当依照联邦法律的规定追究其责任。

第 42 条

每个人都有获得良好环境的权利，并享有了解环境状况的可靠信息，要求赔偿因实施生态违法行为而对其身体健康或财产造成损失的权利。

第 43 条

1. 每个人都有受教育的权利。

2. 保证每个人都能在国家的或地方的教育机构中以及在企业中，受到免费的学龄前教育、普通教育和中等职业教育。

3. 每个人都有权通过竞争，在国家的或地方的教育机构中以及在企业中免费接受高等教育。

4. 普通教育为义务教育。父母或者替代父母的人应当保证孩子受到普通教育。

5. 俄罗斯联邦制定联邦国家教育标准，支持各种形式的教育和自学。

第 44 条

1. 保障每个人都有从事文学艺术创作、科学技术创造的自由，从事其他类别创作的自由，以及从事教学活动的自由。知识产权受法律保护。

2. 每个人都有参加文化生活、利用文化设施和欣赏文化珍品的权利。

3. 每个人都有义务关心保护历史文化遗产，珍惜历史文物。

第 45 条

1. 在俄罗斯联邦，保证人和公民的权利与自由受到国家保护。

2. 每个人都有权运用法律未予以禁止的一切方式，维护自己的权利和自由。

第 46 条

1. 国家保障对每个人的权利和自由提供司法保护。

2. 对于国家权力机关、地方自治机关、社会联合组织和公职人员的决定与行为（作为或不作为），均可以向法院提出控告。

3. 在国内现有的法律保护手段都已穷尽的情况下，每个人都有权依据俄罗斯联邦签署的国际条约向保护人权和自由的国际机构提出控告。

第 47 条

1. 任何人均不得被剥夺在依照法律规定有管辖权的法院内，由该法院的法官审理其案件的权利。

2. 在联邦法律规定的情况下，被指控犯罪的人享有要求有陪审团参加的法庭审理其案件的权利。

第 48 条

1. 保障每个人都有获得专业性的法律帮助的的权利。在法律规定的情况下，应当无偿地提供法律帮助。

2. 每个被指控犯罪并被拘留、羁押的人，自被拘留、羁押时起或被控告时起，有获得律师（辩护人）帮助的权利。

第 49 条

1. 每个被指控犯罪的人，在其罪行未经联邦法律规定的程序所证实，未被法院作出的已经发生法律效力的判决确认之前，均被视为无罪。

2. 被告人没有证实自己无罪的义务。

3. 难以排除对一个人的有罪怀疑，则应当作出对被告人有利的解释。

第 50 条

1. 任何人均不得因同一犯罪行为被重复判刑。

2. 在行使司法权时，禁止使用以违反联邦法律的方式所获取的证据。

3. 每个因犯罪被判刑的人，享有要求上级法院依照联邦法律规定的程序对判决进行重新审理的权利，也享有请求特赦或减轻处罚的权利。

第 51 条

1. 任何人均没有义务提供对自己、自己的配偶和近亲属不利的证据。近亲属的范围，由联邦法律予以规定。

2. 联邦法律可以规定免于提供证据义务的其他情况。

第 52 条

犯罪行为和滥用权力行为中受害人的权利受法律保护。国家保障受害人能诉诸法院，并保障其受到的损害得到赔偿。

第 53 条

每个人都有要求国家对国家权力机关或国家权力机关公职人员的非法行为（作为或者不作为）造成的损害予以赔偿的权利。

第 54 条

1. 规定或加重责任的法律不具有溯及力。

2. 任何人均不得对其实施时未被认定为违法的行为承担责任。如果在违法行为实施后，该行为应负的责任被撤销或减轻，那么应当适用新法律。

第 55 条

1. 俄罗斯联邦宪法中列举的基本权利与自由，不得被解释为否定或减少人和公民的其他公认的权利与自由。

2. 在俄罗斯联邦，不得颁布取消或减少人和公民权利与自由的法律。

3. 只有为了捍卫宪政制度的原则、道德，为了保护他人的身体健康、权利和合法利益，为了保障国防和国家安全的需要，联邦法律才能在必要的限度内，限制人和公民的权利与自由。

第 56 条

1. 在实行紧急状态的情况下，为了保障公民的安全和捍卫宪政制度，可以依照联邦宪法性法律，对公民的权利和自由作出部分限制性规定。但是，应当明确上述限制性规定的范围及其实施的期限。

2. 在局势需要并遵循联邦宪法性法律所规定程序的情况下，可以在俄罗斯联邦全境或其个别地区实施紧急状态。

3. 对于俄罗斯联邦宪法第 20 条、第 21 条、第 23 条第 1 款、第 24 条、第 28 条、第 34 条第 1 款、第 40 条第 1 款、第 46 条至第 54 条规定的权利和自由，不得作出限制性规定。

第 57 条

每个人都有缴纳法定税金和收费的义务。规定设置新税种或者使纳税人状况恶化的法律，不具有溯及力。

第 58 条

每个人都有保护自然和环境、珍惜自然资源的义务。

第 59 条

1. 保卫祖国是俄罗斯联邦公民的职责和义务。

2. 俄罗斯联邦公民应当依照联邦法律的规定服兵役。

3. 在服兵役违背其信仰或宗教信仰的情况下，以及在联邦法律规定的其他情况下，俄罗斯联邦公民有用履行非军事义务代替服兵役的权利。

第 60 条

俄罗斯联邦公民自年满 18 岁起，就可以独立地行使其全部权利，履行其所有义务。

第 61 条

1. 俄罗斯联邦公民不得被驱逐出俄罗斯联邦国境，或者被引渡给其他国家。

2. 俄罗斯联邦保证向在国外定居的俄罗斯联邦公民提供保护和庇护。

第 62 条

1. 俄罗斯联邦公民可以依照联邦法律或俄罗斯联邦国际条约的规定，取得外国国籍（双重国籍）。

2. 俄罗斯联邦公民拥有外国国籍，并不减少其所享有的权利和自由，也不会免除由俄罗斯国籍所产生的义务。但是，联邦法律或俄罗斯联邦国际条约另有规定的除外。

3. 外国公民和无国籍人在俄罗斯联邦与俄罗斯联邦公民享有同样的权利，承担同样的义务。但是，联邦法律或俄罗斯联邦国际条约另有规定的除外。

第 63 条

1. 俄罗斯联邦根据公认的国际法准则向外国公民和无国籍人提供政治避难。

2. 在俄罗斯联邦，禁止向他国引渡因政治信仰，以及因实施在俄罗斯联邦不被视为犯罪的行为（或不作为）而受到追究的人。引渡被控告实施犯罪的人以及移交被判刑的人到他国服刑，应根据联邦法律或俄罗斯联邦国际条约的规定进行。

第 64 条

本章条款是俄罗斯联邦个人法律地位的原则。非依照本宪法规定的程序，不得予以修改。

……

五　钦定宪法大纲（光绪三十四年八月初一颁发）①

君上大权：

大清皇帝统治大清帝国万世一系，永世尊戴。

君上神圣尊严，不可侵犯。

钦定颁行法律及发交议案之权。（凡法律虽经议院议决而未奉诏令批准颁布者，不得见诸施行。）

召集、开闭、停展及解散议院之权。（解散之时，即令国民重行选举新议员，其被解散之旧议员即与齐民无异；倘有抗违，量其情节

---

① 以下中国宪法文献选自张晋藩：《中国宪法史》（修订本），中国法制出版社 2016 年版。

以相当之法律处治。)

设官制禄及黜陟百司之权。(用人之权操之君上，而大臣辅弼之，议院不得干涉。)

统率陆海军及编定军制之权。(君上调遣全国军队，制定常备兵额，得以全权执行；凡一切军事皆非议院所得干预。)

宣战、媾和、订立条约及派遣使臣与认受使臣之权。(国交之事由君上视裁，不付议院议决。)

宣告戒严之权，当紧急时，得以诏令限制臣民之自由。

爵赏及恩赦之权。(恩出自上，非臣下所得擅专。)

总揽司法权，委任审判衙门，遵钦定法律行之，不以诏令随时更改。(司法之权操之君上，审判官本由君上委任，代行司法；不以诏令随时更改者，案件关系至重，故必以已经钦定法律为准，免涉分歧。)

发命令及使发命令之权，惟已定之法律，非交议院协赞，奏经钦定时，不以命令更改废止。(法律为君上实行司法权之用，命令为君上实行行政权之用，两权分立，故不以命令改废法律。)

在议院闭会时，遇有紧急之事，得发代法律之诏令，并得以诏令筹措必须之财用；惟至次年会期，须交议会协议。

皇室经费应由君上制定常额，自国库提支，议院不得置议。

皇室大典，应由君上督率皇族及特派大臣议定，议院不得干涉。

附：臣民权利义务

(其细目当于宪法起草时酌定)

臣民中有合于法律命令所定资格者得为文武官吏及议员。

臣民于法律范围以内，所有言论、著作、出版及集会结社等事，均准其自由。

臣民非按照法律所定，不加以逮捕、监禁、处罚。

臣民可以请法官审判其呈诉之案件。

臣民应专受法律所定审判衙门之审判。

臣民之财产及居住，无故不加侵扰。

臣民按照法律所定，有纳税当兵之义务。

臣民现完之赋税，非经新定法律更改，悉仍照旧输纳。

臣民有遵守国家法律之义务。

六　中华民国临时约法（节选）

（民国元年三月十一日公布）

……

第二章　人民

第五条　中华民国人民，一律平等，无种族，阶级，宗教之区别。

第六条　人民得享有左列各项之自由权：

一、人民之身体，非依法律，不得逮捕、拘禁、审问、处罚；

二、人民之家宅，非依法律，不得侵入或搜索；

三、人民有保有财产及营业之自由；

四、人民有言论，著作，刊行，及集会，结社之自由；

五、人民有书信秘密之自由；

六、人民有居住迁徙之自由；

七、人民有信教之自由。

第七条　人民有请愿于议会之权。

第八条　人民有陈诉于行政官署之权。

第九条　人民有诉讼于法院，受其审判之权。

第十条　人民对于官吏违法损害权利之行为，有陈诉于平政院之权。

第十一条　人民有应任官考试之权。

第十二条　人民有选举及被选举权。

第十三条　人民依法律有纳税之义务。

第十四条　人民依法律有服兵役之义务。

第十五条　本章所载人民之权利，有认为增进公益，维持治安，或非常紧急必要时，得以法律限制之。

……

七　中华民国宪法（节选）

（民国十二年十月十日公布）

中华民国宪法会议为发扬国光，巩固国圉，增进社会福利，拥护人道尊严，制兹宪法，宣布全国，永矢咸遵，垂之无极。

……

第四章　国　　民

第四条　凡依法律所定，属中华民国国籍者，为中华民国人民。

第五条　中华民国人民，于法律上无种族、阶级、宗教之别，均为平等。

第六条　中华民国人民，非依法律，不受逮捕、监禁、审问或处罚。

人民被羁押时，得依法律，以保护状请求法院提至法庭审查其处理。

第七条　中华民国人民之住居，非依法律，不受侵入或搜索。

第八条　中华民国人民通信之秘密，非依法律，不受侵犯。

第九条　中华民国人民有选择住居及职业之自由，非依法律，不受限制。

第一〇条　中华民国人民有集会结社之自由，非依法律，不受限制。

第一一条　中华民国人民有言论，著作及刊行之自由，非依法律，不受限制。

第一二条　中华民国人民，有尊崇孔子及信仰宗教之自由，非依法律，不受限制。

第一三条　中华民国人民之财产所有权，不受侵犯。但公益上必要之处分，依法律之所定。

第一四条　中华民国人民之自由权，除本章规定外，凡无背于宪政原则者，皆承认之。

第一五条　中华民国人民依法律有诉讼于法院之权。

第一六条　中华民国人民依法律有请愿及陈诉之权。

第一七条　中华民国人民依法律有选举权及被选举权。

第一八条　中华民国人民依法律有从事公职之权。

第一九条　中华民国人民依法律有纳租税之义务。

第二○条　中华民国人民依法律有服兵役之义务。

第二一条　中华民国人民依法律有受初等教育之义务。

……

八　中华民国训政时期约法

（民国二十年六月一日公布）

国民政府本革命之三民主义，五权宪法，以建设中华民国。既由军政时期入于训政时期，允宜公布约法，共同遵守，以期促成宪政，授政于民选之政府。兹谨遵创立中华民国之中国国民党总理遗嘱，召集国民会议于首都，由国民会议制定中华民国训政时期约法如左：

第一章　总纲

第一条　中华民国领土为各省及蒙古西藏。

第二条　中华民国之主权属于国民全体。凡依法律享有中华民国国籍者，为中华民国国民。

第三条　中华民国永为统一共和国。

第四条　中华民国国旗，定为红地左角上青天白日。

第五条　中华民国国都定于南京。

第二章　人民之权利义务

第六条　中华民国国民，无男女、种族、宗教、阶级之区别，在法律上一律平等。

第七条　中华民国国民，依建国大纲第八条之规定，在完全自治之县，享有建国大纲第九条所规定选举、罢免、创制、复决之权。

第八条　人民非依法律不得逮捕拘禁审问处罚。

人民因犯罪嫌疑被逮捕拘禁者，其执行逮捕或拘禁之机关至迟应于二十四小时内，移送审判机关审问，本人或他人并得依法请求于二十四小时内提审。

第九条　人民除现役军人外，非依法律不受军事审判。

第一〇条　人民之住所，非依法律不得侵入搜索或封锢。

第一一条　人民有信仰宗教之自由。

第一二条　人民有迁徙之自由，非依法律不得停止或限制之。

第一三条　人民有通信、通电秘密之自由，非依法律不得停止或限制之。

第一四条　人民有结社集会之自由，非依法律不得停止或限制之。

第一五条　人民有发表言论及刊行著作之自由，非依法律不得停止或限制之。

第一六条　人民之财产，非依法律不得查封或没收。

第一七条　人民财产所有权之行使，在不妨害公共利益之范围内，受法律之保障。

第一八条　人民财产因公共利益之必要，得依法律征用或征收之。

第一九条　人民依法律得享有财产继承权。

第二〇条　人民有请愿之权。

第二一条　人民依法律有诉讼于法院之权。

第二二条　人民依法律有提起诉愿及行政诉讼之权。

第二三条　人民依法律有应考试之权。

第二四条　人民依法律有服公务之权。

第二五条　人民依法律有纳税之义务。

第二六条　人民依法律有服兵役及工役之义务。

第二七条　人民对于公署依法执行职权之行为，有服从之义务。

第三章　训政纲领

第二八条　训政时期之政治纲领及其设施，依建国大纲之规定。

第二九条　地方自治依建国大纲及地方自治开始实行法之规定推行之。

第三〇条　训政时期由中国国民党全国代表大会代表国民大会行使中央统治权。

第三一条　选举、罢免、创制、复决四种政权之行使由国民政府训导之。

第三二条　行政、立法、司法、考试、监察五种治权由国民政府行使之。

第四章　国民生计

第三三条　为发展国民生计，国家对于人民生产事业，应予以奖励及保护。

第三四条　为发展农村经济，改善农民生活，增进佃农福利，国家应积极实施左列事项：

一、垦殖全国荒地，开发农田水利；

二、设立农业金融机关，奖励农村合作事业；

三、实施仓储制度，预防灾荒，充裕民食；

四、发展农业教育，注重科学实验，厉行农业推广，增加农业生产；

五、奖励地方兴筑农村道路，便利物产运输。

第三五条　国家应兴办油、煤、金、铁、矿业，并对于民营矿业，予以奖励及保护。

第三六条　国家应创办国营航业，并对于民营航业，予以奖励及保护。

第三七条　人民得自由选择职业及营业，但有妨害公共利益者，国家得以法律限制或禁止之。

第三八条　人民有缔结契约之自由，在不妨害公共利益及善良风化范围内，受法律之保障。

第三九条　人民为改良经济生活，及促进劳资互助，得依法组织职业团体。

第四〇条　劳资双方应本协调互利原则发展生产事业。

第四一条　为改良劳工生活状况，国家应实施保护劳工法规。

妇女儿童从事劳动者，应按其年龄及身体状态，施以特别之保护。

第四二条　为预防及救济因伤病废老而不能劳动之农民工人等，国家应施行劳动保险制度。

第四三条　为谋国民经济之发展，国家应提倡各种合作事业。

第四四条　人民生活必需品之产销及价格，国家应调正或限制之。

第四五条　借贷之重利及不动产使用之重租，应以法律禁止之。

第四六条　现役军人因服务而致残废者，国家应施以相当之救济。

第五章　国民教育

第四七条　三民主义为中华民国教育之根本原则。

第四八条　男女教育之机会一律平等。

第四九条　全国公私立之教育机关一律受国家之监督，并负推行国家所定教育政策之义务。

第五〇条　已达学龄之儿童应一律受义务教育，其详以法律定之。

第五一条　未受义务教育之人民，应一律受成年补习教育，其详以法律定之。

第五二条　中央及地方应宽筹教育上必需之经费，其依法独立之经费，并予以保障。

第五三条　私立学校成绩优良者，国家应予以奖励或补助。

第五四条　华侨教育，国家应予以奖励及补助。

第五五条　学校教职员成绩优良久于其职者，国家应予以奖励及保障。

第五六条　全国公私立学校应设置免费及奖学金额，以奖励品学俱优无力升学之学生。

第五七条　学术及技术之研究与发明，国家应予以奖励及保护。

第五八条　有关历史文化及艺术之古迹古物，国家应予以保护或保存。

第六章　中央与地方之权限

第五九条　中央与地方之权限，依建国大纲第十七条之规定，采均权制度。

第六〇条　各地方于其事权范围内，得制定地方法规，但与中央法规抵触者无效。

第六一条　中央与地方课税之划分，以法律定之。

第六二条　中央对于各地方课税，为免除下列各款之弊害，以法律限制之：

一、妨害社会公共利益；

二、妨害中央收入之来源；

三、复税；

四、妨害交通；

五、为一地方之利益对于他地方货物之输入为不公平之课税；

六、各地方之物品通过税。

第六三条　工商业之专利、专卖、特许权属于中央。

第六四条　凡一省达到宪政开始时期，中央及地方权限应依建国大纲以法律详细定之。

第七章　政府之组织

第一节　中央制度

第六五条　国民政府总揽中华民国之治权。

第六六条　国民政府统率陆海空军。

第六七条　国民政府行使宣战、媾和、及缔结条约之权。

第六八条　国民政府行使大赦、特赦、及减刑、复权。

第六九条　国民政府授与荣典。

第七○条　国家之岁入岁出，由国民政府编定预算、决算公布之。

第七一条　国民政府设行政院、立法院、司法院、考试院、监察院及各部会。

第七二条　国民政府设主席一人，委员若干人，由中国国民党中央执行委员会选任，委员名额以法律定之。

第七三条　国民政府主席对内对外代表国民政府。

第七四条　各院院长及各部会长以国民政府主席之提请，由国民政府依法任免之。

第七五条　公布法律，发布命令由国民政府主席依法署名行之。

第七六条　各院部会得依法发布命令。

第七七条　国民政府及各院部会之组织以法律定之。

第二节　地方制度

第七八条　省置省政府，受中央之指挥，综理全省政务。其组织以法律定之。

第七九条　凡一省依建国大纲第十六条之规定达到宪政开始时期，国民代表会得选举省长。

第八○条　蒙古西藏之地方制度，得就地方情形，另以法律定之。

第八一条　县置县政府，受省政府之指挥，综理全县政务。其组织以法律定之。

第八二条 各县组织自治筹备会，执行建国大纲第八条所规定之筹备事项。

县自治筹备会之组织以法律定之。

第八三条 工商繁盛，人口集中，或有其他特殊情形之地方，得设各种市区。其组织以法律定之。

第八章 附则

第八四条 凡法律与本约法抵触者无效。

第八五条 本约法之解释权由中国国民党中央执行委员会行使之。

第八六条 宪法草案当本于建国大纲，及训政与宪政两时期之成绩，由立法院议订，随时宣传于民众，以备到时采择施行。

第八七条 全国有过半数省份达到宪政开始时，即全省之地方自治完全成立时期，国民政府应即开国民大会，决定宪法而颁布之。

第八八条 本约法由国民会议制定，交由国民政府公布之。

第八九条 本约法自公布之日施行。

九 中华民国宪法（节选）

（中华民国三十五年十二月二十五日国民大会通过）

中华民国国民大会受全体国民之付托，依据孙中山先生创立中华民国之遗教，为巩固国权，保障民权，奠定社会安宁，增进人民福利，制定本宪法，颁行全国，永矢咸遵。

第一章 总纲

第一条 中华民国基于三民主义，为民有、民治、民享之民主共和国。

第二条 中华民国之主权属于国民全体。

第三条 具有中华民国国籍者为中华民国国民。

第四条 中华民国领土，依其固有之疆域，非经国民大会之决议，不得变更之。

第五条　中华民国各民族一律平等。

第六条　中华民国国旗定为红地，左上角青天白日。

第二章　人民之权利义务

第七条　中华民国人民，无分男女、宗教、种族、阶级、党派，在法律上一律平等。

第八条　人民身体之自由应予保障。除现行犯之逮捕由法律另定外，非经司法或警察机关依法定程序，不得逮捕拘禁；非由法院依法定程序，不得审问处罚；非依法定程序之逮捕、拘禁、审问、处罚，得拒绝之。

人民因犯罪嫌疑被逮捕拘禁时，其逮捕拘禁机关应将逮捕拘禁原因，以书面告知本人及其本人指定之亲友，并至迟于二十四小时内移送该管法院审问。本人或他人亦得声请该管法院，于二十四小时内向逮捕之机关提审。

法院对于前项声请，不得拒绝，并不得先令逮捕拘禁之机关查复。逮捕拘禁之机关，对于法院之提审，不得拒绝或迟延。

人民遭受任何机关非法逮捕拘禁时，其本人或他人得向法院声请追究，法院不得拒绝，并应于二十四小时内向逮捕拘禁之机关追究，依法处理。

第九条　人民除现役军人外，不受军事审判。

第一〇条　人民有居住及迁徙之自由。

第一一条　人民有言论、讲学、著作及出版之自由。

第一二条　人民有秘密通讯之自由。

第一三条　人民有信仰宗教之自由。

第一四条　人民有集会及结社之自由。

第一五条　人民之生存权、工作权及财产权，应予保障。

第一六条　人民有请愿、诉愿及诉讼之权。

第一七条　人民有选举、罢免、创制及复决之权。

第一八条　人民有应考试服公职之权。

第一九条　人民有依法律纳税之义务。

第二〇条　人民有依法律服兵役之义务。

第二一条　人民有受国民教育之权利与义务。

第二二条　凡人民之其他自由及权利，不妨害社会秩序公共利益者，均受宪法之保障。

第二三条　以上各条列举之自由权利，除为防止妨碍他人自由，避免紧急危难，维持社会秩序，或增进公共利益所必要者外，不得以法律限制之。

第二四条　凡公务人员违法侵害人民之自由或权利者，除依法律受惩戒外，应负刑事及民事责任。被害人民就其所受损害，并得依法律向国家请求赔偿。

……

第十三章　基本国策

第一节　国防

第一三七条　中华民国之国防，以保卫国家安全，维护世界和平为目的。

国防之组织，以法律定之。

第一三八条　全国陆海空军，须超出个人、地域及党派关系以外，效忠国家，爱护人民。

第一三九条　任何党派及个人不得以武装力量为政争之工具。

第一四〇条　现役军人不得兼任文官。

第二节　外交

第一四一条　中华民国之外交，应本独立自主之精神，平等互惠之原则，敦睦邦交，尊重条约及联合国宪章，以保护侨民权益，促进国际合作，提倡国际正义，确保世界和平。

第三节　国民经济

第一四二条　国民经济应以民生主义为基本原则，实施平均地权、节制资本，以谋国计民生之均足。

第一四三条　中华民国领土内之土地属于国民全体。人民依法取得之土地所有权，应受法律之保障与限制。私有土地应照价纳税，政府并得照价收买。

附着于土地之矿及经济上可供公众利用之天然力，属于国家所有，不因人民取得土地所有权而受影响。

土地价值非因施以劳力资本而增加者，应由国家征收土地增值税，归人民共享之。

国家对于土地之分配与整理，应以扶植自耕农及自行使用土地人为原则，并规定其适当经营之面积。

第一四四条　公用事业及其他有独占性之企业，以公营为原则，其经法律许可者，得由国民经营之。

第一四五条　国家对于私人财富及私营事业，认为有妨害国计民生之平衡发展者，应以法律限制之。

合作事业应受国家之奖励与扶助。

国民生产事业及对外贸易，应受国家之奖励、指导及保护。

第一四六条　国家应运用科学技术，以兴修水利，增进地利，改善农业环境，规划土地利用，开发农业资源，促成农业之工业化。

第一四七条　中央为谋省与省间之经济平衡发展，对于贫瘠之省，应酌予补助。

省为谋县与县间之经济平衡发展，对于贫瘠之县，应酌予补助。

第一四八条　中华民国领域内，一切货物应许自由流通。

第一四九条　金融机构，应依法受国家之管理。

第一五〇条　国家应普设平民金融机构，以救济失业。

第一五一条　国家对于侨居国外之国民，应扶助并保护其经济事业之发展。

第四节　社会安全

第一五二条　人民具有工作能力者，国家应予以适当之工作机会。

第一五三条　国家为改良劳工及农民之生活，增进其生产技能，应制定保护劳工及农民之法律，实施保护劳工及农民之政策。

妇女儿童从事劳动者，应按其年龄及身体状态，予以特别之保护。

第一五四条　劳资双方应本协调合作原则，发展生产事业。劳资纠纷之调解与仲裁，以法律定之。

第一五五条　国家为谋社会福利，应实施社会保险制度。人民之老弱残废，无力生活，及受非常灾害者，国家应予以适当之扶助与救济。

第一五六条　国家为奠定民族生存发展之基础，应保护母性，并实施妇女儿童福利政策。

第一五七条　国家为增进民族健康，应普遍推行卫生保健事业及公医制度。

第五节　教育文化

第一五八条　教育文化，应发展国民之民族精神、自治精神、国民道德、健全体格、科学及生活智能。

第一五九条　国民受教育之机会一律平等。

第一六〇条　六岁至十二岁之学龄儿童，一律受基本教育，免纳学费。其贫苦者，由政府供给书籍。已逾学龄未受基本教育之国民，一律受补习教育，免纳学费，其书籍亦由政府供给。

第一六一条　各级政府应广设奖学金名额，以扶助学行俱优无力升学之学生。

第一六二条　全国公私立之教育文化机关，依法律受国家之监督。

第一六三条　国家应注重各地区教育之均衡发展，并推行社会教育，以提高一般国民之文化水准。边远及贫瘠地区之教育文化经费，由国库补助之，其重要之教育文化事业，得由中央办理或补助之。

第一六四条　教育、科学、文化之经费，在中央不得少于其预算总额百分之十五，在省不得少于其预算总额百分之二十五，在市县不得少于其预算总额百分之三十五。其依法设置之教育文化基金及产业，应予以保障。

第一六五条　国家应保障教育、科学、艺术工作者之生活，并依国民经济之进展，随时提高其待遇。

第一六六条　国家应奖励科学之发明与创造，并保护有关历史文化艺术之古迹古物。

第一六七条　国家对于左列事业或个人，予以奖励或补助：

一、国内私人经营之教育事业成绩优良者；

二、侨居国外国民之教育事业成绩优良者；

三、于学术或技术有发明者；

四、从事教育久于其职而成绩优良者。

第六节　边疆地区

第一六八条　国家对于边疆地区各民族之地位，应予以合法之保障，并于其地方自治事业，特别予以扶植。

第一六九条　国家对于边疆地区各民族之教育、文化、交通、水利、卫生及其他经济、社会事业，应积极举办，并扶助其发展。对于土地使用，应依其气候、土壤性质，及人民生活习惯之所宜，予以保障及发展。

……

十　中华人民共和国宪法（节选）

（1954年9月20日第一届全国人民代表大会第一次会议通过）

序

中国人民经过一百多年的英勇奋斗，终于在中国共产党领导下，在一九四九年取得了反对帝国主义、封建主义和官僚资本主义的人民革命的伟大胜利，因而结束了长时期被压迫、被奴役的历史，建立了人民民主专政的中华人民共和国。中华人民共和国的人民民主制度，也就是新民主主义制度，保证我国能够通过和平的道路消灭剥削和贫困，建成繁荣幸福的社会主义社会。

从中华人民共和国成立到社会主义社会建成，这是一个过渡时期。国家在过渡时期的总任务是逐步实现国家的社会主义工业化，逐步完成对农业、手工业和资本主义工商业的社会主义改造。我国人民在过去几年内已经胜利地进行了改革土地制度、抗美援朝、镇压反革命分子、恢复国民经济等大规模的斗争，这就为有计划地进行经济建设、逐步过渡到社会主义社会准备了必要的条件。

中华人民共和国第一届全国人民代表大会第一次会议，一九五四年九月二十日在首都北京，庄严地通过中华人民共和国宪法。这个宪法以一九四九年的中国人民政治协商会议共同纲领为基础，又是共同纲领的发展。这个宪法巩固了我国人民革命的成果和中华人民共和国建立以来政治上、经济上的新胜利，并且反映了国家在过渡时期的根本要求和广大人民建设社会主义社会的共同愿望。

我国人民在建立中华人民共和国的伟大斗争中已经结成以中国共产党为领导的各民主阶级、各民主党派、各人民团体的广泛的人民民主统一战线。今后在动员和团结全国人民完成国家过渡时期总任务和反对内外敌人的斗争中，我国的人民民主统一战线将继续发挥它的作用。

我国各民族已经团结成为一个自由平等的民族大家庭。在发扬各民族间的友爱互助、反对帝国主义、反对各民族内部的人民公敌、反对大民族主义和地方民族主义的基础上，我国的民族团结将继续加强。国家在经济建设和文化建设的过程中将照顾各民族的需要，而在社会主义改造的问题上将充分注意各民族发展的特点。

我国同伟大的苏维埃社会主义共和国联盟、同各人民民主国家已经建立了牢不可破的友谊，我国人民同全世界爱好和平的人民的友谊也日见增进，这种友谊将继续发展和巩固。我国根据平等、互利、互相尊重主权和领土完整的原则同任何国家建立和发展外交关系的政策，已经获得成就，今后将继续贯彻。在国际事务中，我国坚定不移的方针是为世界和平和人类进步的崇高目的而努力。

第一章　总纲

第一条　中华人民共和国是工人阶级领导的，以工农联盟为基础的人民民主国家。

第二条　中华人民共和国的一切权力属于人民。人民行使权力的机关是全国人民代表大会和地方各级人民代表大会。

全国人民代表大会、地方各级人民代表大会和其他国家机关，一律实行民主集中制。

第三条　中华人民共和国是统一的多民族的国家。

各民族一律平等。禁止对任何民族的歧视和压迫，禁止破坏各民族团结的行为。

各民族都有使用和发展自己的语言文字的自由，都有保持或者改革自己的风俗习惯的自由。

各少数民族聚居的地方实行区域自治。各民族自治地方都是中华人民共和国不可分离的部分。

第四条　中华人民共和国依靠国家机关和社会力量，通过社会主义工业化和社会主义改造，保证逐步消灭剥削制度，建立社会主义社会。

第五条　中华人民共和国的生产资料所有制现在主要有下列各种：国家所有制，即全民所有制；合作社所有制，即劳动群众集体所有制；个体劳动者所有制；资本家所有制。

第六条　国营经济是全民所有制的社会主义经济，是国民经济中的领导力量和国家实现社会主义改造的物质基础。国家保证优先发展国营经济。

矿藏、水流，由法律规定为国有的森林、荒地和其他资源，都属于全民所有。

第七条　合作社经济是劳动群众集体所有制的社会主义经济，或者是劳动群众部分集体所有制的半社会主义经济。劳动群众部分集体所有制是组织个体农民、个体手工业者和其他个体劳动者走向劳动群众集体所有制的过渡形式。

国家保护合作社的财产，鼓励、指导和帮助合作社经济的发展，并且以发展生产合作为改造个体农业和个体手工业的主要道路。

第八条　国家依照法律保护农民的土地所有权和其他生产资料所有权。

国家指导和帮助个体农民增加生产，并且鼓励他们根据自愿的原则组织生产合作、供销合作和信用合作。

国家对富农经济采取限制和逐步消灭的政策。

第九条　国家依照法律保护手工业者和其他非农业的个体劳动者的生产资料所有权。

国家指导和帮助个体手工业者和其他非农业的个体劳动者改善经营，并且鼓励他们根据自愿的原则组织生产合作和供销合作。

第十条　国家依照法律保护资本家的生产资料所有权和其他资本所有权。

国家对资本主义工商业采取利用、限制和改造的政策。国家通过国家行政机关的管理、国营经济的领导和工人群众的监督，利用资本主义工商业的有利于国计民生的积极作用，限制他们不利于国计民生的消极作用，鼓励和指导他们转变为不同形式的国家资本主义经济，逐步以全民所有制代替资本家所有制。

国家禁止资本家的危害公共利益、扰乱社会经济秩序、破坏国家经济计划的一切非法行为。

第十一条　国家保护公民的合法收入、储蓄、房屋和各种生活资料的所有权。

第十二条　国家依照法律保护公民的私有财产的继承权。

第十三条　国家为了公共利益的需要，可以依照法律规定的条件，对城乡土地和其他生产资料实行征购、征用或者收归国有。

第十四条　国家禁止任何人利用私有财产破坏公共利益。

第十五条　国家用经济计划指导国民经济的发展和改造，使生产力不断提高，以改进人民的物质生活和文化生活，巩固国家的独立和安全。

第十六条 劳动是中华人民共和国一切有劳动能力的公民的光荣的事情。国家鼓励公民在劳动中的积极性和创造性。

第十七条 一切国家机关必须依靠人民群众，经常保持同群众的密切联系，倾听群众的意见，接受群众的监督。

第十八条 一切国家机关工作人员必须效忠人民民主制度，服从宪法和法律，努力为人民服务。

第十九条 中华人民共和国保卫人民民主制度，镇压一切叛国的和反革命的活动，惩办一切卖国贼和反革命分子。

国家依照法律在一定时期内剥夺封建地主和官僚资本家的政治权利，同时给以生活出路，使他们在劳动中改造成为自食其力的公民。

第二十条 中华人民共和国的武装力量属于人民，它的任务是保卫人民革命和国家建设的成果，保卫国家的主权、领土完整和安全。

……

第三章 公民的基本权利和义务

第八十五条 中华人民共和国公民在法律上一律平等。

第八十六条 中华人民共和国年满十八岁的公民，不分民族、种族、性别、职业、社会出身、宗教信仰、教育程度、财产状况、居住期限，都有选举权和被选举权。但是有精神病的人和依照法律被剥夺选举权和被选举权的人除外。

妇女有同男子平等的选举权和被选举权。

第八十七条 中华人民共和国公民有言论、出版、集会、结社、游行、示威的自由。国家供给必需的物资上的便利，以保证公民享受这些自由。

第八十八条 中华人民共和国公民有宗教信仰的自由。

第八十九条 中华人民共和国公民的人身自由不受侵犯。任何公民，非经人民法院决定或者人民检察院批准，不受逮捕。

第九十条 中华人民共和国公民的住宅不受侵犯，通讯秘密受法律的保护。

中华人民共和国公民有居住和迁徙的自由。

第九十一条　中华人民共和国公民有劳动的权利。国家通过国民经济有计划的发展，逐步扩大劳动就业，改善劳动条件和工资待遇，以保证公民享受这种权利。

第九十二条　中华人民共和国劳动者有休息的权利。国家规定工人和职员的工作时间和休假制度，逐步扩充劳动者休息和休养的物资条件，以保证劳动者享受这种权利。

第九十三条　中华人民共和国劳动者在年老、疾病或者丧失劳动能力的时候，有获得物资帮助的权利。国家举办社会保险、社会救济和群众卫生事业，并且逐步扩大这些设施，以保证劳动者享受这种权利。

第九十四条　中华人民共和国公民有受教育的权利。国家设立并且逐步扩大各种学校和其他文化教育机关，以保证公民享受这种权利。

国家特别关怀青年的体力和智力发展。

第九十五条　中华人民共和国保障公民进行科学研究、文学艺术创作和其他文化活动的自由。国家对于从事科学、教育、文学、艺术和其他文化事业的公民的创造性工作，给以鼓励和帮助，

第九十六条　中华人民共和国妇女在政治的、经济的、文化的、社会的和家庭的生活各方面享有同男子平等的权利。

婚姻、家庭、母亲和儿童受国家的保护。

第九十七条　中华人民共和国公民对于任何违法失职的国家机关工作人员，有向各级国家机关提出书面控告或者口头控告的权利。由于国家机关工作人员侵犯公民权利而受到损失的人，有取得赔偿的权利。

第九十八条　中华人民共和国保护国外华侨的正当的权利和利益。

第九十九条　中华人民共和国对于任何由于拥护正义事业、参加

和平运动、进行科学工作而受到迫害的外国人，给以居留的权利。

第一百条　中华人民共和国公民必须遵守宪法和法律，遵守劳动纪律，遵守公共秩序，尊重社会公德。

第一百零一条　中华人民共和国的公共财产神圣不可侵犯。爱护和保卫公共财产是每一个公民的义务。

第一百零二条　中华人民共和国公民有依照法律纳税的义务。

第一百零三条　保卫祖国是中华人民共和国每一个公民的神圣职责。

依照法律服兵役是中华人民共和国公民的光荣义务。

第四章　国旗、国徽、首都

第一百零四条　中华人民共和国国旗是五星红旗。

第一百零五条　中华人民共和国国徽，中间是五星照耀下的天安门，周围是谷穗和齿轮。

第一百零六条　中华人民共和国首都是北京。

十一　中华人民共和国宪法（节选）

（1982年12月4日第五届全国人民代表大会第五次会议通过）

······

第一章　总纲

第一条　中华人民共和国是工人阶级领导的、以工农联盟为基础的人民民主专政的社会主义国家。

社会主义制度是中华人民共和国的根本制度。禁止任何组织或者个人破坏社会主义制度。

第二条　中华人民共和国的一切权力属于人民。

人民行使国家权力的机关是全国人民代表大会和地方各级人民代表大会。

人民依照法律规定，通过各种途径和形式，管理国家事务，管理经济和文化事业，管理社会事务。

第三条　中华人民共和国的国家机构实行民主集中制的原则。

全国人民代表大会和地方各级人民代表大会都由民主选举产生，对人民负责，受人民监督。

国家行政机关、审判机关、检察机关都由人民代表大会产生，对它负责，受它监督。

中央和地方的国家机构职权的划分，遵循在中央的统一领导下，充分发挥地方的主动性、积极性的原则。

第四条　中华人民共和国各民族一律平等。国家保障各少数民族的合法的权利和利益，维护和发展各民族的平等、团结、互助关系。禁止对任何民族的歧视和压迫，禁止破坏民族团结和制造民族分裂的行为。

国家根据各少数民族的特点和需要，帮助各少数民族地区加速经济和文化的发展。

各少数民族聚居的地方实行区域自治，设立自治机关，行使自治权。各民族自治地方都是中华人民共和国不可分离的部分。

各民族都有使用和发展自己的语言文字的自由，都有保持或者改革自己的风俗习惯的自由。

第五条　国家维护社会主义法制的统一和尊严。

一切法律、行政法规和地方性法规都不得同宪法相抵触。

一切国家机关和武装力量、各政党和各社会团体、各企业事业组织都必须遵守宪法和法律。一切违反宪法和法律的行为，必须予以追究。

任何组织或者个人都不得有超越宪法和法律的特权。

第六条　中华人民共和国的社会主义经济制度的基础是生产资料的社会主义公有制，即全民所有制和劳动群众集体所有制。

社会主义公有制消灭人剥削人的制度，实行各尽所能，按劳分配的原则。

第七条　国营经济是社会主义全民所有制经济，是国民经济中的主导力量。国家保障国营经济的巩固和发展。

第八条　农村人民公社、农业生产合作社和其他生产、供销、信用、消费等各种形式的合作经济，是社会主义劳动群众集体所有制经济。参加农村集体经济组织的劳动者，有权在法律规定的范围内经营自留地、自留山、家庭副业和饲养自留畜。

城镇中的手工业、工业、建筑业、运输业、商业、服务业等行业的各种形式的合作经济，都是社会主义劳动群众集体所有制经济。

国家保护城乡集体经济组织的合法的权利和利益，鼓励、指导和帮助集体经济的发展。

第九条　矿藏、水流、森林、山岭、草原、荒地、滩涂等自然资源，都属于国家所有，即全民所有；由法律规定属于集体所有的森林和山岭、草原、荒地、滩涂除外。

国家保障自然资源的合理利用，保护珍贵的动物和植物。禁止任何组织或者个人用任何手段侵占或者破坏自然资源。

第十条　城市的土地属于国家所有。

农村和城市郊区的土地，除由法律规定属于国家所有的以外，属于集体所有；宅基地和自留地、自留山，也属于集体所有。

国家为了公共利益的需要，可以依照法律规定对土地实行征用。

任何组织或者个人不得侵占、买卖、出租或者以其他形式非法转让土地。

一切使用土地的组织和个人必须合理地利用土地。

第十一条　在法律规定范围内的城乡劳动者个体经济，是社会主义公有制经济的补充。国家保护个体经济的合法的权利和利益。

国家通过行政管理，指导、帮助和监督个体经济。

第十二条　社会主义的公共财产神圣不可侵犯。

国家保护社会主义的公共财产。禁止任何组织或者个人用任何手段侵占或者破坏国家的和集体的财产。

第十三条　国家保护公民的合法的收入、储蓄、房屋和其他合法财产的所有权。

国家依照法律规定保护公民的私有财产的继承权。

第十四条　国家通过提高劳动者的积极性和技术水平，推广先进的科学技术，完善经济管理体制和企业经营管理制度，实行各种形式的社会主义责任制，改进劳动组织，以不断提高劳动生产率和经济效益，发展社会生产力。

国家厉行节约，反对浪费。

国家合理安排积累和消费，兼顾国家、集体和个人的利益，在发展生产的基础上，逐步改善人民的物质生活和文化生活。

第十五条　国家在社会主义公有制基础上实行计划经济。国家通过经济计划的综合平衡和市场调节的辅助作用，保证国民经济按比例地协调发展。

禁止任何组织或者个人扰乱社会经济秩序，破坏国家经济计划。

第十六条　国营企业在服从国家的统一领导和全面完成国家计划的前提下，在法律规定的范围内，有经营管理的自主权。

国营企业依照法律规定，通过职工代表大会和其他形式，实行民主管理。

第十七条　集体经济组织在接受国家计划指导和遵守有关法律的前提下，有独立进行经济活动的自主权。

集体经济组织依照法律规定实行民主管理，由它的全体劳动者选举和罢免管理人员，决定经营管理的重大问题。

第十八条　中华人民共和国允许外国的企业和其他经济组织或者个人依照中华人民共和国法律的规定在中国投资，同中国的企业或者其他经济组织进行各种形式的经济合作。

在中国境内的外国企业和其他外国经济组织以及中外合资经营的企业，都必须遵守中华人民共和国的法律。它们的合法的权利和利益受中华人民共和国法律的保护。

第十九条　国家发展社会主义的教育事业，提高全国人民的科学文化水平。

国家举办各种学校，普及初等义务教育，发展中等教育、职业教育和高等教育，并且发展学前教育。

国家发展各种教育设施，扫除文盲，对工人、农民、国家工作人员和其他劳动者进行政治、文化、科学、技术、业务的教育，鼓励自学成才。

国家鼓励集体经济组织、国家企业事业组织和其他社会力量依照法律规定举办各种教育事业。

国家推广全国通用的普通话。

第二十条　国家发展自然科学和社会科学事业，普及科学和技术知识，奖励科学研究成果和技术发明创造。

第二十一条　国家发展医疗卫生事业，发展现代医药和我国传统医药，鼓励和支持农村集体经济组织、国家企业事业组织和街道组织举办各种医疗卫生设施，开展群众性的卫生活动，保护人民健康。

国家发展体育事业，开展群众性的体育活动，增强人民体质。

第二十二条　国家发展为人民服务、为社会主义服务的文学艺术事业、新闻广播电视事业、出版发行事业、图书馆博物馆文化馆和其他文化事业，开展群众性的文化活动。

国家保护名胜古迹、珍贵文物和其他重要历史文化遗产。

第二十三条　国家培养为社会主义服务的各种专业人才，扩大知识分子的队伍，创造条件，充分发挥他们在社会主义现代化建设中的作用。

第二十四条　国家通过普及理想教育、道德教育、文化教育、纪律和法制教育，通过在城乡不同范围的群众中制定和执行各种守则、公约，加强社会主义精神文明的建设。

国家提倡爱祖国、爱人民、爱劳动、爱科学、爱社会主义的公德，在人民中进行爱国主义、集体主义和国际主义、共产主义的教育，进行辩证唯物主义和历史唯物主义的教育，反对资本主义的、封建主义的和其他的腐朽思想。

第二十五条　国家推行计划生育，使人口的增长同经济和社会发展计划相适应。

第二十六条 国家保护和改善生活环境和生态环境，防治污染和其他公害。

国家组织和鼓励植树造林，保护林木。

第二十七条 一切国家机关实行精简的原则，实行工作责任制，实行工作人员的培训和考核制度，不断提高工作质量和工作效率，反对官僚主义。

一切国家机关和国家工作人员必须依靠人民的支持，经常保持同人民的密切联系，倾听人民的意见和建议，接受人民的监督，努力为人民服务。

第二十八条 国家维护社会秩序，镇压叛国和其他反革命的活动，制裁危害社会治安、破坏社会主义经济和其他犯罪的活动，惩办和改造犯罪分子。

第二十九条 中华人民共和国的武装力量属于人民。它的任务是巩固国防，抵抗侵略，保卫祖国，保卫人民的和平劳动，参加国家建设事业，努力为人民服务。

国家加强武装力量的革命化、现代化、正规化的建设，增强国防力量。

第三十条 中华人民共和国的行政区域划分如下：

（一）全国分为省、自治区、直辖市；

（二）省、自治区分为自治州、县、自治县、市；

（三）县、自治县分为乡、民族乡、镇。

直辖市和较大的市分为区、县。自治州分为县、自治县、市。

自治区、自治州、自治县都是民族自治地方。

第三十一条 国家在必要时得设立特别行政区。在特别行政区内实行的制度按照具体情况由全国人民代表大会以法律规定。

第三十二条 中华人民共和国保护在中国境内的外国人的合法权利和利益，在中国境内的外国人必须遵守中华人民共和国的法律。

中华人民共和国对于因为政治原因要求避难的外国人，可以给予受庇护的权利。

第二章　公民的基本权利和义务

第三十三条　凡具有中华人民共和国国籍的人都是中华人民共和国公民。中华人民共和国公民在法律面前一律平等。

任何公民享有宪法和法律规定的权利，同时必须履行宪法和法律规定的义务。

第三十四条　中华人民共和国年满十八周岁的公民，不分民族、种族、性别、职业、家庭出身、宗教信仰、教育程度、财产状况、居住期限，都有选举权和被选举权；但是依照法律被剥夺政治权利的人除外。

第三十五条　中华人民共和国公民有言论、出版、集会、结社、游行、示威的自由。

第三十六条　中华人民共和国公民有宗教信仰自由。

任何国家机关、社会团体和个人不得强制公民信仰宗教或者不信仰宗教，不得歧视信仰宗教的公民和不信仰宗教的公民。

国家保护正常的宗教活动。任何人不得利用宗教进行破坏社会秩序、损害公民身体健康、妨碍国家教育制度的活动。

宗教团体和宗教事务不受外国势力的支配。

第三十七条　中华人民共和国公民的人身自由不受侵犯。

任何公民，非经人民检察院批准或者决定或者人民法院决定，并由公安机关执行，不受逮捕。

禁止非法拘禁和以其他方法非法剥夺或者限制公民的人身自由，禁止非法搜查公民的身体。

第三十八条　中华人民共和国公民的人格尊严不受侵犯。禁止用任何方法对公民进行侮辱、诽谤和诬告陷害。

第三十九条　中华人民共和国公民的住宅不受侵犯。禁止非法搜查或者非法侵入公民的住宅。

第四十条　中华人民共和国公民的通信自由和通信秘密受法律的保护。除因国家安全或者追查刑事犯罪的需要，由公安机关或者检察机关依照法律规定的程序对通信进行检查外，任何组织或者个人不得以任何理由侵犯公民的通信自由和通信秘密。

第四十一条　中华人民共和国公民对于任何国家机关和国家工作人员，有提出批评和建议的权利；对于任何国家机关和国家工作人员的违法失职行为，有向有关国家机关提出申诉、控告或者检举的权利，但是不得捏造或者歪曲事实进行诬告陷害。

对于公民的申诉、控告或者检举，有关国家机关必须查清事实，负责处理。任何人不得压制和打击报复。

由于国家机关和国家工作人员侵犯公民权利而受到损失的人，有依照法律规定取得赔偿的权利。

第四十二条　中华人民共和国公民有劳动的权利和义务。

国家通过各种途径创造劳动就业条件，加强劳动保护，改善劳动条件，并在发展生产的基础上，提高劳动报酬和福利待遇。

劳动是一切有劳动能力的公民的光荣职责。国营企业和城乡集体经济组织的劳动者都应当以国家主人翁的态度对待自己的劳动。国家提倡社会主义劳动竞赛，奖励劳动模范和先进工作者。国家提倡公民从事义务劳动。

国家对就业前的公民进行必要的劳动就业训练。

第四十三条　中华人民共和国劳动者有休息的权利。

国家发展劳动者休息和休养的设施，规定职工的工作时间和休假制度。

第四十四条　国家依照法律规定实行企业事业组织的职工和国家机关工作人员的退休制度。退休人员的生活受到国家和社会的保障。

第四十五条　中华人民共和国公民在年老、疾病或者丧失劳动能力的情况下，有从国家和社会获得物质帮助的权利。国家发展为公民享受这些权利所需要的社会保险、社会救济和医疗卫生事业。

国家和社会保障残废军人的生活，抚恤烈士家属，优待军人家属。

国家和社会帮助安排盲、聋、哑和其他有残疾的公民的劳动、生活和教育。

第四十六条　中华人民共和国公民有受教育的权利和义务。

国家培养青年、少年、儿童在品德、智力、体质等方面全面发展。

第四十七条　中华人民共和国公民有进行科学研究、文学艺术创作和其他文化活动的自由。国家对于从事教育、科学、技术、文学、艺术和其他文化事业的公民的有益于人民的创造性工作，给以鼓励和帮助。

第四十八条　中华人民共和国妇女在政治的、经济的、文化的、社会的和家庭的生活等各方面享有同男子平等的权利。

国家保护妇女的权利和利益，实行男女同工同酬，培养和选拔妇女干部。

第四十九条　婚姻、家庭、母亲和儿童受国家的保护。

夫妻双方有实行计划生育的义务。

父母有抚养教育未成年子女的义务，成年子女有赡养扶助父母的义务。

禁止破坏婚姻自由，禁止虐待老人、妇女和儿童。

第五十条　中华人民共和国保护华侨的正当的权利和利益，保护归侨和侨眷的合法的权利和利益。

第五十一条　中华人民共和国公民在行使自由和权利的时候，不得损害国家的、社会的、集体的利益和其他公民的合法的自由和权利。

第五十二条　中华人民共和国公民有维护国家统一和全国各民族团结的义务。

第五十三条　中华人民共和国公民必须遵守宪法和法律，保守国家秘密，爱护公共财产，遵守劳动纪律，遵守公共秩序，尊重社会公德。

第五十四条　中华人民共和国公民有维护祖国的安全、荣誉和利益的义务，不得有危害祖国的安全、荣誉和利益的行为。

第五十五条　保卫祖国、抵抗侵略是中华人民共和国每一个公民的神圣职责。

依照法律服兵役和参加民兵组织是中华人民共和国公民的光荣义务。

第五十六条　中华人民共和国公民有依照法律纳税的义务。

……

中华人民共和国宪法修正案

(1988 年 4 月 12 日第七届全国人民代表大会第一次会议通过
1988 年 4 月 12 日全国人民代表大会公告第八号公布施行)

第一条　宪法第十一条增加规定："国家允许私营经济在法律规定的范围内存在和发展。私营经济是社会主义公有制经济的补充。国家保护私营经济的合法的权利和利益，对私营经济实行引导、监督和管理。"

第二条　宪法第十条第四款"任何组织或者个人不得侵占、买卖、出租或者以其他形式非法转让土地。"修改为："任何组织或者个人不得侵占、买卖或者以其他形式非法转让土地。土地的使用权可以依照法律的规定转让。"

中华人民共和国宪法修正案

(1993 年 3 月 29 日第八届全国人民代表大会第一次会议通过)

第三条　宪法序言第七自然段后两句："今后国家的根本任务是集中力量进行社会主义现代化建设。中国各族人民将继续在中国共产党领导下，在马克思列宁主义、毛泽东思想指引下，坚持人民民主专政，坚持社会主义道路，不断完善社会主义的各项制度，发展社会主义民主，健全社会主义法制，自力更生，艰苦奋斗，逐步实现工业、农业、国防和科学技术的现代化，把我国建设成为高度文明、高度民主的社会主义国家。"修改为："我国正处于社会主义初级阶段。国家的根本任务是，根据建设有中国特色社会主义的理论，集中力量进行社会主义现代化建设。中国各族人民将继续在中国共产党领导下，在马克思列宁主义、毛泽东思想指引下，坚持人民民主专政，坚持社会主义道路，坚持改革开放，不断完善社会主义的各项制度，发展社会主义民主，健全社会主义法制，自力更生，艰苦奋斗，逐步实现工业、农业、国防和科学技术的现代化，把我国建设成为富强、民主、文明的社会主义国家。"

第四条　宪法序言第十自然段末尾增加："中国共产党领导的多党合作和政治协商制度将长期存在和发展。"

第五条　宪法第七条："国营经济是社会主义全民所有制经济，是国民经济中的主导力量。国家保障国营经济的巩固和发展。"修改为："国有经济，即社会主义全民所有制经济，是国民经济中的主导力量。国家保障国有经济的巩固和发展。"

第六条　宪法第八条第一款："农村人民公社、农业生产合作社和其他生产、供销、信用、消费等各种形式的合作经济，是社会主义劳动群众集体所有制经济。参加农村集体经济组织的劳动者，有权在法律规定的范围内经营自留地、自留山、家庭副业和饲养自留畜。"修改为："农村中的家庭联产承包为主的责任制和生产、供销、信用、消费等各种形式的合作经济，是社会主义劳动群众集体所有制经济。参加农村集体经济组织的劳动者，有权在法律规定的范围内经营自留地、自留山、家庭副业和饲养自留畜。"

第七条　宪法第十五条："国家在社会主义公有制基础上实行计划经济。国家通过经济计划的综合平衡和市场调节的辅助作用，保证国民经济按比例地协调发展。""禁止任何组织或者个人扰乱社会经济秩序，破坏国家经济计划。"修改为："国家实行社会主义市场经济。""国家加强经济立法，完善宏观调控。""国家依法禁止任何组织或者个人扰乱社会经济秩序。"

第八条　宪法第十六条："国营企业在服从国家的统一领导和全面完成国家计划的前提下，在法律规定的范围内，有经营管理的自主权。""国营企业依照法律规定，通过职工代表大会和其他形式，实行民主管理。"修改为："国有企业在法律规定的范围内有权自主经营。""国有企业依照法律规定，通过职工代表大会和其他形式，实行民主管理。"

第九条 宪法第十七条："集体经济组织在接受国家计划指导和遵守有关法律的前提下，有独立进行经济活动的自主权。""集体经济组织依照法律规定实行民主管理，由它的全体劳动者选举和罢免管理人员，决定经营管理的重大问题。"修改为："集体经济组织在遵守有关法律的前提下，有独立进行经济活动的自主权。""集体经济组织实行民主管理，依照法律规定选举和罢免管理人员，决定经营管理的重大问题。"

第十条 宪法第四十二条第三款："劳动是一切有劳动能力的公民的光荣职责。国营企业和城乡集体经济组织的劳动者都应当以国家主人翁的态度对待自己的劳动。国家提倡社会主义劳动竞赛，奖励劳动模范和先进工作者。国家提倡公民从事义务劳动。"修改为："劳动是一切有劳动能力的公民的光荣职责。国有企业和城乡集体经济组织的劳动者都应当以国家主人翁的态度对待自己的劳动。国家提倡社会主义劳动竞赛，奖励劳动模范和先进工作者。国家提倡公民从事义务劳动。"

第十一条 宪法第九十八条："省、直辖市、设区的市的人民代表大会每届任期五年。县、不设区的市、市辖区、乡、民族乡、镇的人民代表大会每届任期三年。"修改为："省、直辖市、县、市、市辖区的人民代表大会每届任期五年。乡、民族乡、镇的人民代表大会每届任期三年。"

中华人民共和国宪法修正案

（1999 年 3 月 15 日第九届全国人民代表大会第二次会议通过）

第十二条 宪法序言第七自然段："中国新民主主义革命的胜利和社会主义事业的成就，都是中国共产党领导中国各族人民，在马克思列宁主义、毛泽东思想的指引下，坚持真理，修正错误，战胜许多艰难险阻而取得的。我国正处于社会主义初级阶段。国家的根本任务是，根据建设有中国特色社会主义的理论，集中力量进行社会主义现代化建设。中国各族人民将继续在中国共产党领导下，在马克思列宁主义、毛泽东思想指引下，坚持人民民主专政，坚持社会主义道路，坚持改革开放，不断完善社会主义的各项制度，发展社会主义民主，健全社会主义法制，自力更生，艰苦奋斗，逐步实现工业、农业、国防和科学技术的现代化，把我国建设成为富强、民主、文明的社会主义国家。"修改为："中国新民主主义革命的胜利和社会主义事业的成就，是中国共产党领导中国各族人民，在马克思列宁主义、毛泽东思想的指引下，坚持真理，修正错误，战胜许多艰难险阻而取得的。我国将长期处于社会主义初级阶段。国家的根本任务是，沿着建设有中国特色社会主义的道路，集中力量进行社会主义现代化建设。中国各族人民将继续在中国共产党领导下，在马克思列宁主义、毛泽东思想、邓小平理论指引下，坚持人民民主专政，坚持社会主义道路，坚持改革开放，不断完善社会主义的各项制度，发展社会主义市场经济，发展社会主义民主，健全社会主义法制，自力更生，艰苦奋斗，逐步实现工业、农业、国防和科学技术的现代化，把我国建设成为富强、民主、文明的社会主义国家。"

第十三条　宪法第五条增加一款，作为第一款，规定："中华人民共和国实行依法治国，建设社会主义法治国家。"

第十四条　宪法第六条："中华人民共和国的社会主义经济制度的基础是生产资料的社会主义公有制，即全民所有制和劳动群众集体所有制。""社会主义公有制消灭人剥削人的制度，实行各尽所能，按劳分配的原则。"修改为："中华人民共和国的社会主义经济制度的基础是生产资料的社会主义公有制，即全民所有制和劳动群众集体所有制。社会主义公有制消灭人剥削人的制度，实行各尽所能、按劳分配的原则。""国家在社会主义初级阶段，坚持公有制为主体、多种所有制经济共同发展的基本经济制度，坚持按劳分配为主体、多种分配方式并存的分配制度。"

第十五条　宪法第八条第一款："农村中的家庭联产承包为主的责任制和生产、供销、信用、消费等各种形式的合作经济，是社会主义劳动群众集体所有制经济。参加农村集体经济组织的劳动者，有权在法律规定的范围内经营自留地、自留山、家庭副业和饲养自留畜。"修改为："农村集体经济组织实行家庭承包经营为基础、统分结合的双层经营体制。农村中的生产、供销、信用、消费等各种形式的合作经济，是社会主义劳动群众集体所有制经济。参加农村集体经济组织的劳动者，有权在法律规定的范围内经营自留地、自留山、家庭副业和饲养自留畜。"

第十六条　宪法第十一条："在法律规定范围内的城乡劳动者个体经济，是社会主义公有制经济的补充。国家保护个体经济的合法的权利和利益。""国家通过行政管理，指导、帮助和监督个体经济。""国家允许私营经济在法律规定的范围内存在和发展。私营经济是社会主义公有制经济的补充。国家保护私营经济的合法的权利和利益，对私营经济实行引导、监督和管理。"修改为："在法律规定范围内的个体经济、私营经济等非公有制经济，是社会主义市场经济的重要组成部分。""国家保护个体经济、私营经济的合法的权利和利益。国家对个体经济、私营经济实行引导、监督和管理。"

第十七条　宪法第二十八条："国家维护社会秩序，镇压叛国和其他反革命的活动，制裁危害社会治安、破坏社会主义经济和其他犯罪的活动，惩办和改造犯罪分子。"修改为："国家维护社会秩序，镇压叛国和其他危害国家安全的犯罪活动，制裁危害社会治安、破坏社会主义经济和其他犯罪的活动，惩办和改造犯罪分子。"

中华人民共和国宪法修正案

（2004 年 3 月 14 日第十届全国人民代表大会第二次会议通过）

第十八条　宪法序言第七自然段中"在马克思列宁主义、毛泽东思想、邓小平理论指引下"修改为"在马克思列宁主义、毛泽东思想、邓小平理论和'三个代表'重要思想指引下"，"沿着建设有中国特色社会主义的道路"修改为"沿着中国特色社会主义道路"，"逐步实现工业、农业、国防和科学技术的现代化"之后增加"推动物质文明、政治文明和精神文明协调发展"。这一自然段相应地修改为："中国新民主主义革命的胜利和社会主义事业的成就，是中国共产党领导中国各族人民，在马克思列宁主义、毛泽东思想的指引下，坚持真理，修正错误，战胜许多艰难险阻而取得的。我国将长期处于社会主义初级阶段。国家的根本任务是，沿着中国特色社会主义道路，集中力量进行社会主义现代化建设。中国各族人民将继续在中国共产党领导下，在马克思列宁主义、毛泽东思想、邓小平理论和'三个代表'重要思想指引下，坚持人民民主专政，坚持社会主义道路，坚持改革开放，不断完善社会主义的各项制度，发展社会主义市场经济，发展社会主义民主，健全社会主义法制，自力更生，艰苦奋斗，逐步实现工业、农业、国防和科学技术的现代化，推动物质文明、政治文明和精神文明协调发展，把我国建设成为富强、民主、文明的社会主义国家。"

第十九条 宪法序言第十自然段第二句"在长期的革命和建设过程中，已经结成由中国共产党领导的，有各民主党派和各人民团体参加的，包括全体社会主义劳动者、拥护社会主义的爱国者和拥护祖国统一的爱国者的广泛的爱国统一战线，这个统一战线将继续巩固和发展。"修改为："在长期的革命和建设过程中，已经结成由中国共产党领导的，有各民主党派和各人民团体参加的，包括全体社会主义劳动者、社会主义事业的建设者、拥护社会主义的爱国者和拥护祖国统一的爱国者的广泛的爱国统一战线，这个统一战线将继续巩固和发展。"

第二十条 宪法第十条第三款"国家为了公共利益的需要，可以依照法律规定对土地实行征用。"修改为："国家为了公共利益的需要，可以依照法律规定对土地实行征收或者征用并给予补偿。"

第二十一条 宪法第十一条第二款"国家保护个体经济、私营经济的合法的权利和利益。国家对个体经济、私营经济实行引导、监督和管理。"修改为："国家保护个体经济、私营经济等非公有制经济的合法的权利和利益。国家鼓励、支持和引导非公有制经济的发展，并对非公有制经济依法实行监督和管理。"

第二十二条 宪法第十三条"国家保护公民的合法的收入、储蓄、房屋和其他合法财产的所有权。""国家依照法律规定保护公民的私有财产的继承权。"修改为："公民的合法的私有财产不受侵犯。""国家依照法律规定保护公民的私有财产权和继承权。""国家为了公共利益的需要，可以依照法律规定对公民的私有财产实行征收或者征用并给予补偿。"

第二十三条 宪法第十四条增加一款，作为第四款："国家建立健全同经济发展水平相适应的社会保障制度。"

第二十四条 宪法第三十三条增加一款，作为第三款："国家尊重和保障人权。"第三款相应地改为第四款。

第二十五条 宪法第五十九条第一款"全国人民代表大会由省、自治区、直辖市和军队选出的代表组成。各少数民族都应当有适当名额的代表。"修改为："全国人民代表大会由省、自治区、直辖市、特别行政区和军队选出的代表组成。各少数民族都应当有适当名额的代表。"

第二十六条 宪法第六十七条全国人民代表大会常务委员会职权第二十项"（二十）决定全国或者个别省、自治区、直辖市的戒严"修改为"（二十）决定全国或者个别省、自治区、直辖市进入紧急状态"。

第二十七条 宪法第八十条"中华人民共和国主席根据全国人民代表大会的决定和全国人民代表大会常务委员会的决定，公布法律，任免国务院总理、副总理、国务委员、各部部长、各委员会主任、审计长、秘书长，授予国家的勋章和荣誉称号，发布特赦令，发布戒严令，宣布战争状态，发布动员令。"修改为："中华人民共和国主席根据全国人民代表大会的决定和全国人民代表大会常务委员会的决定，公布法律，任免国务院总理、副总理、国务委员、各部部长、各委员会主任、审计长、秘书长，授予国家的勋章和荣誉称号，发布特赦令，宣布进入紧急状态，宣布战争状态，发布动员令。"

第二十八条　宪法第八十一条"中华人民共和国主席代表中华人民共和国，接受外国使节；根据全国人民代表大会常务委员会的决定，派遣和召回驻外全权代表，批准和废除同外国缔结的条约和重要协定。"修改为："中华人民共和国主席代表中华人民共和国，进行国事活动，接受外国使节；根据全国人民代表大会常务委员会的决定，派遣和召回驻外全权代表，批准和废除同外国缔结的条约和重要协定。"

第二十九条　宪法第八十九条国务院职权第十六项"（十六）决定省、自治区、直辖市的范围内部分地区的戒严"修改为"（十六）依照法律规定决定省、自治区、直辖市的范围内部分地区进入紧急状态"。

第三十条　宪法第九十八条"省、直辖市、县、市、市辖区的人民代表大会每届任期五年。乡、民族乡、镇的人民代表大会每届任期三年。"修改为："地方各级人民代表大会每届任期五年。"

第三十一条　宪法第四章章名"国旗、国徽、首都"修改为"国旗、国歌、国徽、首都"。宪法第一百三十六条增加一款，作为第二款："中华人民共和国国歌是《义勇军进行曲》。

参考文献

一　著作类

1. 《马克思恩格斯选集》第 1—4 卷，中共中央马克思恩格斯列宁斯大林著作编译局编译，人民出版社 1995 年版。

2. 《马克思恩格斯文集》第 1—10 卷，人民出版社 2009 年版。

3. 《马克思恩格斯全集》第 1 卷，人民出版社 1995 年版。

4. 《马克思恩格斯全集》第 3 卷，人民出版社 2002 年版。

5. 《马克思恩格斯全集》第 5 卷，人民出版社 1958 年版。

6. 《马克思恩格斯全集》第 19 卷，人民出版社 1963 年版。

7. 《马克思恩格斯全集》第 21 卷，人民出版社 2003 年版。

8. 《马克思恩格斯全集》第 23 卷，人民出版社 1972 年版。

9. 《马克思恩格斯全集》第 25 卷，人民出版社 2001 年版。

10. 《马克思恩格斯全集》第 42 卷，人民出版社 1979 年版。

11. 《马克思恩格斯全集》第 44 卷，人民出版社 2001 年版。

12. 《马克思恩格斯全集》第 46 卷上册，人民出版社 1979 年版。

13. 《马克思恩格斯全集》第 46 卷下册，人民出版社 1980 年版。

14. ［英］洛克：《人类理解论》，关文运译，商务印书馆 1959 年版。

15. ［德］黑格尔：《法哲学原理》，范扬、张企泰译，商务印书馆 1961 年版。

16. ［法］孟德斯鸠：《论法的精神（上册）》，张雁深译，商务印书馆 1961 年版。

17. ［英］洛克：《政府论》（下篇），叶启芳、瞿菊农译，商务印书馆 1964 年版。

18. ［古希腊］亚里士多德：《政治学》，吴寿彭译，商务印书馆 1965 年版。

19. ［英］休谟：《人性论》（下册），关文运译，郑之骧校，商务印书馆 1980 年版。

20. ［日］金子宏：《日本税法原理》，刘多田等译，中国财政经济出版社 1989 年版。

21. ［德］康德：《法的形而上学原理——权利的科学》，沈叔平译，商务印书馆 1991 年版。

22. ［法］托克维尔：《旧制度与大革命》，冯棠译，商务印书馆 1992 年版。

23. ［意］彼得罗·彭梵得：《罗马法教科书》，黄风译，中国政法大学出版社 1992 年版。

24. ［美］米尔恩：《人的权利与人的多样性》，夏勇等译，中国大百科全书出版社 1995 年版。

25. ［德］马克斯·韦伯：《论经济与社会中的法律》，张乃根译，中国大百科全书出版社 1998 年版。

26. ［美］D. 布迪、C. 莫里斯：《中华帝国的法律》，朱勇译，江苏人民出版社 1998 年版。

27. ［古罗马］西塞罗：《国家篇·法律篇》，沈叔平、苏力译，商务印书馆 1999 年版。

28. ［法］莱昂·狄骥：《宪法学教程》，王文利译，辽海出版社、春风文艺出版社 1999 年版。

29. ［美］E. 博登海默：《法理学：法律哲学与法律方法》，邓正来译，中国政法大学出版社 1999 年版。

30. ［德］哈特穆特·毛雷尔：《行政法学总论》，高家伟译，法律出版社 2000 年版。

31. ［美］罗伯特·D. 考特、托马斯·S. 尤伦：《法和经济学》，施少华等译，上海财经大学出版社 2002 年版。

32. ［法］卢梭：《社会契约论》，何兆武译，商务印书馆 2003 年版。

33. ［德］卡尔·拉伦茨著：《法学方法论》，陈爱娥译，商务印书馆 2003 年版。

34. ［英］彼得·斯坦、约翰·香德：《西方社会的法律价值》，王献平译，中国法制出版社 2004 年版。

35. ［美］戈登：《控制国家——从古代雅典到今天的宪政史》，应奇等译，江苏人民出版社 2005 年版。

36. ［美］伯纳德·施瓦茨：《美国法律史》，王军等译，法律出版社 2007 年版。

37. ［荷］亨克·范·马尔塞文、格尔·范·德·唐：《成文宪法——通过计算机进行的比较研究》，陈云生译，北京大学出版社 2007 年版。

38. ［德］康拉德·黑塞：《联邦德国宪法纲要》，李辉译，商务印书馆 2007 年版。

39. ［美］查尔斯·K. 罗利编：《财产权与民主的限度》，刘晓峰译，商务印书馆 2007 年版。

40. ［美］罗尔斯：《正义论》，何怀宏等译，中国社会科学出版社 2009 年版。

41. ［美］罗斯科·庞德：《通过法律的社会控制》，沈宗灵译，商务印书馆 2010 年版。

42. ［美］乔治·萨拜因著，托马斯·索尔森修订：《政治学说史》（下卷），邓正来译，上海人民出版社 2010 年版。

43. ［加］威尔·金里卡：《当代政治哲学》，刘莘译，上海译文出版社 2011 年版。

44. ［英］戴维·米勒主编：《布莱克维尔政治思想百科全书》，邓正来等译，中国政法大学出版社 2011 年版。

45. ［美］理查德·波斯纳：《法律的经济分析》，蒋兆康译，法律出版社 2012 年版。

46. ［日］川岛武宜：《所有权的理论》，岩波书店 1949 年版。

47. ［日］我妻荣：《民法大意》，岩波书店 1971 年版。

48. Lawerence C. Becker, *Property Righes——Philosophical Foundations*, Routledge & Kegan Paul Ltd, 1977.

49. Robert S. Lorch, *Democratic Process and Administrative Law*, Wayne State University Press, 1980.

50. Alan Ryan, *Property*, Stony Stratford Press, 1987.

51. F. A. Hayek, *The Fatal Conceit*: *The Error of Socialism*, Routledge & Kegan Paul Ltd, 1988.

52. Alan Carter, *The Philosophical Foundations of Property Rights*, Harvester Whertsheaf, 1989.

53. Stephen R. Munzer, *A Theory of Property*, Cambridge University Press, 1990.

54. Stephen Holmes, *Passions and Constraint*: *on the Theory of Liberal Democracy*, University of Chicago Press, 1995.

55. Waldron Jeremy, *The Right to Private Property*, Oxford Clarendon Press, 1998.

56. Andrew Heywood, *Key Concepts in Politics*, Palgrave Macmillan Publishers Ltd. , 2000.

57. Sir William Wade and Christopher Forsyth, *Administrative Law*, Oxford University Press, 2000.

58. F. H. Lawson and Bernard Rudden, *The law of Property*, Oxford University Press, 2002.

59. Milton Friedman, *Capitalism and Freedom*, University of Chicago Press, 2002.

60. 龚祥瑞：《西方国家的司法制度》，北京大学出版社 1993 年版。

61. 《李鸿禧教授六秩华诞祝寿论文集》，台湾月旦出版社股份有限公司 1997 年版。

62. 王名扬：《法国行政法》，中国政法大学出版社 1997 年版。

63. 城仲模主编：《行政法之一般法律原则》，台湾三民书局股份有限公司 1997 年版。

64. 城仲模主编：《行政法之一般法律原则（二）》，台湾三民书局股份有限公司 1999 年版。

65. 张晋藩：《中国法制通史》（第九、第十卷），法律出版社 1999 年版。

66. 李龙：《宪法基本理论》，武汉大学出版社 1999 年版。

67. 夏勇：《走向权利的时代》，中国政法大学出版社 2000 年版。

68. 刘剑文、杨汉平：《私有财产法律保护》，法律出版社 2000 年版。

69. 童之伟：《法权与宪政》，山东人民出版社 2001 年版。

70. 陈新民：《德国公法学基础理论》，山东人民出版社 2001 年版。

71. 翁岳生：《行政法 2000》：中国法制出版社 2002 年版。

72. 周其仁：《产权与制度变迁——中国改革的经验研究》，北京大学出版社 2004 年版。

73. 王太高：《行政补偿制度研究》，北京大学出版社 2004 年版。

74. 张千帆：《西方宪政体系（上册·美国宪法)》，中国政法大学出版社 2004 年版。

75. 张千帆：《西方宪政体系（下册·欧洲宪法)》，中国政法大学出版社 2005 年版。

76. 焦洪昌：《公民私人财产权法律保护研究——一个宪法学的视角》，科学出版社 2005 年版。

77. 沈开举：《征收、征用与补偿》，法律出版社 2005 年版。

78. 胡戎恩：《走向财富——私有财产权的价值与立法》，法律出版社 2006 年版。

79. 程萍：《财产所有权的保护与限制》，中国人民公安大学出版社 2006 年版。

80. 苏永钦：《部门宪法》，台北元照出版有限公司 2006 年版。

81. 石佑启：《私有财产权公法保护研究——宪法与行政法的视角》，北京大学出版社 2007 年版。

82. 宁金成：《私有财产权、私有经济的价值与法律保护》，郑州大学出版社 2008 年版。

83. 蒋永甫：《西方宪政视野中的财产权研究》，中国社会科学出版社 2008 年版。

84. 许志雄等：《现代宪法论》，台北元照出版有限公司 2008 年版。

85. 曾哲：《公民私有财产权的宪法保护研究》，中国法制出版社 2009 年版。

86. 唐清利、何真：《财产权与宪法的演进》，法律出版社 2010 年版。

87. 王铁雄：《征收补偿与财产权保护研究》，中国法制出版社 2011 年版。

88. 陈新民：《宪法学释论》，自刊，2011 年修订七版。

二　论文类

89. 李光远：《马克思恩格斯著作中的"公有"、"社会所有"、"个人所有"及其他》，《中国社会科学》1994 年第 6 期。

90. 应克复：《理解"重新建立个人所有制"的方法论问题》，《马克思主义与现实》1997 年第 5 期。

91. 陈蓉蓉：《马克思的"重新建立劳动者个人所有制"理论与中国所有制改革——访著名经济学家王珏》，《理论视野》1999 年第 3 期。

92. 李印堂：《马克思的异化理论及其发展》，《贵州大学学报（社会科学版）》1999 年第 4 期。

93. 张燕喜、彭绍宗：《经济学的"哥德巴赫猜想——马克思"重新建立个人所有制"研究观点综述》，《中国社会科学》1999 年第 5 期。

94. 吴忠民：《马克思恩格斯公正思想初探》，《马克思主义研究》2001 年第 4 期。

95. 姫金铎：《个人所有制——未来社会的一种理想的公有制》，《中国青年政治学院学报》2001 年第 5 期。

96. 徐兴恩、袁凌新：《"重建个人所有制"的现代解读》，《经济经纬》2002 年第 1 期。

97. 何萍：《人的全面而自由发展与市民社会》，《武汉大学学报（人文科学版)》2002 年第 3 期。

98. 徐亚文、孙国东：《"以人为本"与政治文明》，《湖北社会科学》2004 年第 10 期。

99. 李君如：《和谐社会问题研究笔记》，《毛泽东邓小平理论研究》2005 年第 4 期。

100. 张萍：《和谐社会和人的自由全面发展——马克思理想人格思想的当代解读》，《马克思主义与现实》2005 年第 4 期。

101. 陈刚：《马克思人的自由全面发展观及其当代意义》，《江苏社会科学》2005 年第 6 期。

102. 董建萍：《论马克思恩格斯的社会公正思想》，《浙江社会科学》2006 年第 4 期。

103. 刘同舫：《政治解放、社会解放和劳动解放》，《哲学研究》2007 年第 3 期。

104. 李惠斌：《重读〈共产党宣言〉——对马克思关于"私有制"、"公有制"以及"个人所有制"问题的重新解读》，《当代世界与社会主义》2008 年第 3 期。

105. 俞吾金：《再论异化理论在马克思哲学中的地位和作用》，《哲学研究》2009 年第 12 期。

106. 徐永平：《关于私有财产的历史作用——读马克思〈1844 年经济学哲学手稿〉》，《内蒙古民族大学学报（社会科学版)》2010 年第 5 期。

107. 季卫东：《程序比较论》，《比较法研究》1993 年第 1 期。

108. 龚祥瑞、姜明安：《再论公民财产权的宪法保护》，《中国法学》1993 年第 2 期。

109. 张令杰：《程序法的几个基本问题》，《法学研究》1994 年第 5 期。

110. 孙笑侠：《论法律与社会利益——对市场经济中公平问题的另一

种思考》,《中国法学》1995 年第 1 期。

111. 张守文:《论税收法定主义》,《法学研究》1996 年第 6 期。

112. 邓永杰、刘德吉:《财产权与〈欧洲人权公约第一议定书〉》,《社会科学动态》1998 年第 12 期。

113. 肖建国:《程序公正的理念及其实现》,《法学研究》1999 年第 3 期。

114. 林来梵:《论私人财产权的宪法保障》,《法学》1999 年第 3 期。

115. 赵世义:《论财产权的宪法保障与制约》,《法学评论》1999 年第 3 期。

116. 赵世义:《财产征用及其宪法约束》,《法商研究》1999 年第 4 期。

117. 陈瑞华:《走向综合性程序价值理论——贝勒斯程序正义理论述评》,《中国社会学科学》1999 年第 6 期。

118. 陈瑞华:《程序正义的理论基础——评马修的"尊严价值理论"》,《中国法学》2000 年第 3 期。

119. 易继明、李辉凤:《财产权及其哲学基础》,《政法论坛》2000 年第 3 期。

120. 陈瑞华:《程序正义:"看得见的正义"》,《人民法院报》2000 年 8 月 26 日第 003 版。

121. 汪进元:《论宪法的正当程序原则》,《法学研究》2001 年第 2 期。

122. 梅夏英:《当代财产权的公法与私法定位》,《人大法律评论》2001 年第 3 期。

123. 夏勇:《法治与公法》,《读书》2001 年第 5 期。

124. 梅夏英:《民法上"所有权"概念的两个隐喻及其解读——兼论当代财产权法律关系的构建》,《中国人民大学学报》2002 年第 1 期。

125. 李曙光:《论宪法与私有财产权保护》,《比较法研究》2002 年第 1 期。

126. 王锡锌：《正当法律程序与"最低限度的公正"——基于行政程序之角度》，《法学评论》2002 年第 2 期。

127. 林来梵：《针对国家享有的财产权——从比较法角度的一个考察》，《法商研究》2003 年第 1 期。

128. 李春成：《公共利益的概念建构评析——行政伦理学的视角》，《复旦学报（社会科学版）》2003 年第 1 期。

129. 赵海怡、李斌：《"产权"概念的法学辨析——兼大陆法系与英美法系财产法律制度之比较》，《制度经济学研究》2003 年第 2 期。

130. 上官丕亮、秦绪栋：《私有财产权修宪问题研究》，《政治与法律》2003 年第 2 期。

131. 李龙、刘连泰：《宪法财产权与民法财产权的分工与协同》，《法商研究》2003 年第 6 期。

132. 韩大元：《私有财产权入宪的宪法学思考》，《法学》2004 年第 4 期。

133. 冉昊：《制定法对财产权的影响》，《现代法学》2004 年第 5 期。

134. 王怡：《立宪政体中的赋税问题》，《法学研究》2004 年第 5 期。

135. 王太高：《土地征收制度比较研究》，《比较法研究》2004 年第 6 期。

136. 范利平：《私有财产保护制度的宪法历程》，载《河北法学》2004 年第 8 期。

137. 马德普：《公共利益、政治制度化与政治文明》，《教学与研究》2004 年第 8 期。

138. 方世荣：《论私有财产权的行政法保护》，《湖北社会科学》2005 年第 1 期。

139. 胡锦光、王锴：《论我国宪法中"公共利益"的界定》，《中国法学》2005 年第 1 期。

140. 郑贤君：《"公共利益"的界定是一个宪法分权问题——从 Eminent Domain 的主权属性谈起》，《法学论坛》2005 年第 1 期。

141. 范进学：《定义"公共利益"的方法论及概念诠释》，《法学论坛》2005 年第 1 期。

142. 张千帆：《"公正补偿"与征收权的宪法限制》，《法学研究》2005 年第 2 期。

143. 李蕊：《国外土地征收制度考察研究——以德、美两国为重点考察对象》，《重庆社会科学》2005 年第 3 期。

144. 叶传星：《非公有制经济的身份革命》，《法学家》2005 年第 3 期。

145. 张守文：《发展"非公经济"的经济法解读》，《法学家》2005 年第 3 期。

146. 季卫东：《法律程序的形式性与实质性——以对程序理论的批判和批判理论的程序化为线索》，《北京大学学报（哲学社会科学版)》2006 年第 1 期。

147. 曹培：《英国财产法的基本原则与概念的辨析与比较》，《环球法律评论》2006 年第 1 期。

148. 谢哲胜：《不动产财产权的自由与限制——以台湾地区的法制为中心》，《中国法学》2006 年第 3 期。

149. 曾国华：《发达国家土地征收补偿制度及对我国的借鉴》，《国土资源科技管理》2006 年第 4 期。

150. 章剑生：《从自然正义到正当法律程序——兼论我国行政程序立法中"法律思想移植"》，《法学论坛》2006 年第 5 期。

151. 石佑启：《论公共利益与私有财产权保护》，《法学论坛》2006 年第 6 期。

152. 范愉：《私力救济考》，《江苏社会科学》2007 年第 6 期。

153. 汪庆华：《土地征收、公共使用与公平补偿——评 Kelo v. City of New London 一案判决》，《北大法律评论》2007 年第 8 卷。

154. 鲁篱、黄亮：《论经济平等权》，《财经科学》2007 年第 11 期。

155. 李春成：《公共利益的必要性与充分性之争：个案分析》，《学海》2009 年第 1 期。

156. 郑冠宇、王洪平：《财产权平等保护的三个问题》，《山东大学学报（哲学社会科学版）》2009 年第 3 期。

157. 张力：《国家所有权的异化及其矫正——所有权平等保护的前提性思考》，《河北法学》2010 年第 1 期。

158. 王涛：《布坎南论财产权与自由》，《经济研究》2011 年第 2 期。

159. 贾康：《"十二五"期间财税改革的重点问题与制度建设展望》，《财政监督》2011 年第 21 期。

160. 秦前红：《论宪法上的税》，《河南财经政法大学学报》2012 年第 3 期。

161. 王广辉：《论财政立宪主义语境下的税收权控制》，《河南财经政法大学学报》2012 年第 3 期。

三　学位论文类

162. 黄和新：《马克思所有权思想述要》，博士学位论文，南京师范大学，2003 年。

163. 赵廉慧：《财产权的概念——一种契约的视角》，博士学位论文，中国政法大学，2003 年。

164. 陈焱光：《公民权利救济论》，博士学位论文，武汉大学，2005 年。

165. 黎晓武：《司法救济权研究》，博士学位论文，苏州大学，2005 年。

166. 吴巨平：《马克思、恩格斯人权思想与近代西方自由主义人权思想比较研究》，博士学位论文，天津师范大学，2006 年。

167. 张蕾：《论一种作为人权的财产权》，博士学位论文，吉林大学，2006 年。

168. 武建奇：《马克思的产权思想——以阶级人假设为前提，以劳动者产权为核心》，博士学位论文，西南财经大学，2007 年。

169. 刘冲：《马克思人权思想研究》，博士学位论文，吉林大学，2007 年。

170. 孙祥和：《美国私有财产权宪法保护法律变迁及其路径依赖——建国后至新政》，博士学位论文，辽宁大学，2007 年。

171. 姜江：《财产权的法理研究》，博士学位论文，中国社会科学院研究生院，2008 年。

172. 卜炜玮：《中国财产征收制度研究》，博士学位论文，清华大学，2008 年。

173. 吴旅燕：《论我国私有财产权的宪法保护——以宪法相关规范之实施为中心的研究》，博士学位论文，华东政法大学，2010 年。

四　网址类

http：//www. gongfa. com

http：//news. sina. com. cn/c/2011 – 08 – 10/040322964348. shtml

http：//www. pkusoftlaw. com/contents/915/4311. html

http：//finance. ifeng. com/news/macro/20130223/7693046. shtml

后　记

私有财产权作为公民的基本权利，对它的宪法保护，反映了一个国家法政文明的程度。从历史角度看，围绕着私有财产的捍卫与侵犯，展开了近代以来轰轰烈烈的宪政革命，引导世界进入现代政治文明。其实，私产保护的深层意义不仅如此，拥有、支配和保护私人财产，是每个人的基本意愿，体现着个体与社会、私益与公益、自由与秩序、自治与和谐等基本法政关系。因而，在财产权的法律保护上，东方与西方、近代和现代，有着相当不同的理解和认识，需要立基于现有研究成果进一步拓展研究的视角和深度。

关于公民私有财产权的宪法保护，国内学界已经有了不少研究成果。学者们基于理性人的前提预设，依据立宪主义、程序正义等学界共识，着重阐述了财产权的概念内涵、价值功能、历史渊源、保护规范等基础性内容，成果丰硕，但也暴露出了不少问题，集中体现为相关研究缺乏中国语境和中国范式，是对西方理论和模式的移植。具体而言，目前学界的研究成果从历史传统和现实关照两个方面都缺乏中国底色：（1）较少关于私有财产权历史思考的纵深感和中国传统文化背景的亲近感。对私有财产权的研究路径立基于西方自亚里士多德以来的基本范式，若干中国资料只是作为点缀和比较，缺乏真正意义上的中国传统学术资源的系统梳理和实证研究，使得研究未能建立在深厚的中国土壤中。易言之，已有研究中西方学术气息浓厚，介绍了很多的西方理论，对西方的研究脉络梳理的也很详细，但对于作为中国人基本人权之一的私有财产权，在中国文化中的学术地位、核心概念的厘定、争鸣的焦点、思考进路和模式、理论预设、价值隐喻、实际功效、社会互动等本土学术资源却几无涉及，沦为自说自话的纯西式理论，因此，需要总结和提炼中国本土文化资源。例如，在中国的学术传统中，私产之弊主要是私有财产内生的撕裂社会结构体、激化社会矛盾、逐利弃义，背后是公与私观念的演变、个体与群体的内在紧张关系；通过对其的法文化分析，会发现传统文化并非"非黑即白"式的分析范式，而是注重"统一—转化—和谐"的整体文化生态。笔者希望，在今后的研究中，重点梳理本土学术脉络，对于中国传统上"公益—私益"之争的文化机理、"公义—礼法—人情"的辩证关系、"礼—义—利"的学理模型等，进行深入分析，提出自己的见解。（2）缺乏对当代中国财产权问题的深入分析，对应用成果的可转化性强调不足。无论是问题点的学术概括，还是解决方案的拟定，都未能深入问题的内核，与现实有隔膜，相应对策自然难有实际功效。目前学界对于私产宪法保护现实问题的提炼总结和分析思考，欠缺对症下药的针对性，这对于研究成果的落地转化，发挥理论对实践的指导作用，构成了本质性的障碍。例如，有关财税制度的基础构架、以司法公正为旨归的司法保障体系的建构，尚缺乏有力而具针对性的研究成果。这种研究现状，与充分拓展 2004 修宪条款的实际规范和价值指引功能、完善当代中国的财产权宪法保护制度、提升整个社会的人权意识和主体意识、推进全面深化改革的时代要求，无疑是很不匹配的。当代中国私有财产权宪法保护中存在的问题，根据笔者的概括，集中体现在：私有财产的价值认识和平等保护意识严重不足；保障手段和实现程序弱化、有法不依现象突出；整个社会缺乏理性自治、程序正义、法益衡量等基本的法观念，权力滥用与权利缺位共存；公共利益和私人利益之间严重失衡，公共利益的泛化与个人自由、社会自治的贬抑共存；利益衡量与裁断机制明显滞后等。需要学界进一步加强研究，通过广泛的实证分析，从核心法律的拟定、关键制度的建立和完善、程序规制的主要内容、行为心理和模式的模型分析、成本—效益的考量机制等多方面提出可行建议。

　　总之，笔者主张，私产宪法保护的研究应当紧扣"中国语境"和

"实现路径"两个要素，复合浓郁的中国特色和鲜明的实践导向，呈现出中国问题意识。在研究中，牢固确立"管用"的实践标准，坚持求真务实的实证态度，对现实中存在的实际问题系统梳理和全面分析，从顶层的制度设计，到实践中的具体操作规程，给出具有可行性的建议。同时，考虑到保有和捍卫私有财产是人类社会中自古皆然的一般性问题，在问题的研究、分析和解决中凝结着人类的一般理性和智识，需要借鉴不同民情国情社情下解决相似或相关问题的一般规律，遵循比较分析与立足本土有机结合的研究思路，对于私有财产权的宪法保护这一基本社会问题，以比较法的广阔视野探寻中国特殊问题的解决之道，把握其中蕴含的普遍性和特殊性，既考虑研究对象的一般规律性认知，又针对中国法治建设中的特殊性和个体性，有选择地甄别、借鉴乃至改造，以期形成有价值的解决方案。

"中国语境"表现在历史和现实两个维度。就历史维度而言，私有财产在中国的传统文化中，主要是从公私观和义利观两个方面奠定了法文化研究的机理。深入研读传统经典，不难发现，传统文化并非一味地扬公抑私或崇公灭私，亦非一味地弃利保义，实际上，在"和而不同"理念指导下，更加注重以义导利，先义后利，体现出以"天人和谐"的宇宙观为基础"义利兼顾、重义轻利"的义利观，这种观察视角充分认识到私欲膨胀对于社会的撕裂作用，表现出鲜明的整体观，其背后是对公共利益和个人利益的合理界定和动态平衡。长期以来，私有财产在中国具有原罪色彩，这源于"私"观念在中国的异化，其不仅抑制了私有财产以至经济和社会进步，更抑制了其中含蕴的个体价值与自我意识——而这是现代文明的基石。当代中国私有财产权的宪法保护，不是简单地否定传统，引入西学，这种厚此薄彼，简单否定或者赞扬的态度是非常有害的，而是要在深入发掘传统文化精华的同时，亦意识到西方文化的不足甚至偏颇，因而要结合中西文化之长，把整体与个体、长远与即期、公义与私益有机结合，借助私有财产这个联系"个人－社会－国家"的重要媒介，更新社会的法意识，贯彻和谐、有机、互动的新文化观，在古今中外、东方西方皆认同的尊重个人价值和自我选择的基础上，实现人与社会、人与自然的两个和谐。重点是在有关私有财产权的中国文化背景中，首先要把握"利"在中国文化中的内涵，判定义利之争的争点所在，厘清二者关系的实质。其次是梳理公私观念中"私"观念的渊源及其发展脉络，以及"公"的概念如何被赋予代表整体的至上地位，平等意识与大同理想又如何隐含其中。梳理"义利之辨"和"公私之辨"中的历史脉络，细细体悟其中的精妙之处。而在现实方面，私有财产是民富国强、社会稳定、政治昌明、家国和谐的基础。财产权的平等法律保护，制定税收基本法、国家补偿法、行政程序法三部重要法律，完善权力运行的程序监控，都是以公私和谐、义利兼顾为价值旨归，从实质正义出发，强化对国家公权力滥用（其目的正是出于不正当的私欲）的规制。综上所述，通过梳理私有财产在中国文化中的基本底色，借助中国传统文化资源，努力夯实私产保护的社会和文化心理基础，进一步完善当代中国公民私有财产权的宪法保护体系。

"实现路径"则是针对私产保护乏力的现实，而欲纲举目张，抓住解决问题的关键。因此，以控制国家公权力和社会公权力的双重复合体系为目标，着重国家机关权力运行体系的程序化设计，在兼顾实体保障与程序保障的同时，借鉴域外有益经验，以正当程序为理论基础，突出保障主体、实现方式和程序规制三者的结合，强化解决方案的可行性和经济性研究。根据现代分权理论，司法权具有终局权威性、程序公正性、精神判断性等特征，且财产权保障的基本动因源于个体利益的争议，因而以司法保障为私产保护的核心。立法权是实现分配正义的主要手段，通过制定契合个人自由与社会正义的抽象规则保护私有财产权，重点是落实税收法定原则和正当程序原则，制定税收基本法、行政程序法和行政收费法等重要法律，框定行政权运行的界域。至于量大面广的行政机关，必须以行政裁量权的规制为重点，通过完善涉财行政处罚和行政程序，约束行政权。最终，构建起以司法保障为核心、立法保障为基础、行政保障为补充的国家保障体系。

在有关私产保护的实现方式上，重点是深入探讨"程序优于实体"的理念，并以之为理论基础，解决好保护主体、保护手段、接近可能性、实现可能等关键问题。此外，还需注意实务部门的态度及其心理的实证分析，以及普罗大众的选择偏好等。

总之，私产保护是关系社会稳定的基本命题，也是全面深化改革的核心内容之一，是关联着市场、国家、社会、个人和谐共进的枢纽，是勾连经济、政治、社会改革的基本抓手，其意义不容低估。在中国，建构起完善有效的私有财产权宪法保护制度，将极大地促进市场化改革的全面推进和国家治理体系的全面法治化，充分回应党的十八大以及三中、四中、五中全会精神，加速建设法治、文明、和谐的现代中国。

本书是由笔者的博士论文充实完善而成。在博士论文的写作过程中，遇到了重重困难，但在各方面的关心和帮助下，最终一个个都得以克服。首先要感谢的人，是导师王振亚教授。这篇论文，从选题的确定、文章的布局、研究方法的选择，到关键问题的提炼、行文和用词、学术背景的揭示，王老师都付出了极大的心血。由于他的严格指导，才使得论文避免了许多硬伤。论文撰写过程中，王老师做了眼部手术，医生告诫要注意用眼时间。但当笔者提交初稿后，王老师不顾眼疾，依然一如既往，细致、耐心地阅读了文稿，在论文中标注了密密麻麻的修改意见，大到文章结构，小到遣词用句，事无巨细，严谨认真，令人感动。其次要感谢导师组的袁祖社教授、王俊栓教授、金延教授、阎树群教授。他们就论文的完善，提出了许多中肯的意见。一些意见，由于笔者的能力所限，无法在论文中体现出来，但对于今后进一步的研究，裨益甚大。

本书的出版，受到陕西师范大学优秀著作出版基金的资助，并得到陕西师范大学马克思主义学院任晓伟院长、张亚泽副院长的大力支持，在此一并感谢。

对公民私有财产权宪法保护的研究是一个巨大的宝藏，里面蕴含着丰富的养分，需要耐心、细致、严谨、勤奋的学术品格才能获取。在今后的教学和科研工作中，笔者将继续关注这一主题，不惧艰辛、不断耕耘，扎扎实实读书，认认真真思考，勤勤恳恳钻研，以期能在今后奉献出更有质量的研究成果。

2017 年 3 月于西安